ENSAIOS E CONFERÊNCIAS

Dados Internacionais de Catalogação na Publicação (CIP)
(Câmara Brasileira do Livro, SP, Brasil)

Heidegger, Martin, 1889-1976.
  Ensaios e conferências / Martin Heidegger; Tradução de Emmanuel Carneiro Leão, Gilvan Fogel, Marcia Sá Cavalcante Schuback. – 8. ed. – Petrópolis : Vozes, 2012. (Coleção Pensamento Humano)

  Título original: Vorträge und Aufsätze.

  5ª reimpressão, 2023.

  ISBN 978-85-326-2638-7
  1. Filosofia alemã I. Título.

01.4384   CDD-193

Índices para catálogo sistemático:

1. Filosofia alemã 193
2. Heidegger : Filosofia alemã 193

Martin Heidegger

ENSAIOS E CONFERÊNCIAS

Tradução
Emmanuel Carneiro Leão
Gilvan Fogel
Marcia Sá Cavalcante Schuback

Petrópolis

Verlag Günther Neske
© J.G. Cotta'sche Buchhandlung
Nachfolger GmbH, gegr. 1659,
Stuttgart 1954
1960, J.C.B. Mohr (Paul Siebeck), Tübingen

Tradução do original em alemão intitulado Vorträge und Aufsätze
Tradução feita a partir da 8ª edição (1997)

Direitos de publicação em língua portuguesa: Brasil
2002, Editora Vozes Ltda.
Rua Frei Luís, 100
25689-900 Petrópolis, RJ
www.vozes.com.br
Brasil

Todos os direitos reservados. Nenhuma parte desta obra poderá ser
reproduzida ou transmitida por qualquer forma e/ou quaisquer meios
(eletrônico ou mecânico, incluindo fotocópia e gravação) ou arquivada em
qualquer sistema ou banco de dados sem permissão escrita da editora.

CONSELHO EDITORIAL

Diretor
Volney J. Berkenbrock

Editores
Aline dos Santos Carneiro
Edrian Josué Pasini
Marilac Loraine Oleniki
Welder Lancieri Marchini

Conselheiros
Elói Dionísio Piva
Francisco Morás
Gilberto Gonçalves Garcia
Ludovico Garmus
Teobaldo Heidemann

Secretário executivo
Leonardo A.R.T. dos Santos

A edição desta obra contou com o apoio da
Inter Nationes, Bonn, Alemanha.

ISBN 978-85-326-2638-7 (Brasil)
ISBN 3-46-503-099-0 (Alemanha)

Este livro foi composto e impresso pela Editora Vozes Ltda.

Ao único irmão

SUMÁRIO

Prefácio, 9

A questão da técnica, 11

Ciência e pensamento do sentido, 39

A superação da metafísica, 61

Quem é o Zaratustra de Nietzsche?, 87

O que quer dizer pensar?, 111

Construir, habitar, pensar, 125

A coisa, 143

"...Poeticamente o homem habita...", 165

Logos (Heráclito, fragmento 50), 183

Moira (Parmênides, fragmento VIII, 34-41), 205

Aletheia (Heráclito, fragmento 16), 227

Indicações, 251

Anexo: No azul sereno... / In lieblicher Bläue...
   (F. Hölderlin), 254

Glossário da tradução
   (alemão-português e português-alemão), 261

PREFÁCIO

Enquanto não for lido, este livro é uma coletânea de ensaios e conferências. Quando lido, pode transformar-se num recolhimento que não mais precisa preocupar-se com a separação das partes. O leitor ver-se-ia colocado num caminho que o autor já teria caminhado previamente, um autor que, no melhor dos casos, desencadearia como *auctor* um *augere*, um prosperar e frutificar.

No caso presente, trata-se como previamente de empenhar-se a fim de que, graças a tentativas contínuas, se cultive um espaço de acolhimento para o que, desde sempre, deve ser pensado, mas que ainda não o foi; um espaço em cuja liberdade o ainda não pensado reivindique e requisite um pensamento que o pense.

Se fosse tal, um autor não teria nada a dizer nem nada a comunicar. Não deveria nem mesmo querer incitar e provocar, pois os provocados já são seguros de sua ciência.

No caso mais favorável, um autor nos caminhos do pensamento só sabe indicar e acenar, sem ser ele mesmo um sábio no sentido de σοφός.

Para os caminhos do pensamento, o passado continua passado, mas o vigente do passado está sempre por vir. Os caminhos do pensamento esperam assim que, um dia, pensadores os singrem. Enquanto o representar corrente e técnico, no sentido mais amplo do termo, quer ir sempre para frente e progredir, arrastando todos consigo, os caminhos indicadores da sabedoria liberam, às vezes, perspectivas para a reunião montanhosa e acolhedora de unidade.

Todtnauberg, agosto de 1954.

A QUESTÃO DA TÉCNICA

A seguir, *questionaremos* a técnica. O questionamento trabalha na construção de um caminho. Por isso aconselha-se considerar sobretudo o caminho e não ficar preso às várias sentenças e aos diversos títulos. O caminho é um caminho do pensamento. Todo caminho de pensamento passa, de maneira mais ou menos perceptível e de modo extraordinário, pela linguagem. Questionaremos a *técnica* e pretendemos com isto preparar um relacionamento livre com a técnica. Livre é o relacionamento capaz de abrir nossa Pre-sença à essência da técnica. Se lhe respondermos à essência, poderemos fazer a experiência dos limites de tudo que é técnico.

A técnica não é igual à essência da técnica. Quando procuramos a essência de uma árvore, temos de nos aperceber de que aquilo que rege toda árvore, como árvore, não é, em si mesmo, uma árvore que se pudesse encontrar entre as árvores.

Assim também a essência da técnica não é, de forma alguma, nada de técnico. Por isso nunca faremos a experiência de nosso relacionamento com a essência da técnica enquanto concebermos e lidarmos apenas com o que é técnico, enquanto a ele nos moldarmos ou dele nos afastarmos. Haveremos sempre de ficar presos, sem liberdade, à técnica tanto na sua afirmação como na sua negação apaixonada. A maneira mais teimosa, porém, de nos entregarmos à técnica é considerá-la neutra, pois essa concepção, que hoje goza de um favor especial, nos torna inteiramente cegos para a essência da técnica.

De acordo com uma antiga lição, a essência de alguma coisa é *aquilo* que ela é. Questionar a técnica significa, portanto, perguntar o que ela é. Todo mundo conhece ambas as respostas que respondem esta pergunta. Uma diz: técnica é meio para um fim. A outra diz: técnica é uma atividade do homem. Ambas as determinações da técnica pertencem reciprocamente uma à outra. Pois estabelecer fins, procurar e usar meios para alcançá-los é uma atividade humana. Pertence à técnica a produção e o uso de ferramentas, aparelhos e máquinas, como a ela pertencem estes produtos e utensílios em si mesmos e as necessidades a que eles servem. O conjunto de tudo isto é a técnica. A própria técnica é também um instrumento, em latim *instrumentum*.

A concepção corrente da técnica de ser ela um meio e uma atividade humana pode se chamar, portanto, a determinação instrumental e antropológica da técnica.

Quem ousaria negar que ela é correta? Ela se rege evidentemente pelo que se tem diante dos olhos quando se fala em técnica. A determinação instrumental da técnica é mesmo tão extraordinariamente correta que vale até para a técnica moderna. Desta, de resto, afirma-se com certa razão ser algo completamente diverso e por isso novo face à técnica artesanal mais antiga. Também a usina de força, com suas turbinas e geradores, é um meio produzido pelo homem para um fim estabelecido pelo homem. Também o avião a jato, também a máquina de alta frequência são meios para fins. Naturalmente, uma estação de radar é muito menos simples do que um cata-vento. Naturalmente, fabricar uma máquina de alta frequência exige a integração de diversos processos da produção técnico-industrial. Naturalmente, uma serraria perdida em algum vale da Floresta Negra é um meio primitivo quando comparada com a usina hidroelétrica instalada no Rio Reno.

Permanece, portanto, correto: também a técnica moderna é meio para um fim. É por isso que a concepção instrumental da técnica guia todo esforço para colocar o homem num relacionamento direito com a técnica. Tudo depende de se manipular a técnica, enquanto meio e instrumento, da maneira devida. Pretende-se, como se costuma dizer, "manusear com espírito a técnica". Pretende-se dominar a técnica. Este querer dominar torna-se tanto mais urgente quanto mais a técnica ameaça escapar ao controle do homem.

Supondo, no entanto, que a técnica não seja um simples meio, como fica então a vontade de dominá-la? Dissemos acima que a determinação instrumental da técnica era correta. Com certeza. O correto constata sempre algo exato e acertado naquilo que se dá e está em frente (dele). Para ser correta, a constatação do certo e

A questão da técnica   13

exato não precisa descobrir a essência do que se dá e apresenta. Ora, somente onde se der esse descobrir da essência, acontece o verdadeiro em sua propriedade. Assim, o simplesmente correto ainda não é o verdadeiro. E somente este nos leva a uma atitude livre com aquilo que, a partir de sua própria essência, nos concerne. Embora correta, a determinação instrumental da técnica não nos mostra a sua essência. Para chegarmos à essência ou ao menos à sua vizinhança, temos de procurar o verdadeiro através e por dentro do correto. Devemos, pois, perguntar: o que é o instrumental em si mesmo? A que pertence meio e fim? Um meio é aquilo pelo que se faz e obtém alguma coisa. Chama-se causa o que tem como consequência um efeito. Todavia, causa não é apenas o que provoca um outro. Vale também como causa o fim com que se determina o tipo do meio utilizado. Onde se perseguem fins, aplicam-se meios, onde reina a instrumentalidade, aí também impera a causalidade.

A filosofia ensina há séculos que existem quatro causas: 1) a *causa materialis*, o material, a matéria de que se faz um cálice de prata; 2) a *causa formalis*, a forma, a figura em que se insere o material; 3) a *causa finalis*, o fim, por exemplo, o culto do sacrifício que determina a forma e a matéria do cálice usado; 4) a *causa efficiens*, o ourives que produz o efeito, o cálice realizado, pronto. Descobre-se a técnica concebida como meio, reconduzindo-se a instrumentalidade às quatro causas.

E se a causalidade for obscura justamente em sua essência, naquilo que ela é? Sem dúvida, há séculos considera-se a doutrina das quatro causas uma verdade caída do céu, clara como a luz do sol. E, não obstante, já é tempo de se perguntar: por que existem precisamente quatro causas? No tocante às quatro causas, o que significa "causa" em sentido próprio? De onde se determina o caráter de causa das quatro causas de modo tão uniforme a ponto de se pertencerem uma à outra numa coerência?

Enquanto não nos empenharmos nestas perguntas, a causalidade permanecerá obscura e sem fundamento e, com ela, a instrumentalidade e, com esta, a determinação corrente da técnica.

De há muito, costuma-se conceber a causa como o que é eficiente. Ser eficiente significa, aqui, alcançar, obter resultados e efei-

14 Ensaios e conferências

tos. A *causa efficiens*, uma das quatro causas, determina de maneira decisiva toda causalidade. E isso a tal ponto que já não se conta mais a *causa finalis* entre as causas. A finalidade não pertence à causalidade. *Causa, casus* provém do verbo *cadere*, cair. Diz aquilo que faz com que algo caia desta ou daquela maneira num resultado. A doutrina das quatro causas remonta a Aristóteles. No entanto, para o pensamento grego e no seu âmbito, tudo que a posteridade procurou entre os gregos com a concepção e com o título de "causalidade" nada tem a ver com a eficiência e a eficácia de um fazer. O que os alemães chamam de *Ursache*, o que nós chamamos de causa, foi chamado pelos gregos de αἴτιον, aquilo pelo que um outro responde e deve. As quatro causas são os quatro modos, coerentes entre si, de responder e dever. Um exemplo pode aclarar.

A prata é aquilo de que é feito um cálice de prata. Enquanto uma matéria (ὕλη) determinada, a prata responde pelo cálice. Este deve à prata aquilo de que consta e é feito. O utensílio sacrificial não se deve, porém, apenas à prata. No cálice, o que se deve à prata aparece na figura de cálice e não de um broche ou anel. O utensílio do sacrifício deve também o que é ao perfil (εἶδὸς) de cálice. Tanto a prata, em que entra o perfil do cálice, como o perfil, em que a prata aparece, respondem, cada uma, a seu modo, pelo utensílio do sacrifício.

Responsável por ele é, no entanto, sobretudo um terceiro modo. Trata-se daquilo que o define, de maneira prévia e antecipada, pondo o cálice na esfera do sagrado e da libação. Com ele, o cálice circunscreve-se, como utensílio sacrificial. A circunscrição finaliza o utensílio. Com este fim, porém, o utensílio não termina ou deixa de ser, mas começa a ser o que será depois de pronto. É, portanto, o que finaliza, no sentido de levar à plenitude, o que, em grego, se diz com a palavra τέλος. Com muita frequência, traduz-se τέλος por "fim", entendido, como meta, e também por "finalidade", entendida, como propósito, interpretando-se mal essa palavra grega. O τέλος responde pelo que, na matéria e no perfil, também responde pelo utensílio sacrificial.

Por fim, um quarto modo responde ainda pela integração do utensílio pronto: o ourives. Mas, de forma alguma, como *causa efficiens*, fazendo com que, pelo trabalho, o cálice pronto seja efeito de uma atividade.

A questão da técnica   15

A doutrina de Aristóteles não conhece uma causa chamada eficiente e nem usa uma palavra grega que lhe corresponda.

O ourives reflete e recolhe numa unidade os três modos mencionados de responder e dever. Refletir diz, em grego, λέγειν, λόγος. Funda-se no ἀποφαίνεσθαι, no fazer aparecer. O ourives é também responsável, como aquilo de onde parte e que preserva o apresentar-se e repousar em si do cálice sacrificial. Os três modos anteriores de responder devem à reflexão do ourives o fato e o modo em que eles aparecem e entram no jogo de pro-dução do cálice sacrificial.

Assim, no utensílio, que se dá e propõe no culto, regem e vigem quatro modos de dever e responder. Entre si são diferentes, embora pertençam um ao outro na unidade de uma coerência. O que os une antecipadamente? Em que se joga o jogo de articulação dos quatro modos de responder e dever? De onde provém a unidade das quatro causas? Pensando de maneira grega, o que significa responder e dever?

Temos, hoje em dia, a tendência de entender a responsabilidade ou em sentido moral, como culpa, ou, então, como uma espécie de ação. Em ambos os casos, obstruímos o caminho para o sentido originário do que se chamou posteriormente de causalidade. Enquanto este caminho não se abrir, também não perceberemos o que é propriamente a instrumentalidade do que repousa na causalidade.

Para nos precavermos dos mal-entendidos acima mencionados sobre o que é dever e responder, tentemos esclarecer seus quatro modos, a partir daquilo pelo que respondem. Segundo o exemplo dado, eles respondem pelo dar-se e propor-se do cálice, como utensílio sacrificial. Dar-se e propor-se (ὑποκεῖσθαι) designam a vigência de algo que está em vigor. É que os quatro modos de responder e dever levam alguma coisa a aparecer. Deixam que algo venha a viger. Estes modos soltam algo numa vigência e assim deixam viger, a saber, em seu pleno advento. No sentido deste deixar, responder e dever são um deixar-viger. A partir de uma visão da experiência grega de responder e dever, de αἰτία, portanto, damos aqui à expressão deixar-viger um sentido mais amplo, de maneira que ela evoque a essência grega da causalidade. O significado corrente e restrito da expressão deixar-viger diz, ao contrário, apenas ofere-

16 Ensaios e conferências

cer oportunidade e ocasião, indicando assim uma espécie de causa secundária e sem importância no concerto total da causalidade.

Onde, porém, se joga o jogo de articulação dos quatro modos de deixar-viger? Eles deixam chegar à vigência o que ainda não vige. Com isto, são regidos e atravessados, de maneira uniforme, por uma condução que conduz o vigente a aparecer. Platão nos diz o que é essa condução numa sentença do *Banquete* (205b): ἡ γάρ τοι ἐκ τοῦ μὴ ὄντος εἰς τὸ ὂν ἰόντι ὁτῳοῦν αἰτία πᾶσά ἐστι ποίησις. "Todo deixar-viger o que passa e procede do não vigente para a vigência é ποίησις, é pro-dução".

Tudo agora depende de se pensar a pro-dução e o pro-duzir em toda a sua amplitude e, ao mesmo tempo, no sentido dos gregos. Uma pro-dução, ποίησις, não é apenas a confecção artesanal e nem somente levar a aparecer e conformar, poética e artisticamente, a imagem e o quadro. Também a φύσις, o surgir e elevar-se por si mesmo, é uma pro-dução, é ποίησις. A φύσις é até a máxima ποίησις. Pois o vigente φύσει tem em si mesmo (ἐν ἑαυτῷ) o eclodir da pro-dução. Enquanto o que é pro-duzido pelo artesanato e pela arte, por exemplo, o cálice de prata, não possui o eclodir da pro-dução em si mesmo, mas em um outro (ἐν ἄλλῳ), no artesão e no artista.

Assim, os modos do deixar-viger, as quatro causas, jogam no âmbito da pro-dução e do pro-duzir. É por força deste último que advém a seu aparecimento próprio, tanto o que cresce na natureza como também o que se confecciona no artesanato e se cria na arte.

Mas como é que se dá e acontece a pro-dução e o pro-duzir, seja na natureza, seja no artesanato, seja na arte? O que é a pro-dução e o pro-duzir em que jogam os quatro modos de deixar-viger? O deixar-viger concerne à vigência daquilo que, na pro-dução e no pro-duzir, chega a aparecer e apresentar-se. A pro-dução conduz do encobrimento para o desencobrimento. Só se dá no sentido próprio de uma pro-dução, enquanto e na medida em que alguma coisa encoberta chega ao des-encobrir-se. Este chegar repousa e oscila no processo que chamamos de desencobrimento. Para tal, os gregos possuíam a palavra ἀλήθεια. Os romanos a traduziram por *veritas*. Nós dizemos "verdade" e a entendemos geralmente como o correto de uma representação.

A questão da técnica   17

Onde nos perdemos? Questionamos a técnica e chegamos agora à ἀλήθεια. O que a essência da técnica tem a ver com desencobrimento? Resposta: tudo. Pois é no desencobrimento que se funda toda a pro-dução. Esta recolhe em si, atravessa e rege os quatro modos de deixar-viger a causalidade. À esfera da causalidade pertencem meio e fim, pertence a instrumentalidade. Esta vale como o traço fundamental da técnica. Se questionarmos, pois, passo a passo, o que é propriamente a técnica conceituada, como meio, chegaremos ao desencobrimento. Nele repousa a possibilidade de toda elaboração produtiva.

A técnica não é, portanto, um simples meio. A técnica é uma forma de desencobrimento. Levando isso em conta, abre-se diante de nós todo um outro âmbito para a essência da técnica. Trata-se do âmbito do desencobrimento, isto é, da verdade.

Esta perspectiva nos traz estranheza. E o deve fazer, e o deve fazer no maior tempo possível e de maneira tão impressionante que, finalmente, levemos a sério uma simples pergunta, a pergunta do que nos diz a palavra "técnica". É uma palavra proveniente do grego. Τεχνικόν diz o que pertence à τέχνη. Devemos considerar duas coisas com relação ao sentido desta palavra. De um lado, τέχνη não constitui apenas a palavra do fazer na habilidade artesanal, mas também do fazer na grande arte e das belas-artes. A τέχνη pertence à pro-dução, a ποίησις, é, portanto, algo poético.

De outro lado, o que vale considerar ainda a propósito da palavra τέχνη é de maior peso. Τέχνη ocorre, desde cedo até o tempo de Platão, juntamente com a palavra ἐπιστήμη. Ambas são palavras para o conhecimento em seu sentido mais amplo. Dizem ser versado em alguma coisa, dizem entender do assunto. O conhecimento provoca abertura. Abrindo, o conhecimento é um desencobrimento. Numa meditação especial[1], Aristóteles distingue ἐπιστήμη de τέχνη e justamente no tocante àquilo que e ao modo em que ambas desencobrem. A τέχνη é uma forma de ἀληθεύειν. Ela des-encobre o que não se produz a si mesmo e ainda não se dá e propõe, podendo assim apresentar-se e sair, ora num, ora em outro perfil.

---

1. ARISTÓTELES. *Ética a Nicômaco*, VI, c. 3 e 4.

18 Ensaios e conferências

Quem constrói uma casa ou um navio, quem funde um cálice sacrificial des-encobre o a ser pro-duzido nas perspectivas dos quatro modos de deixar-viger. Este des-encobrir recolhe antecipadamente numa unidade o perfil e a matéria do navio e da casa numa coisa pronta e acabada e determina daí o modo da elaboração. O decisivo da τέχνη não reside, pois, no fazer e manusear, nem na aplicação de meios, mas no desencobrimento mencionado. É neste desencobrimento e não na elaboração que a τέχνη se constitui e cumpre em uma pro-dução.

A indicação, portanto, que nos dá a palavra τέχνη e a maneira, como os gregos a determinam, nos conduzem e levam ao mesmo contexto que se nos mostrou no questionamento do que é, na verdade, a instrumentalidade do instrumento.

Técnica é uma forma de desencobrimento. A técnica vige e vigora no âmbito onde se dá descobrimento e des-encobrimento, onde acontece ἀλήθεια, verdade.

Contra esta determinação do âmbito da essência da técnica pode-se objetar e dizer que ela vale para o pensamento grego e, no melhor dos casos, pode servir para a técnica artesanal, mas não alcança a técnica moderna caracterizada pela máquina e aparelhagens. E é justamente esta e somente esta que constitui o sufoco que nos leva a questionar "a" técnica. Muito se diz que a técnica moderna é uma técnica incomparavelmente diversa de toda técnica anterior, por apoiar-se e assentar-se na moderna ciência exata da natureza. Entrementes, percebeu-se, com mais nitidez, que o inverso também vale: como ciência experimental, a física moderna depende de aparelhagens técnicas e do progresso da construção de aparelhos. É correta a constatação desta recíproca influência entre técnica e física. Mas fica sendo apenas uma mera constatação histórica de fatos e não diz nada a respeito do fundo e fundamento em que se baseia esta dependência recíproca. A questão decisiva permanece sendo: de que essência é a técnica moderna para poder chegar a utilizar as ciências exatas da natureza?

O que é a técnica moderna? Também ela é um desencobrimento. Somente quando se perceber este traço fundamental é que se mostra a novidade e o novo da técnica moderna.

O desencobrimento dominante na técnica moderna não se desenvolve, porém, numa pro-dução no sentido de ποίησις. O desencobri-

A questão da técnica 19

mento, que rege a técnica moderna, é uma exploração que impõe à natureza a pretensão de fornecer energia, capaz de, como tal, ser beneficiada e armazenada. Isto também não vale relativamente ao antigo moinho de vento? Não! Suas alas giram, sem dúvida, ao vento e são diretamente confiadas a seu sopro. Mas o moinho de vento não extrai energia das correntes de ar para armazená-la.

Em contrapartida, uma região se desenvolve na exploração de fornecer carvão e minérios. O subsolo passa a se desencobrir, como reservatório de carvão, o chão, como jazidas de minério. Era diferente o campo que o camponês outrora lavrava, quando lavrar ainda significava cuidar e tratar. O trabalho camponês não provoca e desafia o solo agrícola.

Em contraste, explora-se uma área da terra a fornecer carvão e minérios. A terra se des-encobre, neste caso, depósito de carvão e o solo, jazida de minerais. Era outro o lavradio que o lavrador dispunha outrora, quando dis-por ainda significava lavrar, isto é, cultivar e proteger. A lavra do lavrador não desafiava o lavradio. Na semeadura, apenas confiava a semente às forças do crescimento, encobrindo-a para seu desenvolvimento. Hoje em dia, uma outra posição também absorveu a lavra do campo, a saber, a posição que *dis-põe* da natureza. E dela dis-põe, no sentido de uma exploração. A agricultura tornou-se indústria motorizada de alimentação. Dis-põe-se o ar a fornecer azoto, o solo a fornecer minério, como, por exemplo, urânio, o urânio a fornecer energia atômica; esta pode, então, ser desintegrada para a destruição da guerra ou para fins pacíficos.

Esta dis-posição, que explora as energias da natureza, cumpre um processamento, numa dupla acepção. Processa à medida que abre e ex-põe. Este primeiro processamento já vem, no entanto, pre-dis-posto a promover uma outra coisa, a saber, o máximo rendimento possível com o mínimo de gasto. Não se dis-põe do carvão processado na bacia do Ruhr apenas para torná-lo dis-ponível em algum lugar. O carvão fica estocado no sentido de ficar a postos para se dis-por da energia solar nele armazenada. Explora-se, a seguir, o calor para fornecer a temperatura que, por sua vez, se dis-põe a fornecer o vapor, cuja pressão movimenta os mecanismos que mantêm uma fábrica em funcionamento.

20 Ensaios e conferências

A usina hidroelétrica posta no Reno dis-põe o rio a fornecer pressão hidráulica, que dis-põe as turbinas a girar, cujo giro impulsiona um conjunto de máquinas, cujos mecanismos produzem corrente elétrica. As centrais de transmissão e sua rede se dis-põem a fornecer corrente. Nesta sucessão integrada de dis-posições de energia elétrica, o próprio Rio Reno aparece, como um dis-positivo. A usina hidroelétrica não está instalada no Reno, como a velha ponte de madeira que, durante séculos, ligava uma margem à outra. A situação se inverteu. Agora é o rio que está instalado na usina. O rio que hoje o Reno é, a saber, fornecedor de pressão hidráulica, o Reno o é pela essência da usina. Para se avaliar, mesmo à distância, o extraordinário aqui vigente, prestemos atenção, por alguns instantes, no contraste das duas expressões: "o Reno" instalado na *obra de engenharia* da usina elétrica e "o Reno" evocado pela *obra de arte* do poema de mesmo nome, "o Reno", de Hölderlin. E, não obstante, há de se objetar: o Reno continua, de fato, sendo o rio da paisagem. Pode ser. Mas de que maneira? – À maneira de um objeto dis-posto à visitação turística por uma agência de viagens, por sua vez, dis-posta por uma indústria de férias.

O desencobrimento que domina a técnica moderna possui, como característica, o pôr, no sentido de explorar. Esta exploração se dá e acontece num múltiplo movimento: a energia escondida na natureza é extraída, o extraído vê-se transformado, o transformado, estocado, o estocado, distribuído, o distribuído, reprocessado. Extrair, transformar, estocar, distribuir, reprocessar são todos modos de desencobrimento. Todavia, este desencobrimento não se dá simplesmente. Tampouco, perde-se no indeterminado. Pelo controle, o desencobrimento abre para si mesmo suas próprias pistas, entrelaçadas numa trança múltipla e diversa. Por toda parte, assegura-se o controle. Pois controle e segurança constituem até as marcas fundamentais do desencobrimento explorador.

Que desencobrimento se apropria do que surge e aparece no pôr da exploração? Em toda parte, se dis-põe a estar a postos e assim estar a fim de tornar-se e vir a ser dis-ponível para ulterior dis-posição. O dis-ponível tem seu próprio esteio. Nós o chamamos de dis-ponibilidade (*Bestand*). Esta palavra significa aqui mais e também algo mais essencial do que mera "provisão". A palavra "dis-ponibilidade" se

A questão da técnica

faz agora o nome de uma categoria. Designa nada mais nada menos do que o modo em que vige e vigora tudo que o desencobrimento explorador atingiu. No sentido da dis-ponibilidade, o que é já não está para nós em frente e defronte, como um objeto.

Mas o avião comercial, dis-posto na pista de decolagem, é fora de qualquer dúvida um objeto. Com certeza. É possível representar assim essa máquina voadora. Mas, com isso, encobre-se, justamente, o que ela é e a maneira em que ela é o que é. Pois, na pista de decolagem, o avião se des-encobre como dis-ponibilidade à medida que está dis-posto a assegurar a possibilidade de transporte. Para isto tem de estar dis-ponível, isto é, pronto para decolar, em toda a sua constituição e em cada uma de suas partes constituintes. (Aqui seria o lugar para se discutir com Hegel a determinação que ele propõe da máquina, enquanto instrumento autônomo, que se basta a si mesmo. Considerada na perspectiva do artesanato, trata-se de uma determinação correta. Contudo, não consegue pensar a máquina a partir da essência da técnica a que ela pertence. Considerada, como dis-ponibilidade, a máquina não é, absolutamente, autônoma nem se basta a si mesma. Pois tem a sua dis-ponibilidade exclusivamente a partir e pelo dis-por do dis-ponível.)

Quando tentamos aqui e agora mostrar a exploração em que se desencobre a técnica moderna, impõem-se e se acumulam, de maneira monótona, seca e penosa, as palavras "pôr", "dis-por", "dis-posição", "dis-positivo", "dis-ponível", "dis-ponibilidade", etc. Isso se funda, porém, na própria coisa que aqui nos vem à linguagem.

Quem realiza a exploração que des-encobre o chamado real, como dis-ponibilidade? Evidentemente, o homem. Em que medida o homem tem este des-encobrir em seu poder? O homem pode, certamente, representar, elaborar ou realizar qualquer coisa, desta ou daquela maneira. O homem não tem, contudo, em seu poder o desencobrimento em que o real cada vez se mostra ou se retrai e se esconde. Não foi Platão que fez com que o real se mostrasse à luz das ideias. O pensador apenas respondeu ao apelo que lhe chegou e que o atingiu.

Somente à medida que o homem já foi desafiado a explorar as energias da natureza é que se pode dar e acontecer o desencobrimento da dis-posição. Se o homem é, porém, desafiado e dis-posto, não será, então, que mais originariamente do que a natureza, ele, o homem, pertence à dis-ponibilidade? As expressões correntes de material humano, de material clínico falam neste sentido. O coiteiro, que, na floresta, mede a lenha abatida e que, aparentemente, como seu avô, percorre os mesmos caminhos silvestres, está hoje à dis-posição da indústria madeireira, quer o saiba ou não. Ele está dis-posto ao fornecimento de celulose, exigida pela demanda do papel, encomendado pelos jornais e revistas ilustradas. Estes, por sua vez, pre-dis-põem a opinião pública a consumir as mensagens impressas e a tornar-se dis-ponível à manipulação dis-posta das opiniões. Todavia, precisamente por se achar desafiado a dis-por-se de modo mais originário do que as energias da natureza, o homem nunca se reduz a uma mera dis-ponibilidade. Realizando a técnica, o homem participa da dis-posição, como um modo de desencobrimento. O desencobrimento em si mesmo, onde se desenvolve a dis-posição, nunca é, porém, um feito do homem, como não é o espaço, que o homem já deve ter percorrido, para relacionar-se, como sujeito, com um objeto.

Se o desencobrimento não for um simples feito do homem, onde é e como é que ele se dá e acontece? Não carece procurar muito longe. Basta perceber, sem preconceitos, o apelo que já sempre reivindica o homem, de maneira tão decisiva, que, somente neste apelo, ele pode vir a ser homem. Sempre que o homem abre olhos e ouvidos e desprende o coração, sempre que se entrega a pensar sentidos e a empenhar-se por propósitos, sempre que se solta em figuras e obras ou se esmera em pedidos e agradecimentos, ele se vê inserido no que já se lhe re-velou. O desencobrimento já se deu, em sua propriedade, todas as vezes que o homem se sente chamado a acontecer em modos próprios de desencobrimento. Por isso, des-vendando o real, vigente com seu modo de estar no desencobrimento, o homem não faz senão responder ao apelo do desencobrimento, mesmo que seja para contradizê-lo. Quando, portanto, nas pesquisas e investigações, o homem corre atrás da natureza, considerando-a um setor de sua representação, ele já se encontra comprometido com uma forma de desencobrimento. Trata-se da forma de desencobrimento da técnica que o desafia a explorar a natureza, tomando-a por objeto de pesquisa até que o objeto desapareça no não objeto da dis-ponibilidade.

Sendo desencobrimento da dis-posição, a técnica moderna não se reduz a um mero fazer do homem. Por isso, temos de encarar, em sua propriedade, o desafio que põe o homem a dis-por do real, como

A questão da técnica   23

dis-ponibilidade. Este desafio tem o poder de levar o homem a recolher-se à dis-posição. Está em causa o poder que o leva a dis-por do real, como dis-ponibilidade.

Chamamos de cordilheira (*Gebirg*) a força de reunião que desdobra, originariamente, os montes num mar de morros e atravessa o conjunto de suas dobras.

Chamamos de ânimo (*Gemüt*) a força originária de reunião, donde se desprendem os modos em que nos sentimos de bom e de mau humor, neste ou naquele estado de alma.

Chamamos aqui de *com-posição* (*Ge-stell*) o apelo de exploração que reúne o homem a dis-por do que se des-encobre como disponibilidade.

Aventuramo-nos a empregar essa palavra, "composição" (*Gestell*), num sentido até agora inteiramente inusitado.

De acordo com o uso corrente, "*Gestell*" (composição) designa um equipamento, por exemplo, uma estante de livros (*Büchergestell*). "*Gestell*" significa também o esqueleto. E tão horripilante, como um esqueleto, parece-nos a pretensão deste uso da palavra "composição", para não se falar da arbitrariedade com que se manipulam palavras de uma língua adulta. Será possível extravagância ainda maior? Certamente que não! Só que esta extravagância é um antigo costume do pensamento. E os pensadores tornam-se extravagantes precisamente quando têm de pensar o mais elevado. Nós, epigonais, já não possuímos condição de avaliar o significado do fato de Platão aventurar-se a utilizar a palavra εἶδος, para dizer a essência de tudo e de cada coisa. Pois, na linguagem de todo dia, εἶδος diz a visão que uma coisa visível nos apresenta à percepção sensível. Ora, Platão pretende da palavra algo inteiramente extraordinário. Pretende designar o que jamais se poderá perceber com os olhos. E a extravagância não termina aí. Pois ἰδέα não evoca apenas o perfil não sensível do que se vê sensivelmente. Ιδέα, o perfil, significa e é também o que perfaz a essência de tudo que se pode ouvir, tocar, sentir, de tudo que, de alguma maneira, se nos torna acessível. Comparado com o que Platão pretende da língua e do pensamento neste e em outros casos, o uso que ousamos agora fazer da palavra "*Gestell*", com-posição, para dizer a essência da

24 Ensaios e conferências

técnica moderna, é quase inocente. E, não obstante, continua sendo uma pretensão sujeita a muitos mal-entendidos.

Com-posição, *"Gestell"*, significa a força de reunião daquele por que põe, ou seja, que desafia o homem a des-encobrir o real no modo da dis-posição, como dis-ponibilidade. Com-posição *(Gestell)* denomina, portanto, o tipo de desencobrimento que rege a técnica moderna mas que, em si mesmo, não é nada técnico. Pertence ao técnico tudo o que conhecemos do conjunto de placas, hastes, armações e que são partes integrantes de uma montagem. Ora, montagem integra, com todas as suas partes, o âmbito do trabalho técnico. Este sempre responde à exploração da com-posição, embora jamais constitua ou produza a com-posição.

O verbo "pôr" *(stellen)*, inscrito no termo com-posição, *"Gestell"*, não indica apenas a exploração. Deve também fazer ressoar o eco de um outro "pôr" de onde ele provém, a saber, daquele pro-por e ex-por que, no sentido da ποίησις, faz o real vigente emergir para o desencobrimento. Este pro-por produtivo (por exemplo, a posição de uma imagem no interior de um templo) e o dis-por explorador, na acepção aqui pensada, são, sem dúvida, fundamentalmente diferentes e, não obstante, preservam, de fato, um parentesco de essência. Ambos são modos de desencobrimento, modos de ἀλήθεια. Na com-posição, dá-se com propriedade aquele desencobrimento em cuja consonância o trabalho da técnica moderna des-encobre o real, como dis-ponibilidade. Por isso a técnica não se reduz apenas a uma atividade humana e muito menos a um simples meio desta atividade. A determinação da técnica meramente instrumental e antropológica se torna, em princípio, de somenos importância; ajuntar-lhe, depois, uma explicação metafísica ou religiosa tampouco seria capaz de completá-la.

Permanece verdade: o homem da idade da técnica vê-se desafiado, de forma especialmente incisiva, a comprometer-se com o desencobrimento. Em primeiro lugar, ele lida com a natureza, enquanto o principal reservatório das reservas de energia. Em consequência, o comportamento dis-positivo do homem mostra-se, inicialmente, no aparecimento das ciências modernas da natureza. O seu modo de representação encara a natureza, como um sistema operativo e calculável de forças. A física moderna não é experimental por usar, nas investigações da natureza, aparelhos e ferramentas. Ao contrário: porque, já na condição de pura teoria, a física leva a natureza a ex-por-se,

A questão da técnica   25

como um sistema de forças, que se pode operar previamente, é que se dis-põe do experimento para testar, se a natureza confirma tal condição e o modo em que o faz.

Por outro lado, não há dúvida de que as ciências matemáticas da natureza surgiram quase dois séculos antes da técnica moderna. Como, então, já poderiam estar a seu serviço? Os fatos depõem no sentido contrário do que se pretende. A técnica moderna só se pôs realmente em marcha quando conseguiu apoiar-se nas ciências exatas da natureza. Considerada na perspectiva dos cálculos da historiografia, esta constatação é correta. Considerada, porém, à luz do pensamento da História tal constatação não alcança a verdade.

A teoria da natureza, proposta pela física moderna, não preparou o caminho para a técnica, mas para a essência da técnica moderna. Pois a força de exploração, que reúne e concentra o desencobrimento da disposição, já está regendo a própria física, mesmo sem que apareça, como tal, em sua propriedade. A física moderna é a precursora, em sua proveniência ainda incógnita, da com-posição. A essência da técnica moderna se encobre e esconde, durante muito tempo ainda, mesmo depois de já se terem inventado usinas de força, mesmo depois de já se ter aplicado a técnica elétrica aos transportes ou descoberto a técnica atômica.

Tudo que é essencial, não apenas a essência da técnica moderna, se mantém, por toda parte, o maior tempo possível, encoberto. Todavia, a sua regência antecede tudo, sendo o primordial. Os pensadores gregos já o sabiam, ao dizer: o primeiro, no vigor de sua regência, a nós homens só se manifesta posteriormente. O originário só se mostra ao homem por último. Por isso, um esforço de pensamento, que visa a pensar mais originariamente o que se pensou na origem, não é a caturrice, sem sentido, de renovar o passado, mas a prontidão serena de espantar-se com o porvir do princípio.

Para a cronologia historiográfica, o início das ciências modernas da natureza se localiza no século XVII, enquanto que a técnica das máquinas só se desenvolveu na segunda metade do século XVIII. Posterior na constatação historiográfica, a técnica moderna é, porém, historicamente anterior no tocante à essência que a rege.

Se a física moderna tem de contentar-se, de maneira crescente, com o caráter imperceptível de suas representações, esta renúncia

26 Ensaios e conferências

ao concreto da percepção sensível não é decisão de nenhuma comissão de cientistas. É uma imposição da regência da com-posição que exige a possibilidade de se dis-por da natureza, como dis-ponibilidade. Por isso, apesar de ter abandonado a representação de objetos que, até há pouco, era o único procedimento decisivo, a física moderna nunca poderá renunciar à necessidade de a natureza fornecer dados, que se possa calcular, e de continuar sendo um sistema dis-ponível de informações. Trata-se de um sistema que se determina por uma concepção mais uma vez alterada de causalidade. Agora a natureza já não demonstra nem o caráter de um deixar-viger pro-dutivo nem o modo de ser da *causa efficiens* ou até da *causa formalis*. Presumivelmente, a causalidade há de se reduzir a uma notificação provocada pelas dis-ponibilidades que se dis-ponham com segurança contínua ou sucessiva. É ao que corresponderia o processo de crescente adaptação, descrito, de maneira impressionante, pela conferência de Heisenberg[2].

A técnica moderna precisa utilizar as ciências exatas da natureza porque sua essência repousa na com-posição. Assim nasce a aparência enganosa de que a técnica moderna se reduz à aplicação das ciências naturais. Esta aparência apenas se deixa manter enquanto não se questionar, de modo suficiente, nem a proveniência da ciência moderna e nem a essência da técnica moderna.

Questionamos, aqui, o que é a técnica para ressaltar nosso relacionamento com sua essência. A essência da técnica moderna se mostra no que chamamos de com-posição. Todavia, esta indicação ainda não é uma resposta à questão da técnica, caso responder signifique corresponder à essência do que se questiona.

Para onde nos sentiremos remetidos, quando tentarmos agora dar mais um passo adiante, pensando o que será, em si mesma, esta com-posição? Não é nada de técnico nem nada de maquinal. É o modo em que o real se des-encobre como dis-ponibilidade. De novo, se impõe a pergunta: será que este desencobrir-se se dá, em algum lugar, fora de toda ação e qualquer atividade humana? De forma

---

2. HEISENBERG, W. Das Naturbild in der heutigen Physik. *Die Künste im technischen Zeitalter. Munique, 1954, p. 43s.*

A questão da técnica 27

alguma! Mas também não acontece apenas *no* homem e nem decisivamente *pelo* homem.

Com-posição é a força de reunião daquele "pôr" que im-põe ao homem des-cobrir o real, como dis-ponibilidade, segundo o modo da dis-posição. Assim desafiado e provocado, o homem se acha imerso na essência da com-posição. Não é ao depois que o homem se relaciona com a essência da técnica. Por isso, formulada nesses moldes, a pergunta, como havemos de nos relacionar com a essência da técnica, chega sempre tarde e atrasada. Mas a pergunta nunca chega tarde e atrasada se nos sentirmos propriamente, como aqueles, cujas ações e omissões se acham por toda parte desafiadas e pro-vocadas, ora às claras ora às escondidas, pela com-posição. E sobretudo nunca chega tarde e atrasada a questão se e de que modo nós nos empenhamos no processo em que a própria com-posição vige e vigora.

A essência da técnica moderna põe o homem a caminho do desencobrimento que sempre conduz o real, de maneira mais ou menos perceptível, à dis-ponibilidade. Pôr a caminho significa: destinar. Por isso, denominamos de *destino* a força de reunião encaminhadora, que põe o homem a caminho de um desencobrimento. É pelo *destino* que se determina a essência de toda história. A história não é um mero objeto da historiografia nem somente o exercício da atividade humana. A ação humana só se torna histórica quando enviada por um destino[3]. E somente o que já se destinou a uma representação objetivante torna acessível, como objeto, o histórico da historiografia, isto é, de uma ciência. É daí que provém a confusão corrente entre o histórico e o historiográfico.

No desafio da dis-posição, a com-posição remete a um modo de desencobrimento. Como modo de desencobrimento, a com-posição é um envio do destino. Destino, neste sentido, é também a pro-dução da ποίησις.

O desencobrimento do que é e está sendo segue sempre um caminho de desencobrimento. O destino do desencobrimento sempre rege o homem em todo o seu ser, mas nunca é a fatalidade de uma

---

3. Cf. *Vom Wesen der Wahrheit*, 1930, na primeira edição de 1943, p. 16s.

coação. Pois o homem só se torna livre num envio, fazendo-se ouvinte e não escravo do destino.

A essência da liberdade não pertence *originariamente* à vontade e nem tampouco se reduz à causalidade do querer humano.

A liberdade rege o aberto, no sentido do aclarado, isto é, do des-encoberto. A liberdade tem seu parentesco mais próximo e mais íntimo com o dar-se do desencobrimento, ou seja, da verdade. Todo desencobrimento pertence a um abrigar e esconder. Ora, o que liberta é o mistério, um encoberto que sempre se encobre, mesmo quando se desencobre. Todo desencobrimento provém do que é livre, dirige-se ao que é livre e conduz ao que é livre. A liberdade do livre não está na licença do arbitrário nem na submissão a simples leis. A liberdade é o que aclarando encobre e cobre, em cuja clareira tremula o véu que vela o vigor de toda verdade e faz aparecer o véu como o véu que vela. A liberdade é o reino do destino que põe o desencobrimento em seu próprio caminho.

A essência da técnica moderna repousa na com-posição. A com-posição pertence ao destino do desencobrimento. Estas afirmações dizem algo muito diferente do que a frase tantas vezes repetida: a técnica é a fatalidade de nossa época, onde fatalidade significa o inevitável de um processo inexorável e incontornável.

Quando pensamos, porém, a essência da técnica, fazemos a experiência da com-posição, como destino de um desencobrimento. Assim já nos mantemos no espaço livre do destino. Este não nos tranca numa coação obtusa, que nos forçaria uma entrega cega à técnica ou, o que dá no mesmo, a arremeter desesperadamente contra a técnica e condená-la, como obra do diabo. Ao contrário, abrindo-nos para a *essência* da técnica, encontramo-nos, de repente, tomados por um apelo de libertação.

A essência da técnica repousa na com-posição. Sua regência é parte do destino. Posto pelo destino num caminho de desencobrimento, o homem, sempre a caminho, caminha continuamente à beira de uma possibilidade: a possibilidade de seguir e favorecer apenas o que se des-encobre na dis-posição e de tirar daí todos os seus parâmetros e todas as suas medidas. Assim, tranca-se uma outra possibilidade: a possibilidade de o homem empenhar-se, antes de tudo e

A questão da técnica   29

sempre mais e num modo cada vez mais originário, pela essência do que se des-encobre e seu desencobrimento, com a finalidade de assumir, como sua própria essência, a pertença encarecida ao desencobrimento.

Entre essas duas possibilidades, o homem fica ex-posto a um perigo que provém do próprio destino. Por isso, o destino do desencobrimento é o *perigo* em todos e em cada um de seus modos e, por conseguinte, é sempre e necessariamente perigo.

Em qualquer modo, em que o destino do desencobrimento exerça seu vigor, o desencobrimento, em que tudo é e mostra-se cada vez traz sempre consigo o perigo de o homem equivocar-se com o desencobrimento e o interpretar mal. Assim, quando todo o real se apresenta à luz do nexo de causa e efeito, até Deus pode perder, nesta representação, toda santidade e grandeza, o mistério de sua transcendência e majestade. À luz da causalidade, Deus pode degradar-se a ser uma causa, a *causa efficiens*. Ele se torna, então, até na teologia, o Deus dos filósofos, daqueles que medem o des-encoberto e o coberto de acordo com a causalidade do fazer, sem pensar de onde provém a essência da causalidade.

Do mesmo modo, em que a natureza, expondo-se, como um sistema operativo e calculável de forças pode proporcionar constatações corretas, mas é justamente por tais resultados que o desencobrimento pode tornar-se o perigo de o verdadeiro se retirar do correto.

O destino do desencobrimento não é, em si mesmo, um perigo qualquer, mas *o* perigo.

Se, porém, o destino impera segundo o modo da com-posição, ele se torna o maior perigo, o perigo que se anuncia em duas frentes. Quando o des-coberto já não atinge o homem, como objeto, mas exclusivamente, como disponibilidade, quando, no domínio do não objeto, o homem se reduz apenas a dis-por da dis-ponibilidade – então é que chegou à última beira do precipício, lá onde ele mesmo só se toma por dis-ponibilidade. E é justamente este homem assim ameaçado que se alardeia na figura de senhor da terra. Cresce a aparência de que tudo que nos vem ao encontro só existe à medida que é um feito do homem. Esta aparência faz prosperar uma derradeira ilusão, segundo a qual, em toda parte, o homem só se encontra consigo mesmo. Heisenberg mostrou, com toda razão, que é

30 Ensaios e conferências

assim mesmo que o real deve apresentar-se ao homem moderno[4]. *Entretanto, hoje em dia, na verdade, o homem já não se encontra em parte alguma, consigo mesmo, isto é, com a sua essência.* O homem está tão decididamente empenhado na busca do que a com-posição pro-voca e ex-plora, que já não a toma, como um apelo, e nem se sente atingido pela ex-ploração. Com isto não escuta nada que faça sua essência ex-sistir no espaço de um apelo e por isso *nunca pode* encontrar-se, apenas, consigo mesmo.

A com-posição não põe, contudo, em perigo apenas o homem em sua relação consigo mesmo e com tudo que é e está sendo. Como destino, a com-posição remete ao desencobrimento do tipo da dis-posição. Onde esta domina, afasta-se qualquer outra possibilidade de desencobrimento. A com-posição encobre, sobretudo, o desencobrimento, que, no sentido da ποίησις, deixa o real emergir para aparecer em seu ser. Ao invés, o pôr da ex-ploração impele à referência contrária com o que é e está sendo. Onde reina a com-posição, é o direcionamento e asseguramento da dis-ponibilidade que marcam todo o desencobrimento. Já não deixam surgir e aparecer o desencobrimento em si mesmo, traço essencial da dis-ponibilidade.

Assim, pois, a com-posição provocadora da ex-ploração não encobre apenas um modo anterior de desencobrimento, a pro-dução, mas também o próprio desencobrimento, como tal, e, com ele, o espaço, onde acontece, em sua propriedade, o desencobrimento, isto é, a verdade.

A com-posição de-põe a fulguração e a regência da verdade. O destino enviado na dis-posição é, pois, o perigo extremo. A técnica não é perigosa. Não há uma demonia da técnica. O que há é o mistério de sua essência. Sendo um envio de desencobrimento, a essência da técnica é o perigo. Talvez a alteração de significado do termo "com-posição" torne-se agora mais familiar, quando pensado no sentido de destino e perigo.

A ameaça, que pesa sobre o homem não vem, em primeiro lugar, das máquinas e equipamentos técnicos, cuja ação pode ser eventualmente mortífera. A ameaça, propriamente dita, já atingiu a essência do homem. O predomínio da com-posição arrasta consigo

---

4. Op. cit., p. 60s.

A questão da técnica 31

a possibilidade ameaçadora de se poder vetar ao homem voltar-se para um desencobrimento mais originário e fazer assim a experiência de uma verdade mais inaugural.

Assim, pois, onde domina a com-posição, reina, em grau extremo, o *perigo*:

"Ora, onde mora o perigo
é lá que também cresce
o que salva".

Pensemos esta palavra de Hölderlin com todo o cuidado: o que significa "salvar"? Geralmente, achamos que significa apenas retirar, a tempo, da destruição o que se acha ameaçado em continuar a ser o que vinha sendo. Ora, "salvar" diz muito mais. "Salvar" diz: chegar à essência, a fim de fazê-la aparecer em seu próprio brilho. Se a essência da técnica, a com-posição, constitui o perigo extremo e se também é verdadeira a palavra de Hölderlin, então o domínio da com-posição não se poderá exaurir simplesmente porque ela de-põe a fulguração de todo desencobrimento, não poderá deturpar todo o brilho da verdade. Ao invés, a essência da técnica há de guardar em si a medrança do que salva. Neste caso, uma percepção profunda o bastante do que é a com-posição, enquanto destino do desencobrimento, não poderia fazer brilhar o poder salvador em sua emergência?

Em que medida a força salvadora também cresce onde mora o perigo? Onde algo cresce, é lá que ele deita raízes, é de lá que ele medra e prospera. Ambas as coisas se dão escondidas, em silêncio e no seu tempo. Segundo a palavra do poeta, porém, não nos é permitido esperar que, no perigo, se possa apanhar a força salvadora, imediatamente e sem preparação. Por isso é que temos de pensar agora a medida em que, no perigo extremo, isto é, na regência da com-posição, a força salvadora se enraíza até, o mais profundamente possível, é lá que ela medra e prospera. Para pensá-lo, torna-se mister olhar, com um olho mais vivo ainda, o perigo, num último e derradeiro passo de nossa caminhada. Assim devemos questionar, mais uma vez, a essência da técnica. Pois, em sua essência, deita raízes e prospera, como se disse, a força salvadora.

Como nos será possível, porém, olhar a força salvadora na essência da técnica, sem pensarmos o sentido de "essência" em que a com-posição é, propriamente, a essência da técnica?

32 Ensaios e conferências

Até agora pensamos a palavra "essência" no sentido comum. Na linguagem da escola, "essência" diz *aquilo que* alguma coisa é, em latim, *quid*. A *quidditas*, a quididade, responde à pergunta pela essência de alguma coisa. O que, por exemplo, convém e pertence a todas as espécies de árvores; carvalho, faia, bétula, pinheiro, é uma mesma arboridade, o mesmo ser-árvore. As árvores reais e possíveis caem todas sob esta arboridade, como seu gênero comum, o "universal", no sentido de genérico. Será, então, que a com-posição, a essência da técnica, constitui o gênero comum de tudo que é técnico? Se fosse assim, a turbina a vapor, o transmissor de rádio, o ciclotrônio seriam uma com-posição! Ora, o termo, "com-posição" não diz, aqui, um equipamento ou qualquer tipo de aparelho. Diz, ainda menos, o conceito genérico destas dis-ponibilidades. As máquinas e aparelhos são tampouco casos e espécies de com-posição, como o operador na mesa de controle ou o engenheiro no escritório de planejamento. Tudo isto, sendo peças, dis-ponibilidades e operadores de dispositivos, pertence, cada qual à sua maneira, à com-posição, mas esta, a com-posição, nunca é a essência da técnica, entendida, como um gênero. A com-posição é um modo destinado de desencobrimento, a saber, o desencobrimento da exploração e do desafio. Um e outro modo destinado é o desencobrimento da pro-dução, da ποίησις. Esses modos não são, porém, espécies que, justapostas, fossem subsumidas no conceito de desencobrimento. O descobrimento é o destino que, cada vez, de chofre e inexplicável para o pensamento, se parte, ora num des-encobrir-se pro-dutor ora num des-encobrir-se ex-plorador e, assim, se reparte ao homem. O desencobrimento ex-plorador tem a proveniência de seu envio no descobrimento pro-dutor, ao mesmo tempo em que a com-posição de-põe num envio do destino a ποίησις.

Assim, a com-posição se torna a essência da técnica, por ser destino de um desencobrimento, nunca, porém, por ser essência, no sentido de gênero e *essentia*. Se levarmos em conta essa conjuntura, algo de espantoso nos atinge: a própria técnica exige de nós pensar o que, em geral, se chama de "essência", num outro sentido. Mas em qual?

Já ao falarmos de "*Hauswesen*" (os afazeres da casa), de "*Staatswesen*" (as coisas do Estado), não nos referimos à generalidade de um gênero, mas à maneira em que casa e Estado são e deixam de

A questão da técnica 33

ser o que são, isto é, se administram, se realizam e desfazem. Trata-se do modo em que vigem e exercem o seu ser. J.P. Hebel utiliza a antiga palavra alemã *"Weserei"*, na poesia *Fantasma na Rua Kanderer* (*Gespenst an der Kanderer Strasse*), pela qual Goethe tinha especial apreço. *"Weserei"* diz o Conselho Municipal, enquanto lá se reúne e está em causa a vida da comunidade, ou seja, enquanto vige e se realiza a Pre-sença da aldeia. É do verbo *"wesen"*, viger, que provém o substantivo vigência. *Wesen*, essência, em sentido verbal de vigência, é o mesmo que *"währen"*, durar e não apenas no sentido semântico, como também na formação fonológica. Já Sócrates e Platão pensaram a essência de uma coisa, como a vigência, no sentido de duração. Mas eles pensaram o duradouro, como o que sempre é e perdura (ἀεῖ ὄν). O que sempre perdura, eles o encontraram no que permanece em tudo o que ocorre e se dá. Esta permanência, eles a encontraram na estrutura (εἶδος, ἰδέα) do perfil, por exemplo, na ideia de "casa".

Na ideia mostra-se o que é tudo que se constitui, como casa. Já as casas reais e possíveis são variações mutantes e passageiras da "ideia" e, nesta condição, não perduram e nem pertencem ao duradouro.

Ora, por outro lado, não se pode, de modo algum, provar que o duradouro deva fundar-se única e exclusivamente na ἰδέα pensada por Platão, no τὸ τί ἦν εἶναι (o que cada coisa já sempre foi, o ser em tendo sido), pensado por Aristóteles ou no que, nas mais diversas interpretações, a metafísica pensa, como *essentia*.

Todo vigente dura. Mas será mesmo que só é duradouro o que perdura e permanece? Será mesmo que a essência da técnica vige no sentido da duração de uma ideia que paira acima de tudo que é técnico, a ponto de se formar a aparência: o termo "a técnica" é uma abstração mítica? Ora, só se pode perceber, como vige a técnica, pela continuidade da duração em que a com-posição se dá e acontece em sua propriedade, no envio de um descobrimento. Goethe chegou a usar[5] no lugar de *"fortwähren"*, perdurar, a palavra misteriosa *"fortgewähren"*, continuar a conceder. Sua escuta ouve, nesta palavra, uma harmonia implícita de continuidade entre *"währen"*, durar, e *"gewähren"*, conceder. Ora, se pensarmos ago-

---

5. GOETHE. *Die Wahlverwandschaften* (*Afinidades eletivas*), parte II, cap. 10, da novela "Die wunderlichen Nachbarskinder" ("Os prodigiosos filhos do vizinho").

ra de modo mais profundo do que até aqui, o que dura propriamente e talvez até unicamente, deveremos, então, dizer: *somente dura o que foi concedido. Dura o que se concede e doa com força inaugural, a partir das origens.*

Como vigência da técnica, a com-posição é o que dura. Esta duração age no sentido de uma concessão? Já a pergunta parece uma evidente mancada. Pois a com-posição é, de fato, segundo tudo que ficou dito, um envio, que reúne e concentra no desencobrimento da ex-ploração. E ex-ploração é qualquer coisa menos conceder. É o que parece enquanto não levarmos em conta que mesmo o desafio da ex-ploração, que leva dis-por-se do real, como dis-ponibilidade continua sendo sempre um envio que põe o homem no caminho de um desencobrimento. Na condição de destino, a vigência da técnica im-põe ao homem entrar no que ele mesmo não pode por si mesmo nem inventar e nem fazer; é que não há algo assim, como um homem, que, exclusivamente por si mesmo, fosse tão homem.

Todavia, se o destino (o envio) da com-posição é realmente o perigo extremo, não só para a essência do homem, mas também para todo desencobrimento, como tal, será que ainda se pode chamar de concessão um envio assim? Sem dúvida e sobretudo, caso, no envio, tenha de medrar e crescer o que salva. Todo destino de um envio acontece, em sua propriedade, a partir de um conceder e como um conceder. Pois é a concessão que acarreta para o homem ter parte no desencobrimento, parte esta de que carece a aproximação do desencobrimento. Por ser assim encarecido, o homem se acha apropriado pela apropriação da verdade. A propiciação, que envia para o desencobrimento de uma maneira ou de outra, é o que salva, enquanto tal. Pois é o que salva que leva o homem a perceber e a entrar na mais alta dignidade de sua essência. Uma dignidade, que está em proteger e guardar, nesta terra, o des-encobrimento e, com ele, já cada vez, antes, o encobrimento. A com-posição é o perigo extremo porque justamente ela ameaça trancar o homem na dis-posição, como pretensamente o único modo de descobrimento. E assim trancado, tenta levá-lo para o perigo de abandonar sua essência de homem livre. Precisamente, neste perigo extremo, vem a lume sua pertença mais íntima. Trata-se da pertença indestrutível ao que se lhe concede e outorga. Tudo isso, na suposição de que, da nossa parte, comecemos a pensar, com cuidado, a essência da técnica.

A questão da técnica

Assim, a vigência da técnica guarda em si o que menos esperamos, uma possível emergência do que salva.

Por isso, tudo depende de pensarmos esta emergência e a protegermos com a dádiva do pensamento. E como é que isto se dá? Sobretudo, percebendo o que vige na técnica, ao invés de ficar estarrecido diante do que é técnico. Enquanto representarmos a técnica, como um instrumento, ficaremos presos à vontade de querer dominá-la. Todo nosso empenho passará por fora da essência da técnica.

Questionando, porém, o modo em que a instrumentalidade vigora numa espécie de causalidade, faremos a experiência do que vige na técnica, como destino de um desencobrimento.

Pensando, por fim, que o vigente de toda essência se dá no que se concede e que este carece da participação do homem no des-encobrir-se do desencobrimento, então se mostra que:

A essência da técnica é de grande ambiguidade. Uma ambiguidade que remete para o mistério de todo desencobrimento, isto é, da verdade.

De um lado, a com-posição impele à fúria do dis-por que destrói toda visão do que o desencobrimento faz acontecer de próprio e, assim, em princípio, põe em perigo qualquer relacionamento com a essência da verdade. De outro lado, a com-posição se dá, por sua vez, em sua propriedade na concessão que deixa o homem continuar a ser – até agora sem experiência nenhuma, mas talvez no porvir com mais experiência – o encarecido pela veri-ficação da essência da verdade. Nestas condições é que surge e aparece a aurora do que salva.

O irresistível da dis-posição e a resistência do que salva passam, ao largo, um do outro como, no curso dos astros, a rota de duas estrelas. Mas este passar ao largo alberga o mistério da própria vizinhança de ambos.

Se olharmos dentro da essência ambígua da técnica, veremos uma constelação, o percurso do mistério.

A questão da técnica é a questão da constelação em que acontece, em sua propriedade, em desencobrimento e encobrimento, a vigência da verdade.

Mas de que adianta olhar dentro da constelação da verdade? – Propicia ver o perigo e perceber o crescimento do que salva.

Com isto, entretanto, ainda não estamos salvos, embora sejamos convocados a esperar à luz crescente do que salva. E como a espera pode-se dar? Aqui e agora, no mínimo, de maneira a fomentar o crescimento do que salva, o que inclui ter sempre em mente o perigo extremo.

A vigência da técnica ameaça o desencobrimento e o ameaça com a possibilidade de todo des-encobrir desaparecer na dis-posição e tudo apresentar apenas no des-encobrimento da dis-ponibilidade. Nenhuma ação humana jamais poderá fazer frente a esse perigo. Mas a consideração do sentido próprio do homem pode pensar que toda força salvadora deve ser de essência superior, mas, ao mesmo tempo, aparentada com o que está ameaçado e em perigo.

Será, então, que um desencobrimento concedido de modo mais originário seria capaz de fazer aparecer, pela primeira vez, a força salvadora no meio do perigo que, na idade da técnica, mais encobre do que mostra?

Outrora, não apenas a técnica trazia o nome de τέχνη. Outrora, chamava-se também de τέχνη o desencobrimento que levava a verdade a fulgurar em seu próprio brilho.

Outrora, chamava-se também de τέχνη a pro-dução da verdade na beleza. Τέχνη designava também a ποίησις das belas-artes.

No começo do destino ocidental na Grécia, as artes ascenderam às alturas mais elevadas do desencobrimento concedido. Elas faziam resplandecer a presença dos deuses e o encontro entre o destino de deuses e homens. A arte chamava-se apenas τέχνη. Era um des-encobrir-se único numa multiplicidade de desdobramentos. A arte era piedade, πρόμος, isto é, integrada na regência e preservação da verdade.

As artes não provinham do artístico. As obras de arte não provocavam prazer estético. A arte não era setor de uma atividade cultural.

Mas, então, como era a arte? Talvez somente por poucos anos, embora anos sublimes? Por que a arte tinha o nome simples e singelo de τέχνη? Porque era um des-encobrir pro-dutor e pertencia à ποίησις. O último des-velo, que atravessa toda arte do belo, era ποίησις, era poesia.

A questão da técnica   37

O mesmo poeta, de quem escutamos a palavra da salvação:

"Ora, onde mora o perigo
é lá que também cresce
o que salva",

nos diz ainda:

"... poeticamente
o homem habita esta terra".

É o poético que leva a verdade ao esplendor superlativo que, no *Fedro*, Platão chama de τὸ ἐκφανέστατον, "o que sai a brilhar da forma superlativa". O poético atravessa, com seu vigor, toda arte, todo desencobrimento do que vige na beleza.

Será que as belas-artes são convocadas ao des-encobrir poético? Será que o desencobrimento há de reivindicá-las mais originariamente para que fomentem, por sua parte, o crescimento do que salva, para que despertem e instaurem em nova forma, a visão e a confiança no que se concede e outorga?

Ninguém poderá saber se está reservada à arte a suprema possibilidade de sua essência no meio do perigo extremo. Mas todos nós poderemos nos espantar. Com o quê? Com a outra possibilidade, a possibilidade de se instalar por toda parte a fúria da técnica até que, um belo dia, no meio de tanta técnica, a essência da técnica venha a vigorar na apropriação da verdade.

Não sendo nada de técnico a essência da técnica, a consideração essencial do sentido da técnica e a discussão decisiva com ela têm de dar-se num espaço que, de um lado, seja consanguíneo da essência da técnica e, de outro, lhe seja fundamentalmente estranho.

A arte nos proporciona um espaço assim. Mas somente se a consideração do sentido da arte não se fechar à constelação da verdade, que nós estamos a *questionar*.

Questionando assim, damos testemunho da indigência de, com toda técnica, ainda não sabermos a vigência da técnica, de, com tanta estética, já não preservarmos a vigência da arte. Todavia, quanto mais pensarmos a questão da essência da técnica, tanto mais misteriosa se torna a essência da arte.

Quanto mais nos avizinharmos do perigo, com maior clareza começarão a brilhar os caminhos para o que salva, tanto mais questões haveremos de questionar. Pois questionar é a piedade do pensamento.

Tradução de Emmanuel Carneiro Leão

CIÊNCIA E PENSAMENTO
DO SENTIDO

Segundo uma representação habitual, designamos com a palavra "cultura" o espaço em que se desenrola a atividade espiritual e criadora do homem. À cultura pertence a ciência, sua prática e organização. Na cultura, a ciência se insere entre os bens que o homem preza e a que, por vários motivos, dedica seu interesse.

Nunca haveremos, porém, de avaliar o alcance da essência da ciência enquanto a tomarmos apenas neste sentido cultural. O mesmo vale para a arte. Ainda hoje costuma-se evocar ambas juntas: arte e ciência. É que também se pode representar a arte, como um setor da atividade cultural. Neste caso, porém, nada se percebe de sua essência. Encarada em sua essência, a arte é uma sagração e um refúgio, a saber, a sagração e o refúgio em que, cada vez de maneira nova, o real presenteia o homem com o esplendor, até então, encoberto de seu brilho a fim de que, nesta claridade, possa ver, com mais pureza, e escutar, com maior transparência, o apelo de sua essência.

Como a arte, a ciência tampouco é, apenas, um desempenho cultural do homem. É um modo decisivo de se apresentar tudo que é e está sendo.

Por isso devemos dizer: o que se chama de ciência ocidental europeia determina também, em seus traços fundamentais e em proporção crescente, a realidade na qual o homem de hoje se move e tenta sustentar-se.

Meditando o sentido deste processo, percebe-se que, no mundo do Ocidente e nas épocas de sua história, a ciência desenvolveu um poder que não se pode encontrar em nenhum outro lugar da terra e que está em vias de estender-se por todo o globo terrestre.

Será a ciência, apenas, um conjunto de poderes humanos, alçado a uma dominação planetária, onde seria ainda admissível pensar que a vontade humana ou a decisão de alguma comissão pudesse um dia desmontá-lo? Ou será que nela impera um destino superior? Será que algo mais do que um simples querer conhecer da parte do homem rege a ciência? É o que realmente acontece. Impera uma outra coisa. Mas esta outra coisa se esconde de nós, enquanto ficarmos presos às representações habituais da ciência.

Esta outra coisa consiste numa conjuntura que atravessa e rege todas as ciências, embora lhes permaneça encoberta. Somente uma clareza suficiente, sobre o que é a ciência, será capaz de nos fazer ver esta conjuntura. Mas como poderemos alcançá-la? A forma mais segura parece ser uma descrição da atividade científica atual. Uma tal exposição poderia mostrar como, de há muito, as ciências se encaixam, de maneira sempre mais decidida e ao mesmo tempo cada vez menos perceptível, em todas as formas da vida moderna: na indústria, na economia, no ensino, na política, na guerra, na comunicação e publicidade de todo tipo. É importante conhecer este enquadramento. Todavia, para se poder apresentá-lo, devemos já saber em que repousa a essência da ciência. Pode-se dizê-lo numa frase concisa: *a ciência é a teoria do real*.

Esta frase não pretende dar uma definição acabada e nem proporcionar uma fórmula manejável. A frase contém somente questões, mas questões que apenas surgem e se levantam quando é explicada. Antes, porém, devemos notar que, na frase "a ciência é a teoria do real", o termo "ciência" visa sempre e exclusivamente a ciência moderna. A frase "a ciência é teoria do real" não vale nem para a ciência medieval e nem para a ciência antiga. A doutrina medieval possui uma essência tão diversa de uma teoria do real quanto ela mesma difere da antiga ἐπιστήμη. E, não obstante, a essência da ciência moderna que, fazendo-se europeia, tornou-se, entrementes, planetária, funda-se no pensamento grego que, desde Platão, tem o nome de filosofia.

Esta indicação não deve, de forma alguma, diminuir o caráter revolucionário da maneira moderna de conhecer. Muito pelo contrário. O caráter distintivo do conhecimento moderno reside na elaboração decisiva de um traço, escondido na essência do saber grego, e de que o grego carece para vir a ser um outro saber.

Ciência e pensamento do sentido 41

Quem hoje em dia se aventura, questionando, refletindo e assim já agindo, em corresponder à profundeza de curso do abalo do mundo que sofremos a cada hora, não deve, apenas, levar em conta o domínio do mundo de hoje pela vontade de conhecer, próprio da ciência moderna. Deve, também e sobretudo, pensar que qualquer meditação sobre o sentido do que hoje é e está sendo só poderá surgir e prosperar num diálogo de pensamento com os pensadores gregos e sua linguagem, capaz de lançar suas raízes no solo de nossa Pre-sença histórica. É um diálogo que ainda está esperando para começar. Trata-se de um diálogo que mal se acha preparado, mas que, para nós, se torna uma condição prévia do diálogo inevitável com o mundo do Extremo Oriente.

O diálogo com os pensadores gregos, que também inclui os poetas, não significa, contudo, uma nova renascença da Antiguidade. Também não visa uma curiosidade historiográfica do que já passou e que ainda poderia servir para nos esclarecer alguns traços do mundo moderno, em seu nascimento histórico.

O pensamento e a poesia na aurora da Antiguidade grega atuam ainda hoje e são atuais a ponto de sua essência, encoberta para os próprios gregos, vir e estar por vir, em toda parte, ao nosso encontro. E está por vir sobretudo onde menos esperamos, a saber, no domínio da técnica moderna, tão estranha para a Antiguidade não obstante nela encontre a proveniência de sua essência.

Para percebermos a atualidade da história, temos de nos desvencilhar da representação historiográfica da história, sempre na moda. A representação historiográfica toma a história como um objeto em que algo se passa e ao mesmo tempo vai desaparecendo em sua transitoriedade.

O que cedo se pensou, o que cedo se destinou atua e se faz atual na frase "a ciência é a teoria do real".

Vamos agora esclarecer essa frase em duas perspectivas: questionaremos, primeiro, o que significa "o real" e, depois, o que significa "a teoria".

O esclarecimento vai também mostrar como a essência de ambas encaminha reciprocamente o real e a teoria de um para a outra.

Para esclarecer o que significa o termo "o real", na frase "a ciência é a teoria do real", vamos nos ater à palavra. O real preenche e cumpre o setor da operação, daquilo que opera. O que significa "operar"? A resposta a esta pergunta deve ater-se à etimologia. Importante e decisivo é, no entanto, como isto se dá. A mera constatação do significado antigo, que hoje muitas vezes já não nos diz nada, ou a sua simples retomada no intuito de empregá-lo num novo jogo de linguagem não leva a nada, a não ser à arbitrariedade. Trata-se muito mais de, apoiando-se no significado originário da palavra e em sua evolução, perceber o âmbito do real em que fala a palavra. Trata-se de pensar este âmbito de essência, como o espaço, em que se movimenta a coisa evocada pela palavra. Somente assim a palavra fala e fala num contexto de significações, em que a coisa invocada se desdobra através da história do pensamento e da poesia.

"Operar", *wirken*, significa "fazer", *tun*. O que significa *tun*? A palavra provém da raiz indo-europeia *dhe*, de onde vem igualmente o grego θέσις, posição, posicionamento, localização. Mas não se entende este fazer apenas, como atividade humana, e, tampouco, no sentido de ação e agir. Também o crescimento, vigência da natureza (φύσις), é um fazer, no sentido acima mencionado de θέσις. Somente depois, é que φύσις e θέσις vieram a opor-se uma à outra. Uma oposição que só tornou-se possível porque alguma coisa de idêntico as unia e determinava. Φύσις é θέσις, a saber, a pro-posição de algo por si mesmo, no sentido de pôr em frente, de trazer à luz, de a-duzir e pro-duzir, de levá-lo à vigência. É, neste sentido, fazer que equivale a operar, que diz viger numa vigência. Assim o real é o vigente. Entendido assim como trazer e levar à vigência, o verbo "operar", *"wirken"*, invoca um modo de o real se realizar, de o vigente viger e estar em vigor. Operar é, pois, trazer e levar à vigência, seja que, por si mesmo, algo traga e leve a si mesmo para a sua própria vigência, seja que o homem exerça este trazer e levar. Na linguagem medieval, o verbo *"wirken"*, "operar" significava ainda a produção de casas, de utensílios, de imagens e quadros; posteriormente, este significado se restringiu à pro-dução, no sentido de costurar, tricotar, fiar.

O real é tanto o operante como o operado, no sentido daquilo que leva ou é levado à vigência. Pensando-se de maneira bem am-

Ciência e pensamento do sentido 43

pla, "realidade" (*Wirklichkeit*) significa, então, estar todo em sua vigência, significa a vigência em si mesma acabada do que se pro-duz e se leva ao vigor de si mesmo. "Operar", *"wirken"*, pertence à raiz indo-europeia *uerg* de onde provém a palavra "obra", *"Werk"*, e o grego ἔργον. Mas nunca será demais repetir: o traço fundamental de "operar", *"wirken"*, e de "obra", *"Werk"*, não reside no *efficere* e no *effectus* mas em algo vir a des-encobrir-se e manter-se desencoberto. Mesmo quando os gregos, a saber, Aristóteles, falam daquilo que os latinos chamaram de *causa efficiens*, eles nunca pensam em causa e efeito. Para eles, o que se per-faz num ἔργον é o que se leva à plenitude da vigência; ἔργον é a vigência, no sentido próprio e supremo da palavra. Somente, por isso, Aristóteles chama a vigência do que está em pleno vigor de sua propriedade, de ἐνέργεια ou também de ἐντελεχέια, ou seja, o que se mantém na plenitude (de sua vigência). Em sua força significativa, um abismo separa estes dois termos, cunhados por Aristóteles para dizer a vigência em sentido próprio e pleno do vigente, do significado posterior e moderno de "energia" e "enteléquia", entendidas como condição e capacidade inatas para agir.

Nossa palavra "realidade" só traduz adequadamente a palavra fundamental de Aristóteles para a vigência do vigente (ἐντελεχέια) se pensarmos "real" e "realizar" de modo grego, no sentido de trazer para (*her*) o desencoberto, de levar para (*vor*) a vigência. *"Wesen"*, "viger" é a mesma palavra que *"währen"*, "durar", "permanecer", "ficar". Pensamos a vigência, como a duração daquilo que, tendo chegado a desencobrir-se, assim perdura e permanece. Desde o tempo posterior a Aristóteles, este significado de ἐνέργεια, ficar e permanecer em obra foi entulhado por outros significados. Os romanos traduzem, isto é, pensam ἔργον a partir da *operatio*, entendida, como *actio*, e dizem para ἐνέργεια *actus*, uma palavra inteiramente outra e com um campo semântico totalmente diverso. O vigente numa vigência aparece, então, como o resultado de uma *operatio*. O resultado é o que sucede a uma *actio*, é o sucesso. O real é, agora, o sucedido, tanto no sentido do que aconteceu, como no sentido do que tem êxito. Todo sucesso é produzido por algo que o antecede, a causa. É, então, que o real aparece à luz da causalidade da *causa efficiens*. Até Deus é representado na teologia, não na fé, como *causa prima*, causa primeira. Por fim, na busca da relação causa-efeito, a sucessividade vai se deslo-

44 Ensaios e conferências

cando para o primeiro plano e com ela a sucessão temporal. Nos últimos trabalhos de W. Heinsenberg, o problema causal se reduz ao problema de uma pura medição matemática do tempo. Todavia, uma outra coisa, não menos essencial, acompanha a realidade do real. Sendo um resultado, o efeito é sempre feito de um fazer, isto é, de um fazer entendido, agora, como esforço e trabalho. O resultado do feito de um fazer é o fato. A expressão "de fato" indica, hoje em dia, uma certeza e significa "certo", "seguro". Assim, em vez de "é certamente assim", podemos dizer "é de fato assim", "é realmente assim". Ora, com o início da Idade Moderna, a palavra "real" assume, a partir do século XVII, o sentido de "certo". Não se trata de mero acaso e nem de um capricho inocente na evolução semântica de simples palavras.

No sentido de fato e fatual, o "real" se opõe ao que não consegue consolidar-se numa posição de certeza e não passa de mera aparência ou se reduz a algo apenas mental. Mas, mesmo nestas mudanças de significado, o real sempre conserva o traço mais originário de vigente, daquilo que se apresenta por si mesmo, embora se ofereça agora com menos ou com outra intensidade.

É que, agora, o real se propõe em efeitos e resultados. O efeito faz com que o vigente tenha alcançado uma estabilidade e assim venha ao encontro e de encontro. O real se mostra, então, como ob-jeto (*Gegen-stand*).

A palavra alemã *"Gegen-stand"*, "ob-jeto", surgiu apenas no século XVIII e como tradução do latim *"ob-iectum"*. O fato de Goethe sentir um peso especial nas palavras *"Gegenstand"*, objeto, e *"Gegenständlichkeit"*, objetividade, tem razões mais profundas. Entretanto, nem o pensamento medieval, nem o pensamento grego re-presentam o vigente, como ob-jeto. Chamamos aqui de *objetidade* o modo de vigência do real que, na Idade Moderna, aparece, como objeto.

A objetidade é, em primeiro lugar, um caráter do próprio vigente. Todavia, o modo, em que sua objetidade se manifesta, e o real se torna objeto da representação só se nos poderá aparecer se questionarmos a questão o que é o real, com referência à teoria e, em certo sentido, também através da teoria. Em outras palavras: questionamos agora o que significa a palavra "teoria", na frase "a ciência é a teoria do real"? O termo "teoria" provém do verbo grego

Ciência e pensamento do sentido 45

θεωρεῖν. O substantivo correspondente é θεωρία. Estas palavras têm de próprio uma significação superior e misteriosa. O verbo θεωρεῖν nasceu da composição de dois étimos θέα e ὁράω. Θέα (veja-se teatro) diz a fisionomia, o perfil em que alguma coisa é e se mostra, a visão que é e oferece. Platão chama esse perfil, em que o vigente mostra o que ele é, de εἶδος. Ter visto, εἰδέναι, o perfil é saber. O segundo étimo em θεωρεῖν, o ὁράω, significa: ver alguma coisa, tomá-la sob os olhos, percebê-la com a vista. Assim resulta que θεωρεῖν é θεάν ὁρᾶν: visualizar a fisionomia em que aparece o vigente, vê-lo e por esta visão ficar sendo com ele.

Os gregos chamaram de βίος θεωρητικός a maneira de viver do vidente, isto é, de quem vê o brilhar puro do vigente, o tipo de vida (βίος) que se determina e se dedica ao θεωρεῖν. Ao invés, βίος πρακτικός é o tipo de vida que se consagra à ação e pro-dução. Nesta distinção, no entanto, devemos guardar sempre uma coisa: para um grego, o βίος θεωρητικός, a vida de visão, sobretudo em sua forma mais refinada, o pensamento, é a atividade mais elevada. A θεωρία, já em si mesma e não por uma utilidade posterior, constitui a forma mais perfeita e completa do modo de ser e realizar-se do homem. Pois a θεωρία é um relacionamento transparente com os perfis e as fisionomias do real. Com seu brilho, eles concernem e empenham o homem, deixando resplandecer a presença dos deuses. Não se pode apresentar aqui a outra característica do θεωρεῖν que é perceber e proporcionar as ἀρχαί e αἰτίαι do vigente, em sua vigência. Isto exigiria uma reflexão sobre o sentido do que a experiência grega entendia pelo que, de há muito, se representa como *principium* e *causa*[1].

Os gregos pensavam, isto é, recebiam da própria língua grega e, de uma maneira única, seu modo de estar no ser. Por isso, junto com o lugar mais alto atribuído à θεωρία pelo βιός grego, eles costumavam escutar ainda uma outra coisa na palavra. É que os dois étimos θεα e οραω podem ter outra acentuação: θεά e ὥρα. Θεά é a deusa. Ora, foi, como deusa, que a ἀλήθεια apareceu ao pensador originário Parmênides. Traduzimos ἀλήθεια pelo latim *veritas*, verdade, e pelo alemão *Wahrheit*.

---

1. Cf. ARISTÓTELES. *Ética a Nicômaco*, VI, c. 2, 1139a sq.

A palavra grega ὥρα significa o respeito que temos, diz a honra e a consideração, que damos. Se pensarmos, pois, a palavra θεωρία a partir destas últimas significações, a θεωρία se torna a consideração respeitosa da re-velação do vigente em sua vigência. Em sentido antigo, isto é, originário mas de forma alguma antiquado, a teoria é a *visão protetora da verdade*. O étimo do antigo alto-alemão *wara* (de onde vem *wahr*, o verdadeiro, *währen*, preservar e *Wahrheit*, verdade) remonta ao mesmo étimo que o grego ὁράω, ὥρα: Ϝορα.

Pensada em sentido grego, a essência da teoria é plural e elevada em cada uma de suas dimensões. Pois bem, é esta essência, que se entulha, quando, hoje em dia, se fala, na física, de teoria da relatividade, na biologia, de teoria da evolução, na história, de teoria dos ciclos, na jurisprudência, de teoria do direito natural. E, não obstante, a sombra da θεωρία originária sempre atravessa a "teoria" de uso moderno. Pois esta vive daquela e não apenas, em sentido exterior, de uma dependência histórica, passível de constatação. O que aqui se dá e acontece propriamente só se tornará claro e transparente quando se perguntar: o que é a "teoria", em contraste com a θεωρία originária, na frase "a ciência moderna é a teoria do real"?

Responderemos com a brevidade necessária, tomando um caminho aparentemente exterior. Consideraremos a maneira como se traduzem para o latim e para o alemão as palavras gregas θεωρεῖν e θεωρία. É de propósito que dizemos "as palavras" e não os termos ou vocábulos gregos. É para indicar que, na essência e regência da linguagem das línguas, se decide cada vez o envio histórico de um destino.

Os romanos traduzem θεωρεῖν por *contemplari*, θεωρία por *contemplatio*. Trata-se de uma tradução oriunda do espírito da língua latina, isto é, do modo romano de estar no ser. Com esta tradução, o essencial da palavra grega desaparece, como que por encanto. Pois *contemplari* significa: separar e dividir uma coisa num setor e aí cercá-la e circundá-la. *Templum* é o grego τέμενος, proveniente de uma experiência inteiramente outra do que θεωρεῖν. Τέμνειν significa partir e separar. Por isso o que não se pode partir e separar é o ἄτμητον, o ἄ-τομον, o átomo.

Ciência e pensamento do sentido 47

O latim *templum* diz de per si o setor recortado no céu e na terra, o ponto cardeal, a região celeste disposta segundo o curso do sol. É dentro dela que os áugures realizam suas observações para saber o futuro pelo modo de voar, gritar e comer dos pássaros[2].

Na θεωρία tornada *contemplatio*, o pensamento grego já traz seminalmente o momento de uma visão incisiva e divisora. No conhecimento, prevalece a seguir o caráter de um procedimento que divide e intervém na percepção visual. Mesmo aqui e agora, ainda continua a distinção entre *vita contemplativa* e *vita ativa*.

Na linguagem religiosa e teológica da Idade Média, esta distinção adquire um outro sentido que opõe a vida contemplativa dos mosteiros à vida ativa do mundo e do século.

A tradução alemã de *contemplatio* é *Betrachtung*, observação. O θεωρεῖν grego, no sentido de ver o perfil do vigente em sua vigência, aparece agora como observação. A teoria é a observação do real. Mas o que é observação? Fala-se de observação, no sentido de consideração, concentração religiosa. Este tipo pertence ao âmbito da vida contemplativa, há pouco mencionada. Fala-se também de observar, um quadro em cuja experiência sentimo-nos libertados. Neste uso, a palavra "observação" é vizinha da consideração e parece significar o mesmo que a θεωρία, no sentido originário dos gregos. Todavia, "a teoria", que se apresenta na ciência moderna, é alguma coisa essencialmente diferente da "θεορία" grega. Por isso, em traduzindo "teoria" por observação, damos à palavra um outro significado, embora não seja arbitrariamente inventando, mas o significado originário do étimo. Se levarmos a sério o que a palavra alemã *Betrachtung*, observação, invoca, haveremos de reconhecer o que há de novo na essência da ciência moderna, como teoria do real.

O que diz *Betrachtung*, observação? Diz *trachten*, pretender, aspirar. Diz o latim *tractare*, tratar, empenhar-se, trabalhar. Pretender e aspirar a alguma coisa diz empenhar-se todo para alcançá-la, diz persegui-la e correr atrás para dela se apossar. Neste sentido, a

---

2. Cf. ERNOUT-MEILLET. *Dictionnaire étymologique de la langue latine*, 1951, p. 1202: *contemplari dictum est a templo, i.e. loco qui ab omni* parte aspici, *vel ex quo omnis* pars videri *potest, quem antiqui templum nominabant.*

48 Ensaios e conferências

teoria, como observação, seria uma elaboração que visa apoderar-se e assegurar-se do real. Ora, tal caracterização da ciência poderia parecer naturalmente contrária à sua essência. Pois, como teoria, a ciência seria justamente "teórica". Prescindiria de qualquer elaboração do real. Faria de tudo para apreender o real puramente em si. Não interviria no real para alterá-lo. A ciência pura, como se proclama, seria desinteressada e "sem propósito".

E, no entanto, como teoria, no sentido de tratar, a ciência é uma elaboração do real terrivelmente intervencionista. Precisamente com este tipo de elaboração, a ciência corresponde a um traço básico do próprio real. O real é o vigente que se ex-põe e des-taca em sua vigência. Este destaque se mostra, entretanto, na Idade Moderna, de tal maneira que estabelece e consolida a sua vigência, transformando-a em objetidade. A ciência corresponde a esta regência objetivada do real à medida que, por sua atividade de teoria, ex-plora e dis-põe do real na objetidade. A ciência põe o real. E o dis-põe a pro-por-se num conjunto de operações e processamentos, isto é, numa sequência de causas aduzidas que se podem prever. Desta maneira, o real pode ser previsível e tornar-se perseguido em suas consequências. É como se assegura do real em sua objetidade. Desta decorrem domínios de objetos que o tratamento científico pode, então, processar à vontade. A representação processadora, que assegura e garante todo e qualquer real em sua objetidade processável, constitui o traço fundamental da representação com que a ciência moderna corresponde ao real. O trabalho, que tudo decide e que a representação realiza em cada ciência, constitui a elaboração que processa o real e o ex-põe numa objetidade. Com isto, todo real se transforma, já de antemão, numa variedade de objetos para o asseguramento processador das pesquisas científicas.

Seria estranho para um medieval e deveria ser atordoante para o pensamento grego tanto ex-por o vigente, seja a natureza, o homem, a história, a linguagem, como o real de uma objetidade, quanto transformar a ciência numa teoria que investiga o real e o assegura na objetidade.

Como teoria do real, a ciência moderna não é, pois, nada de espontâneo e natural. Não se trata de um simples feito do homem e nem de uma imposição do real. Ao contrário, a vigência do real ca-

Ciência e pensamento do sentido

rece da essência da ciência quando se ex-põe na objetidade do real. Este momento, como qualquer outro semelhante, é um mistério. Se os grandes pensamentos sempre chegam com os pés do silêncio, muito mais ainda é o que acontece com a transformação da vigência de todo vigente.

A teoria assegura para si uma região do real, como domínio de seus objetos. O caráter regional da objetidade aparece na antecipação das possibilidades de pesquisa. Todo novo fenômeno numa área da ciência será processado até enquadrar-se no domínio decisivo dos objetos da respectiva teoria. Trata-se de um domínio que, às vezes, se transforma, enquanto a objetidade, como tal, permanece imutável, em suas características básicas. Numa concepção rigorosa, a essência do "objetivo" propicia o fundamento para se predeterminar comportamento e procedimento. Há teoria pura quando um objetivo determina por si mesmo a teoria. Esta determinação provém da objetidade do real vigente. Abandonar esta objetidade equivaleria a negar totalmente a essência da técnica. Tal é o sentido, por exemplo, da frase de que a física de hoje não abole e elimina a física clássica de Newton e Galileu, apenas restringe-lhe o âmbito de validade. Esta restrição confirma também a objetidade decisiva para a teoria da natureza. Segundo ela, a natureza se oferece à representação num sistema de movimento espaço-temporal, de alguma forma, previsível pelo cálculo.

Porque a ciência moderna é uma teoria neste sentido, adquire importância decisiva em toda a sua observação o modo de tratar da ciência, ou seja, a maneira de ela proceder, em suas pesquisas, com vistas ao asseguramento processador, numa palavra, o seu método. Uma frase de Max Planck diz: "real é o que se pode medir". Isso significa: a decisão do que deve valer, como conhecimento certo para a ciência, no caso para a física, depende da possibilidade de se medir e mensurar a natureza, dada em sua objetidade e, em consequência, das possibilidades dos métodos e procedimentos de medida e quantificação. Esta frase de Max Planck só é correta por expressar algo que pertence à essência da ciência moderna e não apenas das ciências naturais. O cálculo é o procedimento assegurador e processador de toda teoria do real. Não se deve, porém, entender cálculo em sentido restrito de se operar com números. Em sentido essencial e amplo, calcular significa contar com alguma coisa, ou seja, levá-la em consideração e observá-la, ter expectativas, esperar dela alguma outra coisa. Neste sentido, toda objetivação do real é um cálculo, quer corra atrás dos efeitos e suas causas, numa explicação causal, quer, enfim, assegure em seus fundamentos um sistema de relações e ordenamentos. Também a matemática não é um cálculo com números para se obter resultados quantitativos. A matemática é um cálculo que, em toda parte, espera chegar à equivalência das relações entre as ordens por meio de equações. E por isso mesmo "conta" antecipadamente com uma equação fundamental para todas as ordens possíveis.

Porque, como teoria do real, a ciência moderna se apoia no primado do método, por isso mesmo, para assegurar-se dos domínios de seus objetos, ela tem de separar as regiões do real umas das outras e enquadrá-las em disciplinas especiais, isto é, em especialidades. A teoria do real se cumpre necessariamente em disciplinas, sendo sempre especializações e especialidades.

A pesquisa de uma região do real deve dedicar-se, com seu esforço, à especificidade própria de seus objetos. É esta dedicação que transforma o procedimento da ciência disciplinada em pesquisa especializada. Por isso, a especialização não pode ser uma degeneração obtusa ou um fenômeno de decadência da ciência moderna. A especialização também não é um mal necessário. É uma consequência necessária e positiva da essência da ciência moderna.

A delimitação dos domínios de objetos e seu enquadramento em áreas de especialização não esgarçam as ciências, mas as presenteiam com uma troca entre suas fronteiras, desenhando-lhes regiões limítrofes e fronteiriças. É destas que surge o impulso científico que desencadeia questionamentos novos e muitas vezes decisivos. Trata-se de um fato conhecido. Seu fundamento, porém, continua misterioso, como toda a essência da ciência moderna.

Acabamos assim de caracterizar a essência da ciência moderna, esclarecendo a frase "a ciência moderna é a teoria do real", em seus dois termos principais. Foi uma preparação para o segundo passo em que perguntamos: "que conjuntura invisível se esconde na essência da ciência?"

Ciência e pensamento do sentido   51

Esta conjuntura logo aparece, quando, tomando algumas ciências para exemplo, levamos na devida consideração a maneira que, em cada uma delas, se dis-põe da objetidade dos diversos domínios de objeto. A física que, falando-se a grosso modo, inclui hoje a macrofísica e a física atômica, a astrofísica e a química, trata da natureza (φύσις) inanimada. Nesta objetidade, a natureza se mostra um sistema de movimento de corpos materiais. A característica fundamental do corpóreo é a impenetrabilidade que se revela, por seu turno, numa espécie de sistema de movimento de partículas elementares. A física clássica os representa, a eles e seu sistema, numa mecânica geométrica de pontos e a física atual, pelas categorias de "núcleo" e "campo". Em consequência, a física clássica pode determinar, isto é, calcular previamente com precisão qualquer estado de movimento, tanto no tocante à posição como no tocante à grandeza do movimento. Na física atômica, ao invés, todo estado de movimento só se pode determinar, em princípio, ou quanto à posição ou quanto à grandeza de movimento. Por isso, a física clássica considera que se pode calcular de antemão a natureza de modo exato e completo ao passo que a física atômica só admite certeza entre os nexos de objetos de caráter estatístico.

A objetidade da natureza material apresenta na física atômica moderna *características fundamentais completamente diferentes* da física clássica. Esta, a física clássica, pode-se inserir naquela, a física atômica, mas a recíproca não é verdadeira, pois a física nuclear já não pode se absorver e reduzir à física clássica. Não obstante, *também* a física moderna do núcleo e do campo continua física, isto é, ciência, isto é, teoria, que corre atrás de objetos do real em sua objetidade, para deles assegurar-se na unidade da objetidade. Também para a física moderna vale assegurar e controlar as partículas elementares de que se compõem todos os demais objetos de qualquer setor. A representação da física moderna continua ainda sintonizada com a "possibilidade de escrever uma única equação fundamental donde decorram as propriedades de todas as partículas elementares e com isto o comportamento de toda a matéria"[3].

---

3. HEISENBERG. *Die gegenwärtigen Grundprobleme der Atomphysik*, cf. Wandlungen in den Grundlagender Naturwissenschaft, 8. ed. 1948, p. 98.

52 Ensaios e conferências

Esta breve referência às diversas épocas na evolução da física moderna mostra onde se desenrola a passagem de uma época para outra, a saber, na experiência e determinação da objetidade em que se ex-põe a natureza. O que, porém, *não* muda nesta passagem da física clássica geométrica para a física do campo e do núcleo é o fato de a natureza ter-se dis-posto, já de antemão, a um asseguramento que busca realizar a ciência, como teoria. Não será aqui possível discutir com precisão o grau e a medida em que, na mais recente fase da física atômica, *também* o objeto desaparece e a relação sujeito-objeto assume, enquanto pura relação, o primado *frente* ao sujeito e ao objeto e tende a assegurar para si a pura condição de dis-ponibilidade dis-positiva.

(A objetividade se transforma na constância da dis-ponibilidade determinada pela com-posição[4]. Só assim a relação sujeito-objeto chega a assumir seu caráter de "relação", ou seja, de dis-posição em que tanto o sujeito como o objeto se absorvem em dis-ponibilidades. Isso não significa que a relação sujeito-objeto desaparece, mas, ao contrário, que somente agora atinge seu completo vigor já predeterminado pela com-posição. Ela se torna, então, uma dis-ponibilidade a ser dis-posta.)

Agora já temos condições de considerar a conjuntura dis-creta na regência da objetidade.

A teoria fixa o real, no caso da física, a natureza inanimada, *num* domínio de objetos. A natureza, porém, já vige e vigora em si mesma, por si mesma. A objetivação depende da natureza já vigente. Mesmo quando, por razões de essência, como na física atômica moderna, a teoria se torna necessariamente incapaz de representação sensível, mesmo assim a teoria depende de os átomos se mostrarem à percepção, ainda que esta amostragem das partículas elementares se dê e aconteça em caminhos muito indiretos e mediados por técnicas variadas (por exemplo, a câmara de Wilson, o contador Geiger, voos de balões para constatar mésons, etc.). A teoria não pode prescindir da natureza já vigente e, neste sentido, ela nunca pode contornar a natureza. A física pode representar as leis

---

4. Cf. o texto "A questão da técnica" no presente volume, p. 11s.

Ciência e pensamento do sentido 53

mais universais e constantes da natureza pela identificação de matéria e energia. O que a física assim representa é, com certeza, a própria natureza, mas, por outro lado, não se pode contestar que se trata, apenas, da natureza assumida, como domínio de objetos, cuja objetidade determina e produz o processamento físico. Em sua objetidade nas ciências modernas, a natureza se reduz a *um modo em que e como o vigente*, de há muito chamado de φύσις, se manifesta e se oferece ao processamento científico. Esta objetidade nunca pode abarcar toda a plenitude essencial da natureza ainda que o domínio de objetos da física seja uniforme e concluso em si mesmo. A representação científica nunca é capaz de evitar a essência da natureza porque, já em princípio, a objetidade da natureza é, apenas, *um* modo em que a natureza se ex-põe. Para a ciência física, a natureza permanece, portanto, incontornável. Esta palavra indica aqui duas coisas: por um lado, que não se pode contornar a natureza, no sentido de a teoria nunca poder passar à margem do vigente, permanecendo sempre dependente de sua vigência; por outro lado, não se pode contornar a natureza, no sentido de a própria objetidade impedir que a representação e certeza da ciência possa abarcar um dia toda a plenitude da natureza. É o que tinha em mente Goethe em sua malograda polêmica com a física de Newton. Goethe ainda não podia perceber que mesmo sua representação intuitiva da natureza ainda se movia no meio da objetidade, na relação de sujeito-objeto, não sendo, por isso, em princípio, diferente da física e sendo metafisicamente a mesma coisa. A representação da ciência, por sua vez, nunca poderá decidir se, com a objetidade, a riqueza recôndita na essência da ciência não se retira e retrai ao invés de dar-se e se deixar aparecer. A ciência nunca pode fazer esta pergunta e, muito menos, questionar esta questão. Na condição de teoria, já se instalou na região da objetidade.

Na objetidade da natureza, que corresponde à objetivação da física, reina um incontornável em duplo sentido. Quando conseguimos vê-lo e pensá-lo mais ou menos numa ciência, nós o percebemos com mais facilidade em qualquer outra.

A psiquiatria trata da vida mental do homem em suas manifestações da doença, o que inclui sempre as manifestações da saúde. E as representa pela e a partir da objetidade da integração de corpo,

54 Ensaios e conferências

alma, mente e espírito constitutiva de todo homem. Na objetidade da psiquiatria, o modo já vigente de o homem ser apresenta-se e expõe-se cada vez. Este modo de ser, a ex-sistência do homem, como homem, permanece sempre o incontornável da psiquiatria.

Ciência histórica, a historiografia que, sempre com mais força, tende a transformar-se em ciência da história universal, realiza suas pesquisas de certeza e segurança na região do real que se dis-põe à teoria, como o conjunto dos acontecimentos (*Geschichte*). A palavra "história" (ίστορεῖν), significando investigar e tornar visível, diz um tipo de representação. Ao invés, a palavra "acontecimento" significa o que se dá e ocorre enquanto aquilo que se prepara e processa desta ou daquela maneira, ou seja, enquanto se envia e destina. A ciência histórica, a historiografia, investiga os acontecimentos. Ora, o tratamento historiográfico não cria o acontecer dos acontecimentos. Tudo que é historiográfico, toda representação e constatação nos moldes da historiografia se determinam por acontecimentos, isto é, fundam-se no destino do processo de acontecer. A recíproca não é, porém, verdadeira. Os acontecimentos não são necessariamente historiográficos.

A ciência histórica não pode decidir se o acontecer dos acontecimentos só se manifestam, em sua essência, pela e para a historiografia ou se, ao invés, a objetivação historiográfica, mais do que revela, vela o acontecer dos acontecimentos. Entretanto, decidido já está que é, como incontornável, que o acontecer dos acontecimentos vige e vigora na teoria historiográfica.

A filologia transforma a literatura das nações e povos em objeto de explicação e interpretação. A escritura da literatura é sempre discurso de uma língua. Quando a filologia trata da língua sempre a encara em perspectivas objetivas, estabelecidas pela gramática, etimologia e linguística comparada, pela teoria literária e poética.

Todavia, a língua fala sem que se transforme em literatura e de modo totalmente independente de a literatura ter chegado à objetidade. Ora, os fatos e resultados da ciência literária remetem para a objetidade. A linguagem é o incontornável na teoria da filologia.

A natureza, o homem, o acontecer histórico, a linguagem, constituem, para as respectivas ciências, o incontornável já vigente

Ciência e pensamento do sentido 55

nas suas objetidades. Dele cada uma delas depende, mas a representação de nenhuma delas nunca poderá *abarcá*-lo em sua plenitude essencial. Esta impossibilidade da ciência não se funda no fato de ela não chegar nunca ao fim de suas investigações de controle e segurança. Essa impossibilidade se apoia no fato de que, em princípio, a objetidade, em que se expõe a natureza, o homem, o acontecer histórico, a linguagem, permanecer em si mesmo apenas *um* modo de vigência. Neste modo, o real vigente em cada um pode, sem dúvida, mas não precisa aparecer incondicionalmente.

O incontornável assim caracterizado rege e reina na essência de toda ciência. Será, então, que constitui a conjuntura discreta que pretendíamos perceber? – Sim e não. Sim, à medida que o incontornável pertence à conjuntura em causa. É o que se evidencia na questão essencial que se levanta com o próprio incontornável.

O incontornável rege e reina na essência da ciência. Assim seria de se esperar que a própria ciência pudesse encontrá-lo em si mesma e determiná-lo, como incontornável. Ora, é o que não acontece, por ser isso impossível, para a essência da ciência. Mas onde reconhecê-lo? Se as ciências pudessem elas mesmas encontrá-lo em si mesmas, deveriam, antes de mais nada, ter condições de perceber sua própria essência. É precisamente o que não se dá nem ocorre, sendo o que está fora do alcance da ciência.

Nenhuma física tem condições de falar da física, como física. Todas as sentenças da física falam sempre a partir da física. Em si mesma, nenhuma física pode vir a ser objeto de uma pesquisa física. O mesmo vale para a filologia. Na condição de teoria da língua e da literatura, a filologia nunca poderá ser objeto de um exame filológico. É o que vale para toda ciência.

Ainda assim, uma objeção poderia aqui insinuar-se. Como qualquer outra ciência, a historiografia tem uma história, no sentido de ser também um acontecimento. A ciência histórica pode, portanto, tratar de si mesma, tomar a si mesma para tema a ser investigado com o método historiográfico. Certamente que isto é possível. Neste tratamento, a historiografia aprende até o acontecimento da ciência que ela mesma é. Todavia, com isto, a historiografia nunca poderá aprender sua própria essência de historiografia, isto é, sua essência de ciência histórica. Para se dizer alguma coisa sobre a matemática, como teoria, deve-se abandonar o domínio dos objetos matemáticos com seu modo próprio de representação. Num cálculo matemático, nunca é possível averiguar e acordar o que é, em si mesma, a matemática.

Fica sempre de pé, portanto, o fato de as ciências não terem a possibilidade de apresentar a si mesmas, como ciência, só com os recursos, os métodos e os procedimentos da teoria. Ora, se não é dado à ciência tratar cientificamente de sua própria essência, também não lhe assiste a possibilidade de acesso ao incontornável de sua essência.

Nestas condições aparece aqui uma provocação. O que as ciências não podem contornar, a saber, a natureza, o homem, o acontecer histórico, a linguagem, torna-se, para as ciências e por meio das ciências, inacessível, *como tal*, ou seja, como incontornável.

Só perceberemos a conjuntura, que rege e reina na essência da ciência, quando levarmos também em consideração que o incontornável é inacessível.

Mas por que chamamos este incontornável inacessível de "conjuntura discreta"? É que o discreto não chama a atenção. Pode ser visto sem, no entanto, ser considerado. Será, então, que só não se considera a conjuntura apontada na essência da ciência porque se pensa raramente e muito pouco a essência da ciência? É o que ninguém poderá dizer, com alguma razão. Ao contrário, muitos testemunhos falam de uma estranha inquietação que hoje perpassa não somente a física mas todas as ciências. Outrora, porém, nos séculos passados da história cultural e científica do Ocidente, surgiram sempre novas tentativas, visando a delimitar a essência da ciência. Um traço característico da Idade Moderna é, antes de qualquer outro, o esforço apaixonado e constante neste sentido. Como, então, aquela conjuntura poderia passar desapercebida? Fala-se muito, hoje em dia, da "crise de fundamentos" das ciências. A crise refere-se, na verdade, apenas aos conceitos fundamentais de algumas ciências. Não se trata de uma crise da ciência, como tal. A ciência continua, ao contrário, seguindo seu curso, com mais firmeza do que nunca.

Ora, o incontornável inacessível, que atravessa as ciências e lhes torna a essência enigmática, tem muito mais peso e é de outra

Ciência e pensamento do sentido

essência do que mera incerteza no estabelecimento de conceitos fundamentais. A inquietação nas ciências ultrapassa, neste sentido, de muito, a simples incerteza de seus conceitos fundamentais. Apesar de todas as discussões epistemológicas sobre as ciências, reina inquietação nas ciências, mas não se sabe dizer nem donde provém nem a respeito de quê. Hoje, as mais diversas filosofias refletem sobre as ciências. Em todos estes esforços da parte da filosofia, depara-se com autoexplicações que, por toda parte, as próprias ciências tentam na forma de compêndios e descrições da história das ciências.

E, não obstante, o incontornável permanece em discrição. É que a discrição da conjuntura não se pode reduzir apenas ao fato de ela não *nos* chamar a atenção e de *nós* não a notarmos. Sua discrição baseia-se muito mais no fato de ela mesma não se deixar aparecer. Próprio do incontornável inacessível é que se passe por cima dele e não se note sua presença. À medida que a discrição lhe constitui um traço de essência, a conjuntura só será determinada suficientemente se acrescentarmos: pertence à conjuntura, que rege a essência da ciência, isto é, a teoria do real, ser um incontornável inacessível porque sempre se passa sem perceber.

A conjuntura discreta está recôndita nas ciências, mas não como uma maçã num cesto. Temos, ao invés, de dizer: as ciências repousam na conjuntura discreta, como o rio, na fonte.

Nosso propósito era apontar para a conjuntura a fim de deixá-la por si mesma acenar para o lugar onde brota a essência da ciência.

O que conseguiu-se até aqui? Despertamos para o incontornável inacessível da ciência, que se pula sempre em todo relacionamento com a ciência. Ele se mostra na objetidade. Pois, na objetidade, o real se ex-põe, através da objetidade, a teoria persegue os objetos, visando assegurá-los junto com seu sistema para as representações instaladas no domínio de cada ciência. Esta conjuntura discreta atravessa, com sua regência, toda objetidade, onde tanto a realidade, como a teoria do real se movem, onde se equilibra, portanto, toda a essência da ciência ocidental moderna.

Aqui contentamo-nos em apontar para esta conjuntura discreta. Seria necessário um outro questionamento para se chegar ao que ela é em si mesma. Por outro lado, esta indicação nos encaminha na direção de um caminho que nos põe diante do que é digno de ser questionado. Ao contrário do meramente questionável e de todo questionável, o que é digno de ser questionado nos proporciona, por si mesmo, a oportunidade clara e o apoio livre para podermos vir ao encontro e convocar o apelo que fala e diz respeito à nossa essência. Encaminhar na direção do que é digno de ser questionado não é uma aventura, mas um retorno ao lar.

O alemão *sinnan, sinnen*, pensar o sentido, diz encaminhar na direção que uma causa já tomou por si mesma. Entregar-se ao sentido é a essência do pensamento que pensa o sentido. Este significa mais do que simples consciência de alguma coisa. Ainda não pensamos o sentido quando estamos apenas na consciência. Pensar o sentido é muito mais. É a serenidade em face do que é digno de ser questionado.

No pensamento do sentido, chegamos propriamente onde, de há muito, já nos encontramos, embora sem tê-lo experienciado e percebido. No pensamento do sentido, encaminhamo-nos para um lugar onde se abre, então, o espaço que atravessa e percorre tudo que fazemos ou deixamos de fazer.

Pensar o sentido tem outra essência do que a consciência e o conhecimento da ciência. Também é de outra essência do que a formação. A palavra *"bilden"*, formar-se, significa, por um lado, propor e prescrever um modelo. Por outro, desenvolver e transformar disposições previamente dadas. A formação apresenta ao homem um modelo para servir de parâmetro à sua ação e omissão. Toda formação necessita de um paradigma previamente estabelecido e de uma posição orientada em todas as direções. Ora, estabelecer um ideal comum de formação e garantir-lhe o domínio pressupõe uma situação inquestionável e estável em todos os sentidos. Esta pressuposição, por sua vez, há de se fundar por uma fé no poder irresistível de uma razão imutável e seus princípios.

O pensamento do sentido, ao invés, nos põe a caminho do lugar de nossa morada. A morada humana permanece sempre marcada pelo acontecer dos acontecimentos históricos, isto é, por uma morada que nos é entregue e confiada, quer a representemos, des-

Ciência e pensamento do sentido 59

membremos ou enquadremos historiograficamente, quer imaginemos ter condições de nos separar artificialmente do acontecer histórico por uma decisão de vontade.

A época da formação se aproxima do fim. Mas não porque os carentes e desprovidos de formação tomaram o poder e a direção da história. Os motivos são outros. Há sinais de uma idade do mundo onde o que é digno de ser questionado abre, de novo, as portas para se acolher a essência de todas as causas e de todos os envios do destino.

Só corresponderemos, então, ao apelo da envergadura e do comportamento exigido por nossa época, se começarmos a pensar o sentido, pondo-nos no caminho tomado pela conjuntura que se abre e revela na essência da ciência, embora não somente nela.

O pensamento do sentido permanece, no entanto, provisório, paciente e mais indigente ainda do que a formação de outrora, em sua época. A pobreza do sentido promete, no entanto, uma outra riqueza, cujos tesouros resplandecem no brilho de uma inutilidade, daquela inutilidade que nunca se deixa contabilizar.

Os caminhos do pensamento do sentido sempre se transformam, ora de acordo com o lugar, onde começa a caminhada, ora consoante o trecho percorrido pela caminhada, ora conforme o horizonte que, no caminhar, vai se abrindo no que é digno de ser questionado.

Os caminhos e meios das ciências nunca poderão atingir a essência da ciência. Todavia, como ser pensante, todo pesquisador e mestre da ciência, todo homem, que atravessa uma ciência, pode mover-se em diferentes níveis do sentido e manter-lhe sempre vivo o pensamento.

Mesmo se, por um favor todo especial, o pensamento do sentido alcançasse o mais alto grau de realização, ainda assim teria de contentar-se em apenas preparar uma disposição para o apelo que a humanidade de hoje tanto carece.

Urge o pensamento do sentido, mas não para superar um impasse eventual ou para quebrar a repugnância contra o pensamento. Urge o pensamento do sentido, como a resposta, que, na clareza de um ininterrupto questionamento, se entrega ao inesgotável do que é digno de ser questionado. Até que, no instante apropriado, ele perca o caráter de questão e se torne o simples dizer de uma palavra.

Tradução de Emmanuel Carneiro Leão

—— A SUPERAÇÃO DA METAFÍSICA ——

I

O que significa "superação da metafísica"? Na história do Ser, o pensamento usa essa expressão a título precário, apenas para se fazer entender. Trata-se de uma expressão que, a bem dizer, provoca muitos mal-entendidos por não permitir que a experiência chegue ao fundo, somente a partir do qual a história do ser entreabre seu vigor essencial. Este fundo é o acontecimento apropriador em que o próprio ser se sustenta. A superação da metafísica não significa, de forma alguma, a eliminação de uma disciplina do âmbito da "formação" filosófica. Como destino da verdade dos entes, ou seja, da entidade, já se pensa a "metafísica" *como* um dar-se e acontecer que se apropria, de maneira ainda velada, mas decisiva, do esquecimento do ser.

Enquanto se entende essa superação como um feito da filosofia, a expressão mais adequada há de ser: o passado da metafísica. Sem dúvida, esta também haveria de provocar mal-entendidos. Passado diz aqui: repassar e passar para o vigor de ter sido. Passando, a metafísica *é* passado. O passado não exclui, mas, ao contrário, inclui que somente agora a metafísica surge num domínio incondicional do próprio ente e, como tal, na configuração desprovida de verdade do real e dos objetos. Experienciada, porém, na perspectiva da aurora do começo, a metafísica é passado também no sentido de estar em seu acabamento. O acabamento *dura* mais do que a história da metafísica transcorrida até aqui.

II

A metafísica não se desfaz como se desfaz uma opinião. Não se pode deixá-la para trás como se faz com uma doutrina em que não mais se acredita ou defende.

Como *animal rationale* ou, hoje em dia, como o ser vivo trabalhador, o homem deve errar pelo deserto da desolação da terra. Isto pode ser um sinal de que a metafísica acontece com propriedade a partir do ser ele mesmo e a superação da metafísica acontece como uma sustentação do ser. Na ordem metafísica de hoje, o trabalho[1] alcançou a objetivação incondicional de todo vigente que vigora na vontade de querer.

Sendo assim, não devemos imaginar, com base num pressentimento qualquer, que podemos ficar fora da metafísica. Depois da superação, a metafísica não desaparece. Retorna transformada e permanece no poder como a diferença ainda vigente entre ser e ente.

Crepúsculo da verdade dos entes diz: a abertura manifestativa dos entes e *somente* deles perde a exclusividade de sua reivindicação determinante.

III

O crepúsculo da verdade dos entes necessariamente acontece com propriedade como acabamento da metafísica.

O crepúsculo se cumpre tanto pela derrocada do mundo cunhado pela metafísica como pela desolação da terra proveniente da metafísica.

Derrocada e desolação encontram um acabamento adequado no fato de o homem da metafísica, o *animal rationale*, im-por-se como animal trabalhador.

Essa im-posição confirma a extrema cegueira com respeito ao esquecimento do ser. O homem quer a *si mesmo* enquanto o voluntário da vontade de querer, para o qual toda verdade torna-se aquele erro de que necessita para poder dispor com segurança da ilusão de que a vontade de querer nada mais quer do que o nada anulador contra o qual ele então se afirma, sem nem mesmo poder saber de sua própria e completa nulidade.

---

1. Cf. JÜNGE. *Ernst Der Arbeiter*, 1932.

A superação da metafísica 63

Antes que possa acontecer propriamente em sua verdade inaugural, o ser deve romper-se como vontade, o mundo deve conhecer a derrocada, a terra, a desolação e o homem deve ser forçado ao mero trabalho. Somente após todo esse crepúsculo há de acontecer propriamente e, num espaço longo de tempo, a demora repentina do começo. No crepúsculo, tudo, isto é, o ente na totalidade da verdade da metafísica, encaminha-se para o fim.

O crepúsculo já aconteceu propriamente. As consequências deste acontecimento apropriador são os fatos da história mundial no século XIX. São apenas o transcurso do que acabou. A história e a técnica ordenam o seu curso no sentido do último estágio da metafísica. Esse ordenamento é a derradeira instalação do que acabou na aparência de uma realidade cuja operatividade opera de forma irresistível, pois pretende prescindir de qualquer descobrimento do *vigor de ser* e isso de maneira tão decidida que já não carece pressentir nada de um tal descobrimento.

A verdade do ser ainda encoberta resiste à humanidade da metafísica. O animal trabalhador abandona-se à vertigem de seus poderes e feitos a fim de se descarnar e aniquilar-se no nada aniquilador.

IV

Em que medida a metafísica pertence à natureza do homem? A metafísica re-presenta, de início, o homem como um ente dentre os demais, dotado de capacidades. A essência, qualificada desta ou daquela maneira, a natureza, o teor (o quê) e a modalidade (o como) de seu ser, é em si mesma metafísica: *animal* (sensibilidade) e *rationale* (não sensível). Limitado, assim, ao metafísico, o homem permanece atado à diferença desapercebida entre ser e ente. Em toda parte, o modo cunhado pela metafísica de o homem representar em proposições apenas encontra o mundo construído pela metafísica. A metafísica pertence à natureza do homem. Mas o que é a natureza ela mesma? O que é a metafísica ela mesma? Em meio a essa metafísica natural, quem é o homem ele mesmo? Será apenas um eu que, na referência a um tu, só faz consolidar sua egoidade confirmando-se na relação eu-tu?

64 Ensaios e conferências

Em todas as *cogitationes*, o *ego cogito* é para Descartes o que já se representa pro-posto e im-posto, sendo o vigente, o inquestionado, o indubitável, o que, cada vez, já está no saber, o certo e sabido em sentido próprio, o previamente consolidado, o que põe tudo em referência a *si* e deste modo se *contra*-põe a todo outro.

Ao objeto pertence tanto o teor de consistência (o *quid*) do que se contrapõe (*essentia-possibilitas*) como a posição do que se opõe (*existentia*). O objeto constitui a unidade de persistência dessa consistência. Em sua insistência, a consistência refere-se essencialmente ao pôr da re-presentação como uma posse asseguradora que põe algo diante de si, que pro-põe. O objeto originário é a objetividade em si mesma. A objetividade originária é o "eu penso", no sentido do "eu percebo", que já se apresenta e já se apresentou, é *subiectum*. Na ordem da gênese transcendental do objeto, o sujeito é o primeiro objeto da re-presentação ontológica.

Ego cogito é *cogito*: *me cogitare.*

V

A configuração moderna da ontologia é a filosofia transcendental que aos poucos se torna teoria do conhecimento.

Em que medida isso surge da metafísica moderna? À medida que se pensa a entidade dos entes enquanto a vigência *para* a re-presentação asseguradora. Entidade é agora objetividade. A questão da objetividade, da possibilidade de oposição (a saber, do re-presentar que assegura e calcula) é a questão da possibilidade de conhecer.

Em sentido próprio, porém, não se entende essa questão como questão do mecanismo psico-físico do processo de conhecimento, mas da possibilidade da vigência do objeto no e para o conhecimento.

A "teoria do conhecimento" é observação, θεωρία, à medida que, pensado como objeto, o ὄν é questionado no tocante à objetividade e à sua possibilitação (ᾗ ὄν).

Em que medida, através do questionamento transcendental, Kant im-põe com segurança o metafísico da metafísica moderna? À

A superação da metafísica 65

medida que a verdade se transforma em certeza e, assim, a entidade (οὐσία) dos entes se torna a objetividade da *perceptio* e da *cogitatio* da consciência, do saber, empurrando o saber e o conhecer para o primeiro plano.

A "teoria do conhecimento" e o que assim se considera é, no fundo, metafísica e ontologia, fundadas sobre a verdade assumida como certeza pela re-presentação asseguradora.

Em contrapartida, interpretar a "teoria do conhecimento" como explicação do "conhecimento" e como "teoria" das ciências constitui um equívoco, embora esse negócio de asseguramento seja apenas uma consequência da conversão do ser em objetividade e representação pro-posicional.

"Teoria do conhecimento" exprime a incapacidade fundamental e crescente da metafísica moderna de saber de seu próprio vigor e fundamento. Falar de uma "metafísica do conhecimento" incorre no mesmo equívoco. Trata-se, na verdade, de uma metafísica do objeto, ou seja, dos entes enquanto objetos, objetos para um sujeito.

Na crescente importância da logística, anuncia-se apenas o outro lado da moeda da incompreensão empirista e positivista da teoria do conhecimento.

VI

O acabamento da metafísica tem início com a metafísica hegeliana do saber absoluto enquanto vontade do espírito.

Por que essa metafísica é somente o início do acabamento e não o próprio acabamento? A certeza incondicional não chegou a essa metafísica sob a forma de realidade absoluta?

Será que aqui ainda existe uma possibilidade de ultrapassagem? Certamente que não. A possibilidade, porém, de passar incondicionalmente para dentro de si mesmo enquanto vontade de viver ainda não acabou. Tampouco a vontade enquanto vontade de querer ainda não apareceu na realidade por ela mesma prepara-

66 Ensaios e conferências

da. Por isso, a metafísica ainda não se acabou com a metafísica absoluta do espírito.

Não obstante o falatório superficial sobre o colapso da filosofia hegeliana, mantém-se a afirmação de que, no século XIX, essa filosofia foi a única a determinar a realidade, não na forma exterior de uma doutrina seguida, mas como metafísica, como predomínio da entidade no sentido da certeza. Os movimentos contrários a essa metafísica *a* ela pertencem. Desde a morte de Hegel (1831), tudo se reduz apenas a movimento contrário, não somente na Alemanha mas também em toda a Europa.

VII

Em todo seu percurso histórico, é característica da metafísica tratar a existência, quando muito, sempre de maneira apressada e como algo evidente (cf. A explicação indigente do postulado da verdade na *Crítica da razão pura* de Kant). A única exceção é Aristóteles, que pensa com radicalidade a ἐνέργεια, sem que contudo esse pensamento tenha podido tornar-se, posteriormente, essencial em sua originariedade. A transformação de ἐνέργεια em *actualitas* e realidade entulhou tudo o que havia vindo à tona com a ἐνέργεια. A conexão entre ἐνέργεια e οὐσία se obscurece. Somente Hegel reaprofundou o pensamento da existência, mas na sua *Lógica*. Schelling a pensa na diferença entre fundamento e existência, diferença que se enraíza na subjetividade.

Na redução do ser à "natureza", mostra-se um eco, tardio e confuso, do ser como φύσις.

Razão e liberdade contrapõem-se à natureza. À medida que natureza é o ente, a liberdade e o dever não são pensados como ser. Fica-se na contraposição entre ser e dever, ser e valor. Tão logo a vontade alcance seu máximo de des-vio, também o próprio ser torna-se ele mesmo um mero "valor". Pensa-se então o valor como condição da vontade.

VIII

Em todas as suas formas e estágios históricos, a metafísica é uma fatalidade única mas talvez necessária ao Ocidente e o pressuposto de sua dominação planetária. A vontade subjacente a essa dominação agora repercute no coração do Ocidente, onde uma vontade apenas se confronta com outra.

O desdobramento da dominação incondicional da metafísica acha-se somente em seu início. Esse emerge quando, para afirmar seu desvio correspondente, a metafísica nele libera e consolida sua via essencial.

Em sentido estrito, o único aqui considerado, a metafísica é uma fatalidade porque, como traço fundamental da história do Ocidente europeu, a humanidade vê-se fadada a assegurar-se no ente. E a nele segurar-se *sem* que, em momento algum, a metafísica faça a experiência do ser dos entes *como a dobra* de ambos, podendo então questioná-lo e harmonizá-lo em sua verdade.

Essa fatalidade a ser pensada na dimensão da história do ser é, contudo, necessária porque o próprio ser apenas pode vir à luz em sua verdade, na diferença resguardada entre ser e ente, e isso quando a diferença ela mesma se dá e acontece com propriedade. Como isso, no entanto, pode se dar sem que antes o ente não se tenha entregue ao mais agudo esquecimento do ser? Como isso pode se dar sem que também o ser não tenha assumido sua dominação incondicional e metafisicamente irreconhecível como vontade de querer, a qual alcança validade frente ao ser mediante a primazia exclusiva dos entes (da objetividade do real)?

Assim o diferenciável da diferença propõe-se num certo modo, mantendo-se, porém, encoberto numa estranha impossibilidade de reconhecimento. Por isso, a própria diferença fica encoberta. Um sinal disso é a reação metafísica e técnica frente à dor, que predetermina a interpretação da essência da dor.

Com o começo do acabamento da metafísica, tem início a preparação irreconhecível e, para a metafísica, essencialmente inacessível de um primeiro aparecimento do desdobramento de ser e

68 Ensaios e conferências

ente. Nesse aparecimento, ainda se encobre a primeira ressonância da verdade do ser, que recupera para si a primazia do ser, na perspectiva de seu vigor.

IX

A superação da metafísica é pensada na dimensão da história do ser. Ela prenuncia a sustentação originária do esquecimento do ser. Mais antigo embora também mais escondido do que o prenúncio é o que nele se anuncia. Trata-se do acontecimento do próprio. O que, no modo de pensar da metafísica, aparece como prenúncio de uma outra coisa, chega e toca como o brilho derradeiro de uma clareira mais originária. A superação permanece digna de ser pensada somente enquanto se pensa a sustentação. Esse pensamento insistente ainda pensa a superação. Tal pensamento faz a experiência do acontecimento singular da des-apropriação dos entes, em que se iluminam a indigência da verdade do ser e a originariedade da verdade, e também transluz com desprendimento o vigor essencial do humano. A superação é a trans-missão da metafísica em sua verdade.

De início, a superação pode apenas re-presentar-se a partir da própria metafísica, no modo de uma superpotenciação de si mesma por si mesma. Pode-se falar, nesse caso, de uma metafísica da metafísica. Foi o que se discutiu no texto *Kant e o problema da metafísica* onde se buscou interpretar, nesta perspectiva, o pensamento kantiano, surgido de uma mera crítica da metafísica racional. Na verdade, com isso atribui-se ao pensamento de Kant mais do que ele mesmo pode pensar nos limites de sua filosofia.

Falar de superação da metafísica pode ainda também significar que "metafísica" mantém-se como nome do platonismo que, no mundo moderno, se expõe nas interpretações de Schopenhauer e Nietzsche. A revirada do platonismo, no sentido conferido por Nietzsche, de que o sensível passa a constituir o mundo verdadeiro e o suprassensível o não verdadeiro, permanece teimosamente no interior da metafísica. Essa espécie de superação da metafísica, que Nietzsche tem em vista e bem no sentido do positivismo do século XIX, não obstante numa transformação mais elevada, não passa

A superação da metafísica   69

de um envolvimento definitivo com a metafísica. Parece, na verdade, que aqui se marginaliza o "meta", a transcendência rumo ao suprasensível em favor de uma firme permanência no elementar da sensibilidade. Enquanto isso, porém, não se faz outra coisa do que dar acabamento ao esquecimento do ser, liberando e ocupando o suprassensível como vontade de poder.

X

Sem poder e nem tampouco tolerar saber, a vontade de querer impede o destino, aqui entendido como a consignação de uma abertura manifestativa do ser dos entes. A vontade de querer tudo enrijece numa ausência de destino. A consequência disso é o não histórico. Seu traço característico consiste na dominação exercida pela ciência historiográfica. O seu desespero, o historicismo. Querendo-se justapor a história do ser à re-presentação *historiográfica* corrente, confirma-se, da maneira mais palpável, como predomina nessa abordagem equivocada o esquecimento do destino do ser.

A era da metafísica acabada encontra-se em seu início.

Apenas para assegurar a si mesma, de modo contínuo e incondicional, a vontade de querer obriga para si mesma o cálculo e a institucionalização de tudo como formas fundamentais de manifestação.

Pode-se chamar, numa única palavra, de "técnica" a forma fundamental de manifestação em que a vontade de querer se institucionaliza e calcula no mundo não histórico da metafísica acabada. Esse nome engloba todos os setores dos entes que equipam a totalidade dos entes: natureza objetivada, cultura ativada, política produzida, superestrutura dos ideais. A "técnica" não significa aqui os setores isolados da fabricação e aparelhamento de máquinas. Estas possuem, sem dúvida, uma posição privilegiada, a se determinar mais de perto, fundada na primazia do material que se assume como o pretenso elementar e o objeto em sentido eminente.

Compreende-se aqui o nome "técnica" de modo tão essencial que, em seu significado, chega a coincidir com a expressão – acabamento da metafísica. Esse nome guarda a lembrança da τέχνη, que constitui uma condição fundamental do desdobramento essencial da metafísica. Esse nome também possibilita pensar o caráter planetário do acabamento da metafísica e de seu domínio, sem que se necessite considerar as derivações historicamente demonstráveis nos povos e continentes.

XI

A metafísica de Nietzsche faz aparecer, na vontade de poder, o *penúltimo* estágio do desdobramento da vontade de entidade dos entes enquanto vontade de querer. O último estágio não aparece em virtude do domínio da "psicologia", no conceito de poder e força, no entusiasmo da vida. Isso explica por que falta a esse pensamento tanto o rigor e o cuidado do conceito como a tranquilidade de uma meditação histórica. Predomina a historiografia e, por isso, a apologia e a polêmica.

Por que a metafísica de Nietzsche desprezou o pensamento em nome da "vida"? Por não ter percebido, segundo a doutrina de Nietzsche, como é essencial para a "vida" tanto assegurar a consistência da re-presentação e planificação (apoderadoras) quanto a "intensificação" e a elevação. Estas foram consideradas apenas (psicologicamente) sob o aspecto da embriaguez, na perspectiva decisiva de serem o que confere o impulso próprio e renovado para o asseguramento da consistência das coisas e também o que justifica a intensificação. Pertence assim à vontade de poder o predomínio incondicional da razão calculadora e não a poeira e o caos de uma turva convulsão vital. O culto desorientado de Wagner envolveu o pensamento de Nietzsche e sua exposição com uma "atmosfera de esteticismo". Este esteticismo, acrescido do escárnio da filosofia (isto é, de Hegel e Schelling), cumprido por Schopenhauer e sua interpretação superficial de Platão e de Kant, fez amadurecer nas últimas décadas do século XIX um entusiasmo que usou e abusou da superficialidade e do embaçamento da não historicidade como critério do verdadeiro.

Por trás de tudo isso encontra-se, porém, uma única incapacidade, qual seja, de se pensar a partir da vigência da metafísica e reconhecer a envergadura da transformação da vigência da verdade

A superação da metafísica 71

e o sentido histórico do crescente domínio da verdade como certeza. E ainda a incapacidade de se reconduzir, a partir desse reconhecimento, a metafísica de Nietzsche aos simples encalços da metafísica moderna, ao invés de fazer disso um fenômeno literário, visando mais a esquentar as cabeças do que a purificá-las, surpreendê-las ou, quem sabe, até espantá-las. Por fim, também a paixão que Nietzsche nutria pelos criadores trai a sua proveniência. Trai que ele pensa modernamente a partir de uma ideia de gênio, do genial e, também, tecnicamente a partir da noção de desempenho e eficácia. No conceito de vontade de poder, ambos os "valores" constitutivos (a verdade e a arte) não passam de circunscrições da "técnica", no sentido essencial de disponibilização planejadora e calculadora para um desempenho capaz de trazer para a ação de criar da "criatividade", sempre além de cada vida em particular, um novo estímulo do vivo e assim assegurar o êmulo da cultura.

Tudo isso serve à vontade de poder. Mas tudo isso também impede que seu vigor de essência apareça na luz clara de um saber amplo e essencial, que só pode originar-se no pensamento voltado para a dimensão da história do ser.

A essência da vontade de poder apenas se deixa conceber a partir da vontade de querer. Esta, no entanto, apenas se deixa experienciar se a metafísica já tiver passado para a ultrapassagem.

XII

A metafísica da vontade de poder de Nietzsche prefigura-se na frase: "o grego conheceu e fez a experiência dos espantos e terrores da existência; para poder sobreviver de algum modo, teve de pôr diante de si o sonho cintilante do Olimpo"[2].

Aparece aqui, *de um lado*, a oposição entre "titânico" e "bárbaro", "selvagem" e "impulsivo" e, *de outro*, o brilho da beleza e do sublime.

---

2. *Sócrates e a tragédia grega*, cap. 3, 1871, versão primeira do *Nascimento da tragédia do espírito da música*, Munique, 1933.

Embora sem um pensamento claro e distinto e tampouco sem uma visão de sua unidade fundamental, encontra-se aqui já prelineado que a "vontade" precisa assegurar, *ao mesmo tempo*, a consistência e a elevação. Permanece, no entanto, ainda encoberto que a vontade é vontade de poder. A doutrina da vontade de Schopenhauer domina, de início, o pensamento de Nietzsche. O prefácio desse texto foi escrito no "dia do aniversário de Schopenhauer".

Com a metafísica de Nietzsche, a filosofia acaba. Isso quer dizer: ela já percorreu todo o âmbito das possibilidades que lhe foram presignadas. O acabamento da metafísica, que constitui o fundamento do modo planetário de pensar, fornece a armação para uma ordem da terra, provavelmente bastante duradoura. Esta ordem já não mais precisa da filosofia porque de há muito a ela já sucumbiu. Com o fim da filosofia, porém, o pensamento não está no fim, mas na ultrapassagem para um outro começo.

XIII

Nos apontamentos referentes à IV parte de *Assim falava Zaratustra*, Nietzsche escreve (1866): "*Estamos fazendo uma experiência com a verdade*! Talvez com ela a humanidade venha a sucumbir! Pouco importa!" (WW XII, p. 307).

Uma anotação do tempo de *Aurora* (1880/1881) diz o seguinte: "A novidade em nossa posição atual face à filosofia é a convicção, estranha a toda outra época, *de que não possuímos a verdade*. Todos os homens anteriores 'possuíam' a verdade, mesmo os céticos" (WW XI, p. 268).

O que Nietzsche quer dizer quando se refere, nessas duas passagens, à "verdade"? Quer ele dizer o "verdadeiro", pensando-o como o ente real ou como o que vale para todo julgamento, comportamento e vida?

O que significa: fazer uma experiência com a verdade? Significa fazer predominar, no eterno retorno do mesmo, a vontade de poder como o ente verdadeiro?

A superação da metafísica 73

Será que esse pensamento chega alguma vez a se perguntar *em que* repousa a *essência* da verdade e *a partir de onde* acontece com propriedade a verdade da *essência*?

XIV

Como a objetividade adquire o caráter de constituir a essência dos entes como tais?

Costuma-se pensar "ser" como a objetividade, num esforço de se apreender a partir daí o "ente em si" e assim esquecer de se perguntar e dizer o que se entende por "ente" e pelo "em si". O que "é" ser? Devemos perguntar ao "ser" *o que ele é*? Ser fica fora de questão, autoevidente e, portanto, impensado. Mantém-se numa verdade, de há muito esquecida e infundamentada.

XV

Objeto no sentido de contra-posição se dá apenas onde o homem se torna sujeito, onde o sujeito se torna ego e o ego, *cogito*. Dá-se onde esse *cogitare* é, em sua essência, concebido como "a unidade originariamente sintética da apercepção transcendental", onde se alcança o ponto mais elevado da "lógica" (a verdade como a certeza do "eu penso"). Somente aqui descobre-se a essência do objeto em sua objetividade. Somente aqui torna-se, consequentemente, possível e inevitável conceber a própria objetividade como "*o* novo e verdadeiro objeto" e pensá-lo incondicionalmente.

XVI

Subjetividade, objeto e reflexão pertencem entre si. Somente quando se faz a experiência da reflexão como tal, ou seja, como a referência que carrega para o ente, pode-se determinar ser como objetividade.

Enquanto essa referência, a experiência da reflexão traz, porém, a suposição de que a referência *é* experienciada como *repraesentatio*: como re-apresentação.

74 Ensaios e conferências

Isso, no entanto, só se torna destinal quando *idea* se transforma em *perceptio*. Esse tornar-se repousa na transformação da verdade entendida como adequação em verdade entendida como certeza, na qual mantém sempre a *adequatio*. Como autoasseguramento (querer a si mesmo), a certeza é *iustitia*, é justificação da referência ao ente e sua causa primeira e, assim, da copertinência ao ente. Na acepção conferida pela Reforma, a *iustificatio* e o conceito nietzscheano de justiça como verdade são o mesmo.

Em sua essência, a *repraesentatio* fundamenta-se na *reflexio*. Por isso, a essência da objetividade como tal só se abre manifestativamente se reconhece a essência e dá um acabamento próprio ao pensamento como o "eu penso alguma coisa", isto é, como reflexão.

XVII

Kant encontra-se a caminho de pensar a essência da reflexão em sentido transcendental, ou seja, ontológico. Isso acontece na forma de uma observação marginal e desapercebida, feita na *Crítica da razão pura*, sob o título "Da anfibologia dos conceitos reflexivos". Essa parte foi acrescentada ulteriormente. Apresenta, no entanto, uma compreensão essencial e uma discussão decisiva com Leibniz e, por conseguinte, com toda a metafísica precedente, tal como esta se faz visível para o próprio Kant, fundamentada em sua constituição ontológica na egoidade.

XVIII

De fora, toma-se a egoidade pela generalização posterior e a abstração do que constitui o eu a partir dos "eus" singulares do homem. Sobretudo Descartes pensa, manifestamente, o seu próprio "eu" como pessoa singular (*res cogitans* como *substantia finita*). Já Kant pensa a "consciência em geral". Somente Descartes, no entanto, pensa também o seu próprio eu singular à luz da egoidade mesmo que ainda não pro-posta de maneira própria. Essa egoidade já aparece na configuração do *certum*, da certeza, que nada mais é

A superação da metafísica   75

do que o asseguramento do que se põe para a re-presentação. Já impera a referência velada à egoidade assumida como certeza de si mesma e do pro-posto. Somente a partir dessa referência pode-se fazer a experiência do eu singular como tal. Enquanto o si mesmo singularizado e em aperfeiçoamento o homem pode apenas querer a si mesmo à luz da *referência a* esse eu da vontade de querer, como tal ainda desconhecida. Nenhum eu se dá simplesmente "em si", mas, ao contrário, só é "em si" enquanto o que se manifesta "dentro de si", ou seja, como egoidade.

Por isso, esta também vigora onde o eu singular nunca chega a se salientar, onde ao invés se retrai no predomínio do social e de outras formas de agregação. Aqui e justamente aqui se oferece a pura dominação do "egoísmo", a ser pensado metafisicamente e longe da compreensão ingênua do "solipsismo".

No aperfeiçoamento da metafísica, a filosofia é antropologia[3]. Não importa se a antropologia recebe ou não a qualificação de "filosófica". No meio disso, a filosofia tornou-se antropologia e, assim, uma presa dos derivados da metafísica, ou seja, da física no sentido mais amplo, que inclui a física da vida e do homem, a biologia e a psicologia. Tornando-se antropologia, a própria filosofia sucumbe na metafísica.

XIX

A vontade de querer supõe como condição de sua possibilidade tanto o asseguramento da consistência (verdade) como a exacerbação dos impulsos (arte). A vontade de querer institucionaliza assim como ser o próprio ente. Somente na vontade de querer podem predominar a técnica (asseguramento da consistência) e a ausência incondicional de meditação ("vivência").

Enquanto forma suprema da consciência racional, são inseparáveis, isto é, são o mesmo tanto a técnica tecnicamente interpretada e a ausência de meditação como a incapacidade institucionaliza-

---

3. Cf. *Holzwege*, p. 91s.

da, para si mesma encoberta, de estabelecer uma referência ao que é digno de ser questionado.

Por que isso é assim e como isso chegou a ser assim, pressupõe-se aqui somente como algo experienciado e concebido.

Para acabar essa ponderação, cabe dizer que a antropologia não se esgota na investigação do homem e na vontade de tudo explicar a partir do homem como a sua expressão. Mesmo onde não se investiga, mas, ao contrário, se ensaiam decisões, acontece o seguinte: joga-se uma humanidade contra outra, reconhece-se a humanidade como força originária, como se fosse a primeira e a última instância em todos os entes, e os entes e suas várias interpretações fossem simplesmente a consequência.

É assim que passa a predominar a única questão determinante: "A que configuração pertence o homem?" Pensa-se configuração de maneira metafisicamente indeterminada, ou seja, platonicamente, como o que *é* e somente então determina toda transmissão e evolução, embora ela mesma independa tanto de uma como de outra. Esse reconhecimento prévio "do homem" faz com que se busque o ser apenas e sobretudo no âmbito do *homem* e que se considere o próprio homem, entendido como disponibilidade (consistência) humana, como μὴ ὄν para a ἰδέα.

XX

Alcançando seu asseguramento extremo, incondicional e também tudo assegurando, a vontade de poder constitui o único regulador e, desta forma, o correto e exato. A exatidão da vontade de querer é o asseguramento completo e incondicional de si mesma. O que para ela é querer mostra-se correto, exato e em ordem porque a própria vontade de querer permanece a única ordem. Nesse auto-asseguramento da vontade de querer perde-se a essência originária da verdade. A correta exatidão da vontade de querer é pura e simplesmente o não verdadeiro. No âmbito da vontade de querer, a exatidão do não verdadeiro possui uma irresistibilidade própria e única. Mas a correção do não verdadeiro, que *como tal* mantém-se encoberto, é ao mesmo tempo o que há de mais estranho na distor-

A superação da metafísica 77

ção da essência da verdade. O correto e exato domina o verdadeiro e marginaliza a verdade. A vontade do asseguramento incondicional faz aparecer a insegurança em todos os níveis.

XXI

Na forma de uma realização do que se ambiciona, a vontade já é em si mesma o acabamento da ambição. Nessa forma, o que se ambiciona é colocado essencialmente no conceito, ou seja, como o que se sabe e conscientiza numa re-presentação universal. A consciência pertence à vontade. A vontade de querer é a consciência suprema e incondicional do autoasseguramento calculador de todo cálculo de si mesma[4].

Por isso, pertence-lhe em todos os níveis a procura contínua e incondicionada dos meios, dos fundamentos, dos obstáculos, dos ajustes de contas, do jogo de metas, da ilusão, das manobras, do inquisitorial. A vontade de querer desconfia, portanto, até de si mesma, ficando sempre em estado de alerta e de exclusiva concentração para assegurar o seu próprio poder.

A falta de meta essencial da vontade incondicional de querer constitui o acabamento da essência da vontade, já preludiada no conceito kantiano da razão prática como vontade pura. A vontade pura quer a si mesma e, como vontade, é o ser. Vendo-se a partir de seu conteúdo, a vontade pura e sua lei são formais. Enquanto forma, ela mesma é o único conteúdo.

XXII

Personificando-se, por vezes, em alguns "homens de vontade", a vontade de querer parece constituir irradiações dessas pessoas. Essa opinião nasce do pressuposto de que a vontade humana é a origem da vontade de querer. Na verdade, é o homem quem é querido pela vontade de querer, sem se dar conta da essência dessa vontade.

---

4. Cf. *Vontade de poder*, n. 458.

78 Ensaios e conferências

À medida que o homem é assim querido e regulado no querer da vontade, a sua essência passa necessariamente a interpelar a "vontade" e a liberá-la como instância da verdade. Por toda parte, torna-se questão se o indivíduo e os grupos provêm dessa vontade, ou se eles ainda podem negociar e comerciar com a vontade ou até contra ela, sem saber que já foram por ela suplantados. A unicidade do ser também se mostra na vontade de querer, só admitindo uma direção em que se pode querer. Advém daí a uniformidade do mundo da vontade de querer, tão distante da simplicidade do originário como é distante o desvio da via da essência, não obstante ambos se copertençam.

XXIII

A vontade de querer precisa se legitimar duplamente. Primeiro, porque nega toda meta como tal, só admitindo as metas como meio para o fim de fazer uma jogada com o próprio querer e institucionalizar o espaço de jogo para essa jogada. Segundo, porque a vontade de querer também não pode aparecer como anarquia das catástrofes ao se institucionalizar no âmbito dos entes. A vontade de querer assume então o discurso da "tarefa". Não se pensa a tarefa na perspectiva do originário e de sua preservação, mas como a meta atribuída do ponto de vista do "destino", e que assim justifica a vontade de querer.

XXIV

A luta entre os que estão no poder e os que querem o poder é, de ambos os lados, luta pelo poder. Em toda parte, o poder é o determinante. Com essa luta pelo poder, a essência do poder se desloca, em ambos os lados, para a essência de uma dominação incondicional. Todavia, aqui se esconde uma única coisa: que toda luta está a serviço do poder, sendo por ele querida. Antes de qualquer luta, o poder já se apoderou de todas elas. Só a vontade de poder consegue apoderar-se dessas lutas. O poder, entretanto, apodera-se de tal forma da humanidade que desapropria o homem da

A superação da metafísica 79

possibilidade de dispor de um caminho para sair do esquecimento do ser. Essa luta é necessariamente planetária e, como tal, essencialmente refratária a toda decisão. Não há o que decidir, pois ela permanece excluída de toda cisão e distinção (de ser e ente) e assim de toda verdade. Pela sua própria força, essa luta vê-se obrigada ao não destinal: vê-se obrigada a deixar o ser.

XXV

A dor que se deve sentir e suportar até o fim é a compenetração e o saber de que a falta de indigência constitui a indigência mais velada e mais extrema, a indigência que só incide a partir da distância mais distante.

A falta da indigência consiste justamente em achar que se tem na garra o real e a realidade, e que se sabe o que é o verdadeiro, sem que se necessite saber onde vigora a *essência* da verdade.

Na dimensão do ser, a essência do niilismo é deixar o ser já que aí se dá e acontece que o ser é deixado em favor dos apoderamentos. Esse deixar arrasta o homem para uma servidão incondicionada. Não é, de modo algum, uma decadência e nem um "*negativum*", em qualquer sentido possível.

Por isso, nem toda e qualquer humanidade pode realizar historicamente o niilismo incondicionado. Por isso também é que se faz necessária uma luta para decidir qual humanidade pode dar acabamento ao niilismo.

XXVI

Os indícios de como ultimamente se deixa o ser encontram-se nas proclamações das "ideias" e dos "valores", no vai e vem compulsivo da celebração do "agir" e da necessidade absoluta do "espírito". Tudo isso já está implantado no mecanismo de mobilização dos processos de ordenamento e organização. Estes já se determinam em si mesmos pelo vazio propiciado quando se deixa o ser. É no meio desse vazio e abandono que o homem, ávido de si mesmo,

80   Ensaios e conferências

encontra como única saída para salvar a subjetividade no super-homem o consumo dos entes no fazer da técnica, a que também pertence a cultura. Sub-humanidade e super-humanidade são o mesmo. Pertencem uma à outra, da mesma maneira que, no *animal rationale* da metafísica, o "sub" da animalidade e o "super" da *ratio* estão insoluvelmente acoplados numa correspondência. Deve-se pensar aqui sub e super-humanidade metafisicamente e não como valores morais.

Como tal e em decurso disso, o consumo dos entes determina-se pela mobilização em sentido metafísico, onde o homem se faz "senhor" do "elementar". O consumo inclui o uso regulamentado dos entes, que se tornam oportunidade e matéria para os desempenhos e sua intensificação. Usa-se, por sua vez, esse consumo para a utilidade da mobilização. À medida, porém, que a mobilização só consegue chegar na intensificação incondicional e no autoasseguramento, tendo como única meta a falta de meta, o uso se torna abuso.

As "guerras mundiais" e sua "totalidade" já são consequência de se deixar o ser. Elas forçam o asseguramento de uma forma contínua e consistente de abuso. O homem também se acha incluído nesse processo, não podendo mais esconder seu caráter de matéria-prima mais importante. O homem é a "matéria-prima mais importante" porque permanece o sujeito de todo e qualquer uso e abuso. Isso é de tal modo que, nesse processo, deixa sua vontade emergir incondicionalmente, tornando-se, desse modo, o "objeto" desse deixar o ser. As guerras mundiais constituem a forma preparatória da marginalização da diferença entre guerra e paz; essa marginalização é necessária para que o "mundo" se torne um sem-mundo em consequência de um deixar os entes por uma verdade do ser. Pois na dimensão da história do ser (cf. *Ser e tempo*), o "mundo" significa a vigência inobjetivável da verdade do ser para o homem, desde que o homem entregue de modo essencial o que lhe é próprio ao ser. Na era em que apenas o poder tem poder, isto é, na era da afluência incondicional dos entes ao abuso do consumo, o mundo torna-se sem-mundo na mesma medida em que o ser ainda vige, embora sem vigor próprio. O ente é real enquanto operativo. Em toda parte, a operatividade. Em parte alguma, o fazer-se mundo do mundo. Apesar disso, embora esquecido, o ser. Para

A superação da metafísica 81

além da guerra e da paz, existe apenas a errância do uso e abuso dos entes no autoasseguramento das ordens, oriunda do vazio propiciado ao se deixar o ser. Alteradas em des-vio de essência, "guerra" e "paz" são absorvidas pela errância, desaparecendo no simples curso do fazer potenciador das atividades à medida que se tornam irreconhecíveis em sua diferença. A pergunta – quando haverá paz? – não pode ser respondida. Não porque não se possa prever a duração da guerra, mas porque a pergunta se faz sobre alguma coisa que não mais existe. A guerra não é mais aquilo que pode chegar à paz. A guerra tornou-se uma aberração do uso e abuso dos entes, que progride na paz e em paz. Contar com uma guerra de longa duração é somente uma forma antiquada em que se reconhece a novidade da era do abuso. Longa em sua duração, essa guerra não se encaminha lentamente para uma paz como nos tempos antigos, mas sim para uma situação em que não mais se faz a experiência da guerra como tal e também tudo o que se refere à paz tornou-se sem sentido e inconsistente. A errância não conhece nenhuma verdade do ser. Desenvolve, em compensação, para todo planejamento de cada âmbito o mais completo e mobilizado ordenamento e segurança. No círculo fechado dos âmbitos, as diversas áreas de mobilização humana transformam-se, necessariamente, em "setores"; o "setor" da poesia, o "setor" da cultura são também regiões entre outras garantidas pelo planejamento de seus respectivos "modos de lidar". A desmobilização moralista daqueles que ainda não sabem o que é que está em jogo visa, com frequência, a arbitrariedade e a pretensão de dominação dos "líderes", o que constitui, na verdade, a forma mais fatal de seu reconhecimento contínuo. O líder é o escândalo que não se cansa de perseguir o escândalo de apenas dar para os outros a impressão de que não são eles que agem. Acredita-se que os líderes por si mesmos, na fúria cega de uma mania egocêntrica de si, instauram e adequam tudo a si mesmos, segundo sua própria obstinação. Mas eles são, na verdade, a consequência necessária do fato de todos os entes terem passado para o modo da errância em que o vazio se espraia, na avidez de uma ordem e de um asseguramento únicos de tudo o que é e está sendo. Daí a necessidade de uma "liderança", isto é, de um cálculo planificador que assegure a totalidade dos entes. Para isso, devem-se institucionalizar e mobilizar esses homens capazes de servir à liderança. Os "líderes" são os trabalhadores determinantes da mobilização, aqueles que olham pela segurança dos abusos dos entes por conseguirem olhar num panorama a totalidade de toda circunscrição e, assim, dominarem em cálculos a errância. O modo em que se realiza essa visão panorâmica é a capacidade de calcular. Essa já sempre se desencadeia previamente, de maneira a promover e a satisfazer as exigências de um asseguramento crescente de todas as ordens a serviço das próximas possibilidades de ordenamento. Chama-se de "instinto" a organização de todos os ímpetos possíveis na totalidade do planejamento e da segurança. Essa palavra designa aqui o "intelecto", que ultrapassa o entendimento limitado dos cálculos do imediato. Ao seu intelectualismo nada, que deva integrar como "fator" o cálculo das equações dos diversos "setores isolados", pode escapar. O instinto é a sobrelevação do intelecto, que corresponde ao super-homem, rumo ao incondicional de tudo. Como esse cálculo rege pura e simplesmente, parece que perto da vontade nada mais há do que o mero asseguramento da pulsão de calcular. Essa pulsão constitui a primeira regra de cálculo para o cálculo de tudo. O "instinto" valeu até hoje como uma característica do animal que, no âmbito de sua vida, busca o útil e evita o prejudicial, sem aspirar nada mais além disso. A segurança do instinto animal corresponde à sujeição cega ao âmbito da utilidade. Ao poder incondicional do super-homem corresponde a total liberação do sub-homem. A pulsão animal e a razão humana tornam-se idênticas.

O instinto se promove como característica da super-humanidade no sentido de que a sub-humanidade – entendida metafisicamente – lhe pertence. E lhe pertence no modo preciso de a animalidade estar, em todas as suas formas, inteiramente subjugada pelo cálculo e planejamento (política da saúde, criação e cultura). Como o homem é a matéria-prima mais importante, pode-se contar que, em virtude da pesquisa química contemporânea, algum dia fábricas haverão de ser construídas para a produção artificial de material humano. As pesquisas do químico Kuhn, agraciado este ano com o prêmio Goethe da cidade de Frankfurt, franquearam a possibilidade de se planejar a geração do sexo masculino e feminino, de acordo com a demanda. Planejar as publicações no setor da

A superação da metafísica 83

"cultura" corresponde, por simetria, ao planejamento familiar. (Não procede recorrer aqui às diferenças, por um pudor antiquado, pois elas não mais existem. Tanto a demanda de material humano se acha sujeita às mesmas regras do ordenamento mobilizador como a demanda de livros e de poemas best-sellers para cuja produção o poeta não é mais importante do que o aprendiz de encadernação que ajuda a encadernar os livros para uma gráfica, trazendo, por exemplo, a matéria-prima do depósito para a sala de encadernação.)

O abuso de toda matéria, inclusive da matéria-prima "homem", para beneficiar a produção técnica da possibilidade incondicionada de tudo fabricar determina-se, veladamente, pelo completo vazio em que o ente, a matéria do real, se acha inserido. Esse vazio deve ser preenchido. Como, porém, o vazio do ser, sobretudo quando não pode ser percebido como tal, nunca se preenche pela quantidade de entes, a única escapatória é a institucionalização ininterrupta dos entes na possibilidade contínua de ordenamento enquanto forma de assegurar o fazer sem meta. A técnica é, nesse sentido, a organização da falta porque, contra o seu saber, refere-se ao vazio do ser. Por toda parte em que há pouco – e para a vontade intensificadora do querer é cada vez mais crescente o pouco de tudo – a técnica deve intervir, produzindo substitutivos e consumindo matérias-primas. Contudo, na verdade, o "substitutivo" e sua produção em massa não constituem um paliativo passageiro, mas, sim, a única forma possível em que a vontade de querer, o asseguramento "incansável" do ordenamento das ordens, mantém-se em atividade, podendo ser "ela mesma" o "sujeito" de tudo. Desenvolve-se o crescimento planejado das massas a fim de nunca se perder a oportunidade de reivindicar maiores "espaços vitais" para as grandes massas. Para a sua institucionalização, a grandeza desses espaços exige uma massificação ainda maior dos homens. Essa circularidade entre o abuso e o consumo é o único processo que caracteriza o destino de um mundo que deixou de ser mundo. "Naturezas de líderes" são aquelas que, em razão de sua segurança instintiva, se deixam usar por esse processo enquanto seus órgãos condutores. Eles são os primeiros empregados nesse negócio do abuso incondicional dos entes a serviço do asseguramento do vazio provocado quando se deixa o ser. Recusando sem saber a experiência do ser, esse negócio do abuso dos entes exclui

84 Ensaios e conferências

preliminarmente as diferenças entre nações e povos enquanto momentos ainda essenciais de determinação. Da mesma maneira que a diferença entre guerra e paz se tornou obsoleta, também caduca a diferença entre "nacional" e "internacional". Quem hoje pensa de "modo europeu" já não mais se expõe à acusação de "internacionalista". E como pensa no bem-estar tanto das demais nações como no de sua própria, também não é mais um "nacionalista".

A uniformidade característica do percurso histórico da época atual tampouco repousa numa adequação posterior de antigos sistemas políticos aos mais recentes. A uniformidade não é a consequência, mas o fundamento dos conflitos armados entre os vários pretendentes à hegemonia do abuso dos entes, com vistas a assegurar o seu ordenamento. A uniformidade de tudo o que é e está sendo tem origem no vazio provocado quando se deixa o ser. Visa apenas assegurar, por meio dos cálculos, sua própria ordem, a qual está subordinada à vontade de querer. Por toda parte, antes de qualquer diferença nacional, impera a uniformidade das lideranças para as quais toda forma de governo não passa de um instrumento de hegemonia entre outros. Porque a realidade consiste na uniformidade do cálculo planificador, o homem também deve passar a uniformizar-se para dominar o real. Um homem sem uni-forme dá hoje a impressão de irrealidade, de um corpo estranho ao real. Deixado exclusivamente às expensas da vontade de querer, tudo o que é e está sendo se espalha numa indiferenciação apenas controlável pelos processos e instituições obedientes ao "princípio de desempenho". Esse princípio parece ter como consequência uma hierarquia. Mas na verdade o seu fundamento é a falta de hierarquia, uma vez que a meta de todo desempenho é o vazio uniforme do abuso de todo e qualquer trabalho, com vistas ao asseguramento das ordens. A indiferenciação gritante, que resulta desse princípio, não se identifica de forma alguma com um mero nivelamento em que apenas se desfazem as hierarquias vigentes até então. A indiferença do abuso total surge de uma não permissão "positiva" de qualquer hierarquia, em conformidade com o primado do vazio de todas as metas. Essa indiferenciação testemunha a consistência já assegurada da ausência de mundo por se deixar o ser. A terra apa-

A superação da metafísica   85

rece como o sem-mundo da errância. Na dimensão da história do ser, a terra é a estrela errante.

XXVII

Os pastores moram de modo inaparente fora do baldio da terra devastada, da terra que serve somente para assegurar a dominação do homem. Toda obra desse homem limita-se a avaliar se alguma coisa é ou não importante para a vida. Uma vida que, enquanto vontade de querer, pré-condiciona o movimento de todo saber à forma do cálculo e do juízo assegurador.

A lei inaparente da terra a resguarda na suficiência sóbria do nascer e perecer de todas as coisas, no círculo comedido do possível a que tudo segue e ninguém conhece. A bétula nunca ultrapassa o seu possível. As abelhas moram no seu possível. Só a vontade que, a toda parte, se instala na técnica, esgota a terra até a exaustão, o abuso e a mutação do artificial. A técnica obriga a terra a romper o círculo maduro de sua possibilidade para chegar ao que já não é nem possível e, portanto, nem mesmo impossível. As pretensões e os dispositivos técnicos possibilitaram o êxito de muitas descobertas e inovações. Mas isso não prova, de modo algum, que as conquistas da técnica tenham tornado possível até mesmo o impossível.

O atualismo e o moralismo da historiografia são os últimos passos da identificação acabada da natureza e do espírito com a essência da técnica. Natureza e espírito são objetos da consciência de si. Sua dominação incondicional força a ambos uma uniformidade da qual não há metafisicamente mais nenhuma saída.

Uma coisa é usar a terra, outra acolher a sua bênção e familiarizar-se na lei desse acolhimento de modo a resguardar o segredo do ser e encobrir a inviolabilidade do possível.

XXVIII

Nenhuma mera ação poderá transformar a situação do mundo porque, enquanto operatividade e operância, o ser veda o acesso de todos os entes ao acontecimento do que lhes é próprio. Nem mesmo o sofrimento que se abate sobre a terra pode provocar uma transformação imediata. É que o sofrimento só consegue ser experimentado passivamente, ou seja, como o que se opõe à ação, e assim com ela integrando o mesmo âmbito essencial da vontade de querer.

A terra, porém, permanece abrigada na lei inaparente de seu possível. A vontade impinge o impossível como meta do possível. O apoderamento que instaura essa exigência e a mantém em vigor provém da essência da técnica, palavra aqui idêntica ao conceito da metafísica em sua superação. A uniformidade incondicionada de todos os povos da terra sob a dominação da vontade de querer evidencia a insensatez da ação humana colocada como absoluto.

A devastação da terra começa como processo voluntário, mas que, em sua essência, não é e nem pode ser sabido. Começa no momento em que a essência da verdade se circunscreve como certeza na qual a re-presentação e a produção humanas asseguram-se de si mesmas. Hegel concebe esse momento da história da metafísica como o momento em que a consciência absoluta de si torna-se princípio do pensamento.

Quase se tem a impressão de que, sob a dominação da vontade, tanto a essência da dor como a essência da alegria fechou-se para o homem. Ou será que a desmesura da dor pode ainda provocar aqui uma transformação?

Nenhuma transformação chega sem a escolta de um prenúncio. Como, no entanto, uma escolta pode aproximar-se sem que clareie o acontecimento do próprio, sem que a essência humana, num chamado e numa convocação, conheça o brilho dos olhos, isto é, olhe com profundidade e, nesse olhar, traga os mortais para o caminho de uma construção pensante, poética?

Tradução de Marcia Sá Cavalcante Schuback

QUEM É O ZARATUSTRA
———————— DE NIETZSCHE? ————————

A pergunta, tudo indica, é fácil de responder. Pois encontramos a resposta no próprio Nietzsche, em frases claras e até mesmo grifadas. Tais frases encontram-se nesta mesma obra de Nietzsche, que apresenta a figura de Zaratustra. O livro compõe-se de quatro partes, foi escrito entre 1883 e 1885 e é intitulado *Assim falava Zaratustra.*

Entrementes, Nietzsche deu a este livro um subtítulo: *Um livro para todos e para ninguém.* "Para todos" – evidentemente, isto não quer dizer: para qualquer um, enquanto um qualquer. "Para todos" – isto quer, sim, dizer: para cada homem enquanto homem; para cada um, sempre e à medida que este se faz, em sua essência, digno de ser pensado. "[...] e para ninguém" diz: para nenhum da horda dos curiosos de toda parte adventícios, que se embriagam e se extasiam com passagens isoladas, com frases e ditos deste livro e assim caem em delírios e vertigens cegos, em razão da linguagem meio cantante, meio gritante, ora temperada, ora tempestuosa, quase sempre elevada, às vezes dura e chã – tudo isso, ao invés de pôr-se a caminho do pensamento que aqui procura por sua palavra.

Assim falava Zaratustra: um livro para todos e para ninguém. É extraordinário como desde o seu aparecimento, há setenta anos, este subtítulo da obra se fez verdade. Mas precisamente no sentido inverso. Tornou-se um livro para qualquer um e, até hoje, nenhum homem realmente de pensamento mostrou-se con-crescido com o pensamento fundamental deste livro e foi capaz de medir sua gênese em toda a sua amplitude. Quem é Zaratustra? Lendo atentamente o título principal da obra, ganhamos um aceno: *Assim falava Zaratustra.* Zaratustra fala. Ele é um falador (*Sprecher*). De que espécie? Um orador popular ou talvez um pregador? Não. O falador Zaratustra é um "porta-voz" (*Fürsprecher*). Com este nome, vem-nos ao encontro uma antiga palavra da língua alemã e, na verdade, com múltiplos sentidos. *"Für"* (por, para, em favor de) significa, de fato, *"vor"* (diante de, à frente). *"Fürtuch"* (pano, tecido colocado à frente de, diante de) é, ainda hoje, em dialeto alemânico, o nome usual para avental. O *"Fürsprecher"* (porta-voz) fala "diante de" e dirige ou conduz a palavra. Mas *"für"* significa, ao mesmo tempo: "a favor de", e "em defesa de" ou "para a justificação de". Por fim, o *"Fürsprecher"* é aquele que interpreta (ex-põe) e esclarece isso "de que" e "para que" ele fala.

Zaratustra é um porta-voz nestes três sentidos. Mas então o que ele proclama ou profere? A favor de que ele fala? O que ele tenta ex-por, interpretar? Será Zaratustra um porta-voz qualquer para uma coisa qualquer? Ou será ele *o* porta-voz para o *um* que, antes de tudo e insistentemente, fala e diz respeito ao homem?

No final da terceira parte de *Assim falava Zaratustra*, encontra-se um discurso com o título *O convalescente*. Zaratustra é isto. Mas o que significa "o convalescente"? "Convalescer" *(genesen)* é a mesma palavra grega νέομαι, νόστος. Isto significa: retornar ao lar; "nostalgia" é a dor provocada pela falta do lar *(Heimschmerz)*, o sofrimento em razão da distância e da ausência do lar, da pátria *(Heimweh)*. "O convalescente" é aquele que se integra e que junta suas forças para o retorno "à casa", "ao lar", isto é, para a volta à sua determinação. O convalescente está a caminho de si mesmo de modo tal que ele pode dizer de si quem ele é. No discurso mencionado, o convalescente diz: "Eu, Zaratustra, o porta-voz da vida, o porta-voz da dor, o porta-voz do círculo...".

Zaratustra fala a favor da vida, da dor, do círculo – isto ele profere. Estes três, a saber, "vida – dor – círculo", se copertencem – são o mesmo. Se estivéssemos em condições de pensar com justeza essa triplicidade como um e o mesmo, estaríamos em condições de pressentir de que Zaratustra é o porta-voz e quem ele mesmo, enquanto porta-voz, gostaria de ser. Na verdade, através de um esclarecimento um pouco grosseiro, poderíamos intervir agora e dizer com indiscutível correção: na língua de Nietzsche, "vida" significa: a vontade de poder como o traço fundamental de tudo que é e não só do homem. O que "dor", "padecer" significa, Nietzsche diz com as seguintes palavras: "Tudo que padece quer viver..." (WW VI,

Quem é o Zaratustra de Nietzsche? 89

469). Tudo, ou seja, tudo que é segundo o modo de ser da vontade de poder. Isto quer dizer: "As forças configuradoras se chocam" (XVI, 151). "Círculo" é o sinal do anel, cujo anelar-se volta a si mesmo e assim conquista sempre o eterno retorno do igual.

Por isso, Zaratustra apresenta-se como o porta-voz disso, a saber, que todo real é vontade de poder que, enquanto criadora, padece e suporta a vontade que luta consigo mesma e assim se quer a si mesma no eterno retorno do igual.

Com essa proposição, tal como se diz academicamente, definimos a essência de Zaratustra. Podemos anotar esta definição, decorá-la e oportunamente empregá-la. Podemos ainda ratificar o que acima formulamos com as frases que, na obra de Nietzsche, são enfatizadas pelos grifos e dizem quem é Zaratustra.

No discurso já mencionado, *O convalescente* (314), lemos:

"*Tu* (a saber, Zaratustra) *és o mestre do terno retorno...*"

E no prólogo a toda a obra (n. 3), lê-se:

"*Eu* (a saber, Zaratustra) *ensino-vos o super-homem*".

Segundo estas frases, Zaratustra, o porta-voz, é "alguém que ensina", um "mestre". Aparentemente, ele ensina duas coisas: o eterno retorno do igual e o super-homem. De início, porém, não se vê se e como esses dois ensinamentos se copertencem. Mesmo se esta amarração se esclarecesse, permaneceria discutível se ouvimos este porta-voz, se aprendemos deste mestre. Sem este ouvir e aprender jamais saberemos com certeza quem é Zaratustra. Assim não basta ajuntar frases, nas quais se manifesta o que este porta-voz e mestre diz de si. Precisamos atentar e considerar *como* ele o diz, em que ocasião e com que propósito. A palavra decisiva "tu és o mestre do eterno retorno!" não é Zaratustra que a diz de si para si mesmo. Seus animais a dizem a ele. Logo no início do prólogo à obra, eles são evocados e mais claramente no fechamento deste prólogo (n. 10). Neste final lê-se: "[...] quando o sol estava no meio-dia: aí então ele (Zaratustra) lançou indagador um olhar para o alto – pois ele ouvia acima de si o chamado agudo de uma ave. E, veja! Uma águia traçava grandes círculos no ar e nela pendia uma serpente, não como uma presa, mas como uma amiga, pois mantinha-se anelada em torno de seu pescoço". Neste misterioso abraço,

90 Ensaios e conferências

já pressentimos como círculo e anel inexprimivelmente se circunferem à medida que a águia traça círculos e a serpente enrola-se em anéis. Assim brilha o anel, que se chama *anulus aeternitatis*: anel-sinete e ano da eternidade. Vendo assim os dois animais, traçando círculos e enrolando-se em anéis, mostra-se a que eles pertencem. Não são eles que de início traçam círculo e anel, mas eles aí dentro se inserem e ajustam para assim cada qual vir a ter a sua essência. Vendo os dois animais, aparece aquilo que diz respeito a Zaratustra que, indagador, olha para o alto. Por isso, o texto continua:

"'São meus animais!', dizia Zaratustra, e alegrava-se de coração.

O mais altivo dos animais sob o sol e o mais sagaz dos animais sob o sol – estão à busca de novas.

Querem saber se Zaratustra ainda vive. Na verdade, ainda vivo?"

A pergunta de Zaratustra só tem realmente peso se compreendemos a vaga palavra "vida" no sentido de "vontade de poder". Zaratustra, então, perguntaria: minha vontade corresponde à vontade que, como vontade de poder, atravessa e domina tudo que é?

Os animais buscam e investigam o ser de Zaratustra. Ele perguntaria a si mesmo se ele ainda é, ou seja, se ele já é aquele que ele realmente é. Numa anotação para *Assim falava Zaratustra* (XIV, 279), lê-se:

"'Tenho tempo para *esperar* por meus animais. Se eles são *meus* animais, então eles saberão encontrar-me'. O silêncio de Zaratustra."

Na passagem já citada de *O convalescente*, os animais dizem a Zaratustra o seguinte, que devemos dar atenção na frase grifada:

"Teus animais, Zaratustra, sabem muito bem quem tu és e precisas vir a ser: veja, *és o mestre do eterno retorno* – isto é, agora, *teu* destino!"

Evidencia-se o seguinte: antes de mais nada, Zaratustra precisa *vir a ser* aquele que é. Diante de tal devir, Zaratustra retrai-se cheio de pavor. O pavor, que se apresenta e expõe na obra, perpassa toda ela. Este pavor determina o estilo, o andamento hesitante e crescentemente emperrado do todo da obra. Desde o começo de seu ca-

Quem é o Zaratustra de Nietzsche?

minho, este pavor sufoca um Zaratustra todo segurança e todo arrogância. Jamais virá a saber quem é Zaratustra quem previamente não se der conta deste pavor e quem não o entreperceber constante e insistentemente na obra, como que ecoando em todos os discursos, que ora soam presunçosos, ora delirantes.

Se Zaratustra deve tornar-se o mestre, ele não pode tão logo começar com este ensinamento. Por isso, no começo de seu caminho, encontra-se esta outra palavra: *"eu vos ensino o super-homem."*

No caso da palavra "super-homem", precisamos de cara afastarmo-nos de todas as entonações falsas e provocadoras de confusão e de desvio que soam para a opinião habitual. Com o nome "super-homem", Nietzsche precisamente não se refere à superdimensionalização do homem até hoje vigente. Ele também não pensa uma espécie de homem que descarta o humano e que faz da arbitrariedade nua e crua a lei e da fúria titânica, a regra. Tomando, antes, a palavra em sentido literal, o super-homem (*Übermensch*) é o homem que vai para além do homem até hoje vigente, tão só e sobretudo para trazer, e aí ratificar, este homem para a sua essência ainda pendente ou por vir. Uma anotação para o *Zaratustra* diz (XIV, 271):

"Zaratustra não quer *perder* nenhum passado da humanidade – fundir tudo".

Mas de onde vem o clamor pela necessidade do super-homem? Por que o homem não é mais suficiente? Porque Nietzsche reconhece o instante histórico em que o homem se prepara para entrar na total dominação da Terra. Nietzsche é o primeiro pensador que, considerando a história do mundo tal como esta pela primeira vez nos chega, coloca a pergunta decisiva e a pensa através de toda sua amplitude metafísica. A pergunta é: o homem enquanto homem, em sua constituição de essência até hoje vigente, está preparado para assumir a dominação da terra? Se não, o que então precisa acontecer com o homem atual, de modo que ele se "submeta" à Terra e assim cumpra a palavra de um velho testamento? Não será preciso conduzir o homem atual para *além* de si mesmo, para poder corresponder a esta missão? Se assim é, então o *"super-ho-*

mem"[1], pensado corretamente, pode não ser o produto de uma fantasia desenfreada e degenerada, turbilhonando no vazio. A natureza deste super-homem não se deixa, de modo algum, descobrir historicamente através de uma análise da época moderna. Por isso, jamais deveremos buscar a configuração essencial do super-homem naquelas figuras que, como "altos executivos", são empurrados para a cúpula das diferentes formas de organização de uma vontade de poder malvista e mal-interpretada. Uma coisa devemos observar imediatamente: este pensamento, que se põe a pensar a figura de um mestre que ensina o super-homem, diz respeito a nós, à Europa, a toda a Terra, não somente hoje, mas sobretudo no amanhã. Assim é, inteiramente independente do fato se nós afirmamos ou negamos este pensamento, se passamos por cima dele assim atropelando-o, ou se o macaqueamos. Todo pensamento essencial atravessa incólume o cortejo dos prós ou dos contras.

Cabe, pois, antes de mais nada, que aprendamos a aprender do mestre e que isto seja também perguntar, com ele, para além dele. Somente assim experimentaremos um dia quem é o Zaratustra de Nietzsche – ou jamais o experimentaremos.

No entanto, permanece a ser considerado, se este perguntar para além do pensamento de Nietzsche é um progresso desse pensamento ou se isto precisa ser um passo para trás.

A considerar permanece sobretudo se este "para trás" supõe tratar-se tão só de um passado histórico verificável e que se gostaria de renovar (por exemplo, o mundo de Goethe), ou se este "para trás" acena para um "ter-sido" cujo começo está sempre ainda à espera de uma recordação para tornar-se um início, que deixa o antiquíssimo e o imemorial desabrochar.

Agora, porém, limitemo-nos a conhecer de Zaratustra algumas poucas e provisórias coisas. Para tanto e em consonância com a própria questão, o melhor é tentarmos fazer junto com o mestre, que ele é, os seus primeiros passos. Ele ensina à medida que apon-

---

1. *Über-mensch*, isto é, o *trans*-homem, o *meta*-homem, o *ultra*-homem, o *para-além-do*-homem. [N.T.].

Quem é o Zaratustra de Nietzsche? 93

ta. Ele como que antevê a essência do super-homem e assim o faz visível. Zaratustra é tão só aquele que ensina e não já o próprio super-homem. Igualmente, Nietzsche não é Zaratustra, mas o indagador, que tenta pensar a essência de Zaratustra.

O super(ultra)-homem ultra-passa o modo de ser do homem até hoje e ainda hoje vigente, sendo assim uma ultrapassagem, uma ponte. Para que, aprendendo do mestre, que ensina o super-homem, aprendamos a poder segui-lo, é preciso, insistindo na imagem, chegar propriamente à ponte. Pensamos plenamente esta ultrapassagem se, de algum modo, considerarmos três aspectos:

1. Isto, de onde o ultrapassante vai embora;

2. A própria ultrapassagem;

3. Isto, para onde o ultrapassante se transpõe.

É preciso ter em vista o terceiro ponto mencionado; é preciso principalmente que o ultrapassante o tenha em vista; mas sobretudo o próprio mestre, que o aponta, precisa tê-lo em consideração. Na falta do olhar antecipador sobre este "para onde", a ultrapassagem fica sem direção e indeterminado desde onde o ultrapassante precisa se liberar. Por outro lado, mostra-se plenamente para onde o ultrapassante é chamado quando ele para aí já se transpôs. Para o ultrapassante e mais ainda para aquele que, enquanto mestre, deve indicar a ultrapassagem, ou seja, para o próprio Zaratustra, o "para onde" permanece insistentemente distante. O distante insiste. À medida que permanece, o distante insiste numa proximidade, a saber, naquela em que o distante se resguarda como distante, à medida que nele e em direção a ele se pensa. A recordação da proximidade do distante é o que a língua alemã chama *Sehnsucht* – anseio, anelo. Erradamente associamos "*die Sucht*" (desejo ansioso, cobiça, vício) com "*suchen*" (buscar, procurar) e "*getriebsein*" (ser ou estar azafamado). Mas a antiga palavra "*Sucht*" ("*Gelbsucht*" = icterícia; "*Schwindsucht*" = tuberculose) significa doença, padecimento, dor.

O anseio é a dor da proximidade do distante.

O anseio do ultrapassante pertence ao "para onde" ele vai. Tal como já vimos, o ultrapassante assim como aquele que já lhe aponta a direção, a saber, o mestre, em sua essência mais própria,

94   Ensaios e conferências

está a caminho da volta ao lar. Ele é o convalescente. Na terceira parte de *Assim falava Zaratustra*, imediatamente ao discurso intitulado *O convalescente*, segue-se o discurso denominado *Do grande anseio*. Com este discurso, o antepenúltimo da terceira parte, a obra *Assim falava Zaratustra* atinge seu ponto culminante. Numa anotação (XIV, 285), Nietzsche observa:

"Uma dor *divina* é o conteúdo da terceira parte de *Zaratustra*".

No discurso *Do grande anseio*, Zaratustra fala com sua alma. Segundo a doutrina de Platão, que se tornou medida para a metafísica ocidental, a essência do pensamento consiste no diálogo da alma consigo mesma. É ο λόγος, ὅν αὐτὴ πρὸς αὐτὴν ἡ ψυχὴ διεξέρχεται περὶ ὧν ἄν σκοπῇ: o juntar-se e integrar-se dizentes que a própria alma atravessa a caminho de si mesma e no âmbito disso que ela insistentemente vê" (*Teeteto*, 189e; cf. *Sofista*, 263e).

Em diálogo com sua própria alma, Zaratustra pensa seu "pensamento mais abissal" (*O convalescente*, n. 1; III, *Da visão e do enigma*, n. 2). Zaratustra começa o discurso *Do grande anseio*, com as seguintes palavras:

"Ó minha alma, ensinei-te a dizer '*Hoje*' como '*Algum Dia*' e '*Outrora*' e a dançar tua ciranda para além de todo '*Aqui*' e '*Ali*' e '*Lá*'".

As três palavras "*Hoje*", "*Outrora*", "*Algum Dia*" são escritas em maiúsculas e com aspas. Elas denominam as dimensões fundamentais do tempo. O modo como Zaratustra as pronuncia acena para isso que o próprio Zaratustra precisa agora dizer a si mesmo desde o fundo de seu próprio modo de ser. E o que é isso? Que "Algum Dia" e "Outrora", futuro e passado, são como o "Hoje". O hoje porém é como o passado e o porvir. Todas as três fases do tempo convergem para o igual enquanto igual num único presente, num agora estável. A este presente, a metafísica denomina: a eternidade. Também Nietzsche pensa as três fases do tempo a partir da eternidade como agora permanente. A permanência não consiste para ele num estar, mas num retorno do igual. Quando ensina à sua alma aquele dizer, Zaratustra é o mestre do eterno retorno do igual. O eterno retorno é a inesgotável plenitude da vida na sua alegria e na sua dor. Para isso se dirige "o grande anseio" do mestre do eterno retorno do igual.

Por isso, no mesmo discurso, "o grande anseio" chama-se também "o anseio da super-abundância".

"O grande anseio" vive maximamente desde isso, a partir do que ele cria o único consolo, isto é, a confiabilidade. Em lugar da palavra mais antiga "*Trost*" – consolo (daí também *trauen*, confiar; *zutrauen*, fiar-se em) a língua alemã introduziu a palavra "*Hoffnung*" – esperança. "O grande anseio", que anima Zaratustra, o afeiçoa e assim o determina em sua "mais elevada esperança".

Mas o que dá a Zaratustra o direito desta *mais elevada esperança* e o que o conduz para ela?

Qual a ponte que permite a ultrapassagem para o super-homem e assim permite ao ultrapassante ir-se embora do homem até hoje vigente, de modo tal que ele possa enfim dele livrar-se?

A obra *Assim falava Zaratustra*, que deve mostrar a ultrapassagem do ultrapassante, está de tal modo estruturada que a resposta à pergunta acima formulada é dada na parte II, que é preparatória. Aqui, no discurso intitulado *Das tarântulas*, Nietzsche deixa Zaratustra falar:

"Pois *que o homem seja redimido da vingança*: isto é para mim a ponte para a mais elevada esperança e um arco-íris após longa intempérie."

Quão raro e quão estranho soa isso para a opinião que se fez corrente a respeito da filosofia de Nietzsche. Não é Nietzsche o impulsionador da vontade de poder, da política da guerra e da força, o instigador da fúria da "besta loura"?

No texto, as palavras "que o homem seja redimido da vingança" estão grifadas. O pensamento de Nietzsche pensa em direção à redenção do espírito de vingança. Seu pensamento quer servir a um espírito que, enquanto liberdade em relação à sede de vingança, se afasta de toda mera reconciliação. Um espírito que também se distancia de todo "tão só querer punir". Seu pensamento quer servir a um espírito que é anterior a toda campanha e esforço pela paz, assim como também a toda propaganda de guerra; um espírito distante e fora do espírito que quer fundar e assegurar a *pax*, a paz, através de pactos. Em relação à vingança, o espaço desta liberdade está equidistante tanto do pacifismo quanto da política de força ou da neutralidade calculada. Tal espaço está ainda igualmente fora de um frouxo deixar passar e fluir todas as coisas; fora de um esquivar-se ou safar-se do sacrifício, assim como também distante de todo ataque ou intervenção cegos ou da ação a todo e qualquer preço.

A este espírito da liberdade em relação à vingança vincula-se o pretendido e propalado Nietzsche *libre penseur*.

"Que o homem seja redimido da vingança" – se consideramos, ainda que só de maneira aproximada, este espírito da liberdade como o aspecto fundamental no pensamento de Nietzsche, então cai por terra a sua imagem corrente e até hoje predominante.

"Pois *que o homem seja redimido da vingança*: isto é para mim a ponte para a mais elevada esperança", diz Nietzsche. Com isso, ele diz ao mesmo tempo, na linguagem do velamento preparatório, para onde vai seu "grande anseio".

Mas, que entende Nietzsche aqui por vingança? Segundo ele, em que consiste a redenção da vingança?

Satisfazemo-nos em lançar alguma luz sobre estas duas perguntas. Talvez, esta luz deixa-nos ver com maior clareza a ponte que, para este pensamento, deve conduzir por sobre e através do homem até hoje vigente para o super-homem. Com a ultrapassagem vem à tona para onde o ultrapassante vai. Assim pode, um tanto antecipadamente, revelar-se para nós em que medida Zaratustra, enquanto e como o porta-voz da vida, da dor e do círculo, é também e simultaneamente o mestre que ensina o eterno retorno do igual *e* o super-homem.

Por que, porém, algo tão decisivo atrela-se à redenção da vingança? Onde reside, isto é, de que vive este espírito de vingança? Nietzsche nos responde no antepenúltimo discurso da segunda parte de *Assim falava Zaratustra* e que se intitula *Da redenção*. Aí lê-se:

"O espírito de vingança: meus irmãos, isto foi até hoje a melhor reflexão dos homens; e onde havia padecimento, aí devia sempre haver também punição."

Quem é o Zaratustra de Nietzsche? 97

Com esta frase, a vingança relaciona-se previamente com toda reflexão até hoje empreendida pelo homem. O que aqui se denomina "reflexão" não se refere a um refletir qualquer, mas sim àquele pensamento, no qual toca e oscila o relacionamento do homem com isso que é, com o real. À medida que o homem se relaciona com o real, ele o representa desde o ponto de vista, segundo o qual ele é, o que e como ele é, como ele poderia e como ele deveria ser – em suma: ele representa o real no tocante ao seu ser. Este re-presentar é o pensamento.

Segundo a frase de Nietzsche, determina-se até hoje este representar pelo espírito de vingança. Este relacionamento assim determinado com isso que é, os homens o tomam como o que há de melhor.

Como quer que o homem sempre possa representar o real enquanto tal, ele representa tendo em vista o ser de tudo o que é. Através desta perspectiva, o homem ultrapassa o real sempre já por sobre e para além do próprio real em direção ao ser. "Por sobre e para além em direção a" (*Hinüber*) diz-se, em grego: μετά. Daí que todo relacionamento do homem com o real enquanto tal é em si metafísico. Quando Nietzsche compreende a vingança como o espírito que perpassa e assim determina a relação do homem com o real, então ele já a pensa metafisicamente.

Aqui, vingança não é nenhum tema meramente moral e a redenção da vingança nenhuma tarefa da educação moral. A vingança e a sede de vingança não são igualmente objetos da psicologia. Essência e amplitude da vingança são vistos por Nietzsche metafisicamente. Mas o que é afinal vingança?

Podemos ganhar um importante aceno para esta pergunta se, inicialmente e com a necessária largueza de vista, nos ativermos à significação da palavra enquanto tal. "*Rache*" (vingança), *rächen* (vingar), *wreken* (*idem*), *urgere* quer dizer: impelir, empurrar (*stossen*); acionar, impulsionar (*treiben*); pôr a correr à frente (*vor sich hertreiben*); perseguir (*verfolgen*); correr atrás, pôr-se atrás e à busca de (*nachstellen*). Em que sentido a vingança é "correr atrás", "perseguir"? Ela não busca simplesmente caçar algo, capturar, tomar posse. Ela também não procura pura e simplesmente abater isto atrás de que ela se põe e persegue. A perseguição vinga-

98   Ensaios e conferências

tiva inicialmente opõe resistência a isso de que ela se vinga. E ela a
isso opõe-se de modo tal, que subestima a fim de, frente ao subesti-
mado, opor sua própria superestimação e assim restabelecer e devolver sua própria estima, tomada como a única medida. Pois a
sede de vingança é maquinada pelo sentimento de ter sido vencido
e lesado. Nos anos em que Nietzsche criava sua obra *Assim falava
Zaratustra*, ele escreveu esta anotação:

"Aconselho a todos os mártires a refletir se não terá sido a sede
de vingança que os impulsionou para o extremo" (XII[3], p. 298).

O que é vingança? Provisoriamente, podemos dizer: vingança
é a perseguição que resiste, opõe-se e subestima. E terá esta perseguição suportado e conduzido a reflexão até hoje vigente, isto é, a
representação até hoje vigente do real no tocante ao seu ser? Se
procede a mencionada dimensão metafísica atribuída ao espírito
de vingança, então é preciso que tal dimensão seja vista desde a
constituição da metafísica. Para que um tal olhar venha a ter, em
certa medida, algum sucesso, consideremos atentamente em que
configuração essencial se manifesta modernamente o ser do real.
Esta estruturação essencial do ser vem à fala, numa forma clássica,
através de poucas frases formuladas por Schelling no seu *Investigações filosóficas sobre a essência da liberdade humana e das
questões conexas*. É dito com três frases:

"– Na última e mais elevada instância, não existe nenhum outro ser além do querer. Querer é ser primordial (*Ursein*) e somente
a ele se adequam os predicados como ausência de fundamento,
eternidade, independência do tempo, autoafirmação. Todo o esforço da filosofia consiste, portanto, em alcançar essa expressão mais
elevada"[2].

Schelling encontra no querer os predicados que, desde há muito, o pensamento da metafísica atribui ao ser, segundo sua forma
última, mais elevada e assim consumada. A vontade deste querer
não é vista aqui como uma faculdade da alma humana. Aqui, a palavra "querer" nomeia o ser do real em sua totalidade. Este ser é von-

---

2. SCHELLING, F.W.J. *Schellings philosophische Schriften*, 1° vol., Landshut, 1809, p. 419.
Cf. a tradução brasileira *A essência da liberdade humana*, Vozes: Petrópolis, 1991, p. 33.

Quem é o Zaratustra de Nietzsche?

tade. Isto soa-nos estranho e assim soa à medida que permanecem estranhos para nós os pensamentos que sustentam a metafísica ocidental. E estes assim permanecem à medida que não pensamos tais pensamentos, mas apenas noticiamos sobre eles. Podem-se, por exemplo, constatar historicamente de maneira precisa os enunciados de Leibniz sobre o ser daquilo que é, sem absolutamente nada pensar a respeito do que ele realmente pensava, quando determinava o ser daquilo que é a partir da mônada e esta enquanto a unidade de *perceptio* e *appetitus*, de representação, e apetite, ou seja, enquanto vontade. O que Leibniz pensa vem à fala através de Kant e de Fichte como a vontade da razão, que Hegel e Schelling pensam cada qual a seu modo. O mesmo supõe Schopenhauer, quando assim intitula sua obra capital: *O mundo* (não o homem) *como vontade e representação*. O mesmo pensa Nietzsche, quando reconhece o ser primordial daquilo que é como vontade de poder.

O fato de aqui e por toda parte o ser daquilo que é se manifestar insistentemente como vontade não se deve às opiniões que fazem alguns filósofos sobre o real. Jamais erudição alguma descobrirá o que significa esta manifestação do real como vontade. Tal manifestação só se deixa perscrutar no pensamento; aí ela é honrada como aquilo que é realmente a se pensar em toda a sua dignidade de pergunta e assim se resguardar como pensado na recordação – no coração do pensamento.

Para a metafísica moderna e através dela, o ser daquilo que é se manifesta e expressa de modo próprio como vontade. O homem, porém, é homem à medida que, pensando, se relaciona com o real e assim atém-se ao ser. Em sua própria essência, o pensamento precisa corresponder àquilo com o que ele se relaciona, a saber, com o ser do real enquanto vontade.

Segundo a palavra de Nietzsche, o pensamento até hoje vigente é determinado pelo espírito de vingança. Como então pensa Nietzsche a essência da vingança, posto que ele a pensa metafisicamente?

Na segunda parte de *Assim falava Zaratustra*, no discurso já mencionado *Da redenção*, Nietzsche deixa seu Zaratustra dizer:

"Isto, sim, isto somente é a própria *vingança*: a recalcitrância da vontade contra o tempo e o seu 'era'".

100 — Ensaios e conferências

Uma determinação essencial da vingança, que nela enfatize o aspecto de repulsa, de relutância e de resistência e assim destaque uma recalcitrância (*Widerwille*), corresponde à perseguição em sentido muito próprio, tal como caracterizamos a vingança. Mas Nietzsche não diz pura e simplesmente: vingança é recalcitrância. Isto também vale para o ódio. Nietzsche diz: vingança é a recalcitrância da vontade. "Vontade", porém, nomeia o ser daquilo que é em seu todo e não somente o querer humano. Através da caracterização da vingança como "a recalcitrância da vontade" permanece previamente no interior da relação como o ser daquilo que é a perseguição que resiste e reluta, própria da vingança. Torna-se claro que a coisa assim se coloca quando atentamos para isso contra o que se volta a recalcitrância da vontade. Vingança é: "a recalcitrância da vontade contra o tempo e seu 'era'".

Numa primeira, também numa segunda e ainda numa terceira leitura desta determinação da essência da vingança, tomar-se-á a ênfase da vingança referida ao tempo como surpreendente, ininteligível e, por fim, como arbitrária. É até preciso que assim se mostre, se não se considera o que quer dizer aqui a palavra "tempo".

Nietzsche diz: vingança é "a recalcitrância da vontade contra o tempo...". Isto não quer dizer: "contra algo temporal. Também não quer dizer: contra um caráter específico do tempo. Mas diz pura e simplesmente: recalcitrância contra o tempo...".

Na verdade, seguem-se imediatamente as palavras: "contra o tempo e seu 'era'". Isto quer porém dizer: vingança é a recalcitrância contra o "era" no tempo. Com razão dir-se-á que ao tempo não pertence somente o "era", mas de maneira igualmente constitutiva o "será" e também o "é agora", pois o tempo não se determina simplesmente através do passado, mas também através do futuro e do presente. Se Nietzsche, de modo explícito, acentua o "era" no tempo, então evidentemente com esta sua caracterização da essência da vingança, ele não está tendo em vista de modo algum *o* tempo enquanto tal, mas o tempo desde um ponto de vista muito próprio. Ora, o que acontece com *o* tempo? Acontece-lhe que ele se vai. E ele se vai à medida que ele passa. O tempo que vem jamais vem para permanecer, mas para ir-se embora. Para onde? Vai-se no passar. Quando um homem morre, costuma-se dizer que ele abençoou o temporal. O temporal equivale ao transitório, ao efêmero.

Nietzsche determina a vingança como "a recalcitrância da vontade contra o tempo e seu 'era'". Esta determinação assim acrescentada não enfatiza unilateralmente um caráter isolado do tempo, negligenciando os dois outros, mas ela caracteriza o aspecto fundamental do tempo em sua essência plena e própria. Com o "e", no emprego "o tempo e seu *era*", Nietzsche não desvia para o mero acréscimo de um caráter particular do tempo. O *e* aqui significa tanto quanto: e isto quer dizer. Vingança é a recalcitrância da vontade contra o tempo e isto quer dizer: contra o passar e sua transitoriedade. A transitoriedade é para a vontade isto contra o que ela nada mais pode, contra o que seu querer insistentemente se choca. O tempo e seu "era" é a pedra que a vontade não pode rolar. Enquanto passar, o tempo é o adverso no qual a vontade padece. Como vontade que sofre e padece, ela se faz a dor no passar, dor esta que então quer seu próprio passar e com isso quer que tudo mereça, que tudo seja digno de passar. A recalcitrância contra o tempo subestima o transitório. O terreno, a Terra e tudo que a ela pertence é o que verdadeiramente não deveria ser e no fundo também não tem nenhum ser verdadeiro. Platão já o denomina o μὴ ὄν, o não ente.

Segundo as frases de Schelling, que expressam tão-só a representação condutora de toda a metafísica, "independência do tempo, eternidade" são predicados primordiais do ser.

A mais profunda recalcitrância contra o tempo, porém, não consiste na mera subestimação do que é terreno. Para Nietzsche, a vingança mais profunda consiste naquela reflexão que coloca os ideais supratemporais como absolutos, confrontado com os quais o temporal precisa subestimar-se como não ente, não real.

Como, porém, poderá o homem assumir a dominação da Terra, como pode ele tomar a Terra como Terra sob sua guarda, se e enquanto ele subestima o que é terreno, à medida que o espírito de vingança determina sua reflexão? Se isto, a saber, salvar a Terra como Terra, procede, então, primeiro, é preciso que o espírito de vingança desapareça. Por isso, para Zaratustra, a redenção da vingança é a ponte para a mais elevada esperança.

Mas em que consiste esta redenção da recalcitrância contra o passar, o fluir? Consistirá de modo geral numa libertação quanto à

102   Ensaios e conferências

vontade? No sentido de Schopenhauer e do budismo? Segundo a doutrina da metafísica moderna, à medida que o ser do real é vontade, uma redenção da vontade equivaleria a uma redenção-dissolução do ser e com isso a uma queda no nada vazio. Na verdade, para Nietzsche, a redenção da vingança é a redenção do adverso, daquilo que, na vontade, repulsa, repugna e subestima, mas de modo algum uma dissolução de todo querer. A redenção libera a recalcitrância de seu *não* e a liberta para um *sim*. O que afirma este *sim*? Precisamente isso que a recalcitrância do espírito de vingança nega: o tempo, o passar.

Este *sim* ao tempo é a vontade para a qual o passar permanece e não é depreciado num vazio. Mas como pode permanecer o passar? Somente assim, a saber, que o passar como o passar não se vá insistentemente de modo puro e simples, mas que ele sempre venha. Somente assim, a saber, que o passar e isso que nele passa retorne em seu vir como o igual. Esse retorno mesmo só é um permanente retorno se for um eterno retorno. Segundo a doutrina da metafísica, o predicado "eternidade" pertence ao ser do real.

A redenção da vingança é a ultrapassagem da recalcitrância contra o tempo para a vontade, a qual representa o real no eterno retorno do igual, à medida que a vontade se torna o porta-voz do círculo.

Dito de outro modo: somente se o ser do real se representa para o homem como eterno retorno do igual, pode o homem ultrapassar a ponte e, redimido do espírito de vingança, ser o ultrapassante, o super-homem.

Zaratustra é o mestre que ensina o super-homem. Mas ele somente ensina esta doutrina porque é o mestre do eterno retorno do igual. Hierarquicamente, este pensamento do eterno retorno do igual é o primeiro, o pensamento "mais abissal". Por isso, o mestre o exprime por último e de maneira sempre hesitante.

Quem é o Zaratustra de Nietzsche? Ele é o mestre, cuja doutrina gostaria de libertar do espírito de vingança a reflexão até hoje vigente e assim liberá-la para o *sim* ao eterno retorno do igual.

Como mestre do eterno retorno do igual, Zaratustra ensina o super-homem. Segundo uma anotação (XIV, p. 276), o refrão desta

Quem é o Zaratustra de Nietzsche?

doutrina soa assim: "Refrão: *Só o amor deve julgar'* – (o amor criador, que se *esquece* de si mesmo em suas obras)".

Enquanto mestre do eterno retorno e do super-homem, Zaratustra não ensina duas coisas. O que ele ensina se copertence porque uma coisa exige a outra em mútua correspondência. Esta correspondência, a saber, isso em que ela emerge e como ela se retrai, é o que a figura de Zaratustra resguarda em si e, ao mesmo tempo, deixa entrever, assim fazendo com que isso seja, antes de tudo, digno de ser pensado.

Somente o mestre, porém, sabe que isso que ele ensina permanece uma visão e um enigma. Na consideração e no recolhimento deste saber, o mestre insiste e persiste.

Hoje, através da peculiar dominação da ciência moderna, estamos enredados num estranho erro, o qual imagina que se ganhe saber a partir da ciência e que o pensamento esteja sob a jurisdição da ciência. A única coisa, porém, que um pensador está a dizer a cada passo jamais se deixa provar ou refutar, quer lógica, quer empiricamente. Também não é coisa de uma crença. Isto só se faz visível no jogo perguntar-pensar. O que assim se faz visível aparece sempre como o *digno* de se perguntar.

Para visualizar a visão do enigma e guardar no olhar isso que se mostra na figura de Zaratustra, consideremos atentamente a paisagem de seus animais, tal como esta se manifesta para ele no começo de sua andança:

"[...] então ele lançou indagador um olhar para o alto – pois ouvia acima de si o chamado agudo de uma ave. E, veja! Uma águia traçava grandes círculos no ar e nela pendia uma serpente, não como uma presa mas como uma amiga, pois mantinha-se anelada em torno de seu pescoço.

'São meus animais!', dizia Zaratustra e alegrava-se de coração".

E assim reza no discurso *O convalescente*, n. 1, a passagem que anterior e intencionalmente citamos só em parte:

"Eu, Zaratustra, o porta-voz da vida, o porta-voz da dor, o porta-voz do círculo – a ti chamo, meu pensamento mais abissal!"

104   Ensaios e conferências

Com as mesmas palavras, Zaratustra, no n. 2 do discurso da segunda parte, intitulado *Da visão e do enigma*, nomeia o pensamento do eterno retorno do igual. Aí, pela primeira vez, Zaratustra, em confrontação com o anão, tenta pensar o enigmaticíssimo que é isto que ele vê como seu anseio. Para Zaratustra, o eterno retorno do igual permanece, sim, uma visão, mas também um enigma. Ele não se deixa nem provar e nem refutar, quer lógica, quer empiricamente. No fundo, isto vale igualmente para todo pensamento essencial de todo pensador: uma visão, porém um enigma – digno de se perguntar.

Quem é o Zaratustra de Nietzsche? Agora podemos responder numa fórmula: Zaratustra é o mestre do eterno retorno do igual e o mestre do super-homem. Mas agora vemos, e vemos talvez mais claramente para além da mera fórmula, que Zaratustra não é um mestre que ensina duas coisas distintas. Zaratustra ensina o super-homem porque ele é o mestre do eterno retorno do igual. Mas também, ao contrário. Zaratustra ensina o eterno retorno do igual porque ele é o mestre do super-homem. Ambas as doutrinas se copertencem num círculo. Através de sua circunvolução, as doutrinas correspondem a isso que é, a saber, ao círculo, o qual constitui o ser do real como o eterno retorno do igual, como o permanente no devir.

Neste girar, a doutrina e seu pensamento têm êxito quando ultrapassam a ponte, que se chama: redenção do espírito de vingança. Assim, por esta via, o pensamento até hoje vigente deve ser superado.

De 1885, logo após o término da obra *Assim falava Zaratustra*, temos uma anotação, a de número 617 do livro *A vontade de poder*, que sob este título foi publicado a partir de uma compilação desordenada dos escritos póstumos de Nietzsche. A anotação tem o seguinte título grifado: *Recapitulação*. Aqui, em poucas frases e com uma invulgar clarividência, Nietzsche reúne concentradamente o crucial de seu pensamento. Entre parênteses, numa observação marginal do texto, menciona-se algo peculiar a Zaratustra. A "recapitulação" começa com a frase: *"Imprimir no devir o caráter do ser – isto é a mais elevada vontade de poder"*.

A mais elevada vontade de poder, isto é, o mais vital em toda vida, é representar o passar como permanente devir no eterno retorno do igual e assim fazê-lo permanente e estável. Esta repre-

Quem é o Zaratustra de Nietzsche? 105

sentação é um pensamento que, tal como Nietzsche observa enfaticamente, "imprime" no real o caráter de seu ser. Este pensamento toma o devir, ao qual pertence um insistente conflito, a saber, a dor, o padecer, sob sua guarda, sob sua proteção.

Será que através deste pensamento supera-se o modo de pensar até hoje vigente, o espírito de vingança? Ou não se guarda e se vela nessa impressão, que põe todo o devir sob a guarda do eterno retorno do igual, ainda e também uma recalcitrância *contra* o mero passar e com isso um espírito de vingança espiritualizado à mais elevada potência?

Tão logo formulamos esta pergunta, cria-se a impressão de que estaríamos presumindo que precisamente isso, que Nietzsche quer superar, constitua o que lhe é mais próprio, tal como se estivéssemos alimentando a opinião de que, mediante uma tal presunção, se refutaria o pensamento desse pensador.

A caminho de um pensador, jamais tem êxito a pressurosidade do querer refutar. Ela pertence àquela pequenez de espírito, de cujas manifestações a opinião pública carece para alimentar seu bate-boca. De mais a mais, o próprio Nietzsche já antecipou a resposta à nossa pergunta. O escrito, que precede imediatamente ao livro *Assim falava Zaratustra*, apareceu em 1882, sob o título *A gaia ciência*. Em seu último fragmento, o de n. 341, Nietzsche apresenta pela primeira vez seu "pensamento mais abissal", aí então sob o título *O mais pesado dos pesos*. O fragmento final, que lhe segue, o de n. 342, é incorporado, palavra por palavra, na abertura do prólogo de *Assim falava Zaratustra*.

Nos escritos póstumos de Nietzsche (WW, vol. XIV, p. 404s.), encontram-se esboços para o prólogo de *A gaia ciência*. Aí se lê o seguinte:

"Um espírito fortalecido através de guerras e vitórias, para o qual tornou-se uma necessidade a conquista, a aventura, o perigo, até mesmo a dor; um acostumar-se aos ares cortantes das alturas, às andanças invernais, ao gelo e às montanhas em todos os sentidos; uma espécie de maldade sublime e decisão última da vingança – pois há *vingança* nisso, vingança em relação à própria vida, quando um grande sofredor *toma a vida sob sua proteção*."

106 Ensaios e conferências

Que nos resta, senão perguntar: a doutrina de Zaratustra não traz a redenção da vingança? Sim, nós o dizemos. Mas de modo algum o dizemos como uma presumida refutação à filosofia de Nietzsche. Não o dizemos sequer como uma objeção contra o pensamento de Nietzsche. Nós o dizemos, porém, para voltarmos nosso olhar para o fato, primeiro, de que também o pensamento de Nietzsche move-se no espírito do modo de pensar até hoje vigente e, segundo, em que medida e até que ponto ele aí se move. Deixamos, porém, em aberto, se este espírito do pensamento até hoje vigente é atingido em sua força norteadora, à medida que ele é interpretado como espírito de vingança. Em todo caso, o pensamento até hoje vigente é metafísica, e o pensamento de Nietzsche, presumivelmente, realiza a sua consumação (*Vollendung*).

Com isso, aparece algo no pensamento de Nietzsche, que este pensamento mesmo não mais pode pensar. Um tal permanecer retraído atrás do pensado caracteriza a dimensão criadora de um pensamento. Onde, porém, um pensamento traz a metafísica à consumação, aí mesmo ele aponta, num sentido excepcional, para algo impensado, ao mesmo tempo de modo claro e confuso. Mas onde estão os olhos para ver isso?

O pensamento metafísico baseia-se na diferença entre o que verdadeiramente é e, tendo este por medida, o que não constitui o verdadeiramente real. Para a *essência* da metafísica, porém, o decisivo não é de modo algum o fato de que a mencionada diferença apresenta a oposição entre sensível e suprassensível, mas, sim, no fato de que aquela diferença, no sentido de uma fissura, permanece sendo o primeiro e o que dá sustento. Ela ainda persiste quando a hierarquia platônica entre sensível e suprassensível se inverte e então se experimenta o sensível mais essencial e mais amplamente num sentido que Nietzsche denomina *Dioniso*. Pois a superabundância, para a qual se dirige "o grande anseio" de Zaratustra, é a inesgotável persistência do devir, com a qual a vontade de poder se quer a si mesma no eterno retorno do igual.

Nietzsche, nas últimas linhas de seu último escrito – *Ecce homo. Como se vem a ser isto que se é –*, trouxe à tona o mais essencialmente metafísico de seu pensamento, na mais extremada

Quem é o Zaratustra de Nietzsche? 107

forma da recalcitrância. Nietzsche escreveu esse trabalho em outubro de 1888. Foi publicado pela primeira vez, numa edição limitada, vinte anos mais tarde, e em 1911 incluído no volume XV da grande edição in-oitavo. As últimas linhas de *Ecce homo* dizem: "Fui compreendido? – *Dioniso contra o crucificado...*"

Quem é o Zaratustra de Nietzsche? Ele é o porta-voz de Dioniso. Isto quer dizer: Zaratustra é o mestre que, em sua doutrina do super-homem e para esta doutrina, ensina o eterno retorno do igual.

A frase responde à nossa pergunta? Não. Ela também não responde nem mesmo se acompanhamos os acenos que a esclareciam para seguir o caminho de Zaratustra, ainda que apenas em seus primeiros passos sobre a ponte. A frase, que soa como uma resposta, quer tão só nos alertar e mais atentamente ainda nos trazer de volta para a pergunta-título.

Quem é o Zaratustra de Nietzsche? Isto agora perguntaria: quem é este mestre? Quem é esta figura que, no estágio de consumação da metafísica, aparece no interior dela mesma? Em nenhum lugar na história da metafísica ocidental se poetizou ou, dizendo-se mais adequada e literalmente, se fantasiou como obra de pensamento de maneira tão própria a figura essencial de seu respectivo pensador; em nenhum lugar, salvo no início do pensamento ocidental, com Parmênides – e aqui apenas num esboço velado.

Na figura de Zaratustra permanece essencialmente o fato de que o mestre ensina algo duplo e que guarda um copertencimento: eterno retorno e super-homem. De um certo modo, o próprio Zaratustra é este copertencimento. Segundo este ponto de vista, ele permanece também um enigma, cuja visão apenas se insinua para nós.

"Eterno retorno do igual" é o nome para o ser daquilo que é. "Super-homem" é o nome para a constituição essencial do homem que corresponde a este ser.

Desde onde se copertencem ser e constituição essencial do homem? Como eles se copertencem, se nem o ser é um produto do homem e nem o homem uma exceção no interior do real?

Será possível discutir o copertencimento de ser e constituição essencial do homem enquanto o pensamento permanecer amarra-

108 Ensaios e conferências

do ao conceito até hoje vigente de homem? Segundo este conceito, o homem é o *animal rationale*. Seria um acaso ou apenas um confete poético o fato de os dois animais, águia e serpente, estarem juntos de Zaratustra e de que *eles* lhe digam quem ele precisa vir a ser para ser aquele que ele é? Para quem se põe a considerar a configuração dos dois animais, é preciso mostrar-se neles a conjugação de orgulho e sagacidade. É preciso saber como Nietzsche pensa a respeito de ambos. Em anotações num rascunho para *Assim falava Zaratustra*, lê-se:

"Parece-me que *modéstia* e *orgulho* se copertencem estreitamente... O comum a ambos é: em ambos os casos o olhar frio, seguro na avaliação" (WW XIV, p. 99).

Numa outra passagem, tem-se:

"Fala-se tão estupidamente do *orgulho* – e o cristianismo fez mesmo com que ele fosse sentido como *pecaminoso*! A coisa é a seguinte: quem exige de si *algo grande* e o alcança – este precisa sentir-se muito distante daqueles que não fazem isto; esta *distância* é interpretada por estes outros como 'superestimação de si'; aquele, porém, só conhece a distância como persistentes trabalho, guerra, vitória – dia e noite. De tudo isso, os outros nada sabem!" (p. 101).

A águia: o animal mais orgulhoso; a serpente: o animal mais sagaz. E ambos ajustados no círculo em que giram, no anel que circunscreve suas essências. E, mais uma vez, círculo e anel ajustados e fundidos mutuamente.

Quem é Zaratustra, enquanto o mestre do eterno retorno *e* do super-homem, este enigma torna-se para nós uma visão no olhar dos dois animais. Neste olhar podemos, imediata e mais facilmente, apreender o que a exposição tentou mostrar como o digno de se perguntar: a relação do ser com o ser-vivo homem.

"Veja! Uma águia traçava grandes círculos no ar e nela pendia uma serpente, não como uma presa, mas como uma amiga, pois mantinha-se anelada em torno de seu pescoço.

'São meus animais!', dizia Zaratustra, e alegrava-se de coração".

Nota sobre o eterno retorno do igual

O próprio Nietzsche sabia que seu "pensamento mais abissal" permanece um enigma. Tanto menos temos o direito de crer que podemos decifrar o enigma. O obscuro deste último pensamento da metafísica ocidental não deve nos induzir a dele nos desviarmos através de caminhos tortuosos e evasivos.

No fundo, há somente duas evasivas.

Ou se diz que este pensamento de Nietzsche seria uma espécie de "mística" e por isso, frente ao pensamento, não se deveria a ele dar ouvidos.

Ou se diz que este pensamento já é velhíssimo. Desde há muito, ele circula na conhecida moeda da representação cíclica dos acontecimentos do mundo. Na filosofia ocidental, esta representação se mostraria, pela primeira vez, com Heráclito.

A segunda informação, tal como toda informação, diz absolutamente nada. Pois em que nos ajuda constatar a respeito de um pensamento que ele, por exemplo, "já" se encontra em Leibniz ou mesmo "já" em Platão? Que significado pode ter uma tal informação, se isso que foi pensado por Leibniz e por Platão permanece jogado na mesma obscuridade que o pensamento que se pretende ter esclarecido com uma tal referência historiográfica?

No que concerne, porém, à primeira evasiva, segundo a qual o pensamento nietzscheano do eterno retorno do igual seria uma mística fantasiosa, a época atual deveria nos instruir a respeito de uma outra coisa, suposto evidentemente que ao pensamento cabe tornar visível a *essência* da técnica moderna.

O que é a essência da máquina (*Kraftmachine*) moderna senão *uma* variação do eterno retorno do igual? Mas a essência desta máquina nem é algo maquinal e nem mesmo algo mecânico. Tampouco o pensamento nietzscheano do eterno retorno do igual se deixa interpretar num sentido mecânico.

Que Nietzsche tenha interpretado e experimentado seu pensamento mais abissal a partir de Dioniso, diz tão só que ele ainda o precisava pensar metafisicamente e somente assim. Isto não quer, porém, dizer que este pensamento mais abissal não guarde e não vele algo não pensado e que, ao mesmo tempo, se fecha para o pensamento metafísico[3].

Tradução de Gilvan Fogel

---

3. Cf. a preleção *Was heisst denken?*, semestre de inverno 1951/1952, publicada em 1954 pela editora M. Niemeyer, Tübingen.

── O QUE QUER DIZER PENSAR? ──

O que quer dizer pensar é algo que se nos revela se nós mesmos pensamos. Para que um tal tentame seja bem-sucedido é preciso que nos disponhamos a aprender a pensar.

Tão logo nos entregamos a este aprendizado, admitimos que ainda não estamos na capacidade de pensar.

O homem é, no entanto, visto como o ente que pode pensar. E isso com razão, pois o homem é o ser vivo racional. A razão, porém, a *ratio*, desdobra-se em pensamento. Enquanto ser vivo racional, o homem, desde que queira, precisa poder pensar. Mas talvez o homem queira pensar e não possa. Em última instância, com este querer-pensar o homem quer demais e, por isso, pode de menos.

O homem pode pensar à medida que tem a possibilidade para tal. Tal ser-possível, porém, ainda não nos garante que o possamos. Pois ser na possibilidade de algo quer dizer: permitir que algo, segundo seu próprio modo de ser, venha para junto de nós; resguardar insistentemente tal permissão. Sempre podemos somente isso para o qual temos gosto – isso a que se é afeiçoado, à medida que o acolhemos. Verdadeiramente só gostamos do que, previamente e a partir de si mesmo, dá gosto. E nos dá gosto em nosso próprio ser à medida que tende para isso. Através desta tendência, reivindica-se nosso próprio modo de ser. A tendência é conselheira. A fala do aconselhamento dirige-se ao nosso modo próprio de ser, para ele nos conclama e, assim, nos tem. Na verdade, ater significa: cuidar, guardar. O que nos atém ao modo próprio de ser aí nos atém somente à medida que nós, a partir de nós mesmos, guardamos isso que nos atém. Nós o guardamos, se nós não o deixamos fugir da memória. A memória é a concentração do pensamento. Em relação a quê? Em relação a isso que nos atém ao modo próprio de ser, à medida que, ao mesmo tempo, o pensamos cuidadosamente junto de nós. Em que medida isso que nos atém precisa ser cuidadosamente pensado? À medida que, por si mesmo, é o que cabe pensar

112 Ensaios e conferências

cuidadosamente. Se isso é assim pensado, então é presenteado com o pensar da lembrança. Nós lhe presenteamos o pensamento que recorda porque dele gostamos como sendo a palavra conselheira de nosso modo próprio de ser.

Só podemos pensar se temos gosto pelo que em si é o que cabe pensar cuidadosamente.

Para que cheguemos a este pensamento, é preciso que, de nossa parte, aprendamos a pensar. O que é aprender? O homem aprende à medida que traz todos os seus afazeres e desfazeres para a correspondência com isso que a ele é dito de modo essencial. Aprendemos a pensar à medida que voltamos nossa atenção para o que cabe pensar cuidadosamente.

Chamamos de "amigável" o que pertence à essência do amigo e dele procede. De forma correspondente, chamamos, agora, de "pensável" aquilo que cabe pensar cuidadosamente. Todo "pensável" dá a pensar. Há, no entanto, uma tal doação somente e sempre à medida que o pensável, a partir de si mesmo, já é o que cabe pensar cuidadosamente. A partir de agora, denominamos "o que mais cabe pensar" àquilo que sempre e insistentemente dá a pensar, porque antes de toda e qualquer coisa outrora o deu e amanhã o dará.

O que cabe pensar mais cuidadosamente? Neste nosso tempo a pensar, onde ele se mostra?

O que mais cabe pensar cuidadosamente mostra-se no fato de ainda não pensarmos. Insistentemente ainda não, apesar da situação mundial tornar-se cada vez algo a se pensar mais cuidadosamente. Este processo parece exigir, antes, que o homem atue, ao invés de discursar em conferências e congressos e assim mover-se em meras representações do que deveria ser e como precisaria ser feito. Assim, parece que falta ação e de modo algum pensamento.

E, no entanto... Talvez, já desde séculos, o homem vem agindo demais e pensando de menos.

Mas como pode hoje alguém afirmar que ainda não pensamos, quando por toda parte se percebe o interesse pela filosofia, cada vez mais afanoso e crescente, de tal modo que todos querem saber o que se passa na filosofia?

O que quer dizer pensar? 113

Os filósofos são *os* pensadores. São assim chamados porque *o* pensamento se passa privilegiadamente na filosofia. Ninguém negará que hoje há um interesse pela filosofia. Mas haverá hoje algo pelo qual o homem não se interesse, no sentido em que o homem de hoje entende o "interessar-se"?

Inter-esse quer dizer: ser sob, entre e no meio das coisas; estar numa coisa de permeio e junto dela assim persistir. Para o interesse atual, porém, vale só o interessante. O interessante faz com que, no instante seguinte, já estejamos indiferentes e mesmo dispersos em alguma outra coisa que, por sua vez, tampouco nos diz respeito quanto a anterior. Hoje, acredita-se frequentemente dignificar algo achando-o interessante. Na verdade, com um tal juízo, subestimamos o interessante levando-o para o domínio do indiferente e assim o empurramos para o âmbito daquilo que logo se tornará tedioso.

O fato de mostrar-se um interesse pela filosofia ainda não revela, de modo algum, uma disponibilidade para o pensamento. Mesmo que durante anos e anos nos ocupemos aplicadamente com os volumes e os escritos dos grandes filósofos, isso ainda não nos garante que realmente pensamos ou mesmo que estejamos dispostos a aprender a pensar. A ocupação afanosa com a filosofia pode, de modo mais caturro e cego, iludir-nos com a aparência de que pensamos porque, ora, afinal, "filosofamos".

Do mesmo modo, porém, parece presunçoso afirmar que ainda não pensamos. A afirmação deve, no entanto, ressoar de outro modo. Ela diz: o que mais cabe pensar mais cuidadosamente neste nosso tempo é que ainda não pensamos. Na afirmação, fica indicado que o que cabe ser mais cuidadosamente pensado se mostra. De modo algum a afirmação se atreve a um juízo depreciativo, segundo o qual imperaria, por toda parte, a mais completa falta de pensamento. A afirmação de que ainda não pensamos também não quer estigmatizar nenhuma omissão. "O pensável" é o que dá a pensar. A partir de si mesmo, ele nos fala de modo tal que nós nos voltamos para ele – e, na verdade, pensando. "O pensável" de modo algum é proposto por nós. Ele jamais se funda no fato de que o representamos. "O pensável" dá a pensar. Ele dá o que ele tem em si. Ele tem o que ele próprio é. O que maximamente a partir de si mesmo dá a pensar – o que mais cabe pensar cuidadosamente – deve mostrar-se no fato de ainda não pensarmos. O que quer dizer isso, agora? Resposta: ainda não atingimos propriamente o âmbito disso que, a partir de si mesmo e antes de tudo e por tudo, "gostaria" de ser pensado. Por que ainda não atingimos tal instância? Seria, talvez, porque nós, homens, ainda não nos voltamos suficientemente para o que permanece como o que cabe pensar cuidadosamente? Neste caso, o fato de que ainda não pensamos seria uma mera negligência por parte do homem. Assim sendo, este mal precisaria poder ser humanamente remediado através de medidas convenientes em relação ao homem.

Ainda não pensamos. Isto, porém, de modo algum se dá porque o homem não se avia suficientemente para isso que, desde si mesmo, gostaria de ser pensado. Ainda não pensamos – isto se deve muito mais ao fato de que o próprio a-se-pensar se desvia do homem e até mesmo, de há muito, dele mantém-se desviado.

Imediatamente queremos saber quando e de que maneira deuse esse desvio. Antes e ainda com maior curiosidade perguntaremos como, em última instância, podemos saber de um tal acontecimento. Perguntas desse tipo precipitam-se quando a propósito do que mais cabe pensar cuidadosamente chegamos mesmo a afirmar: isto, o que realmente nos dá a pensar, não se desviou do homem algum dia, num histórico datável, mas o a-se-pensar mantém-se desde sempre num tal desvio. Mas dá-se desvio somente onde já se deu um aviar-se. Se o que mais cabe pensar cuidadosamente mantém-se num desvio é porque isso se dá precisamente e tão só no interior de seu "aviar-se", isto é, de tal modo, que ele já deu a pensar. Em todo desvio, o a-se-pensar já se aviou para a essência do homem. Por isso, o homem de nossa história também sempre já pensou de um modo essencial. Ele pensou mesmo o mais profundo. Na verdade, de uma maneira estranha, o a-se-pensar permanece sob a guarda deste pensamento. O pensamento até hoje vigente de modo algum considera o fato e em que medida o a-se-pensar também se retrai.

Mas, de que falamos? O falado não se configura como uma cadeia de afirmações vazias? Onde estão as provas? O exposto tem um mínimo sequer a ver com ciência? Bom será se, pelo menos por um bom tempo, insistirmos nesta atitude de resistência em relação ao que se disse. Somente assim nos resguardaremos na distância necessária para um impulso, a partir do qual, talvez, conseguiremos saltar, de um modo ou de outro, para dentro do pensamento do que cabe pensar mais cuidadosamente.

O que quer dizer pensar? 115

Sim, é verdade: o que até agora foi dito e toda a discussão que se segue nada tem a ver com ciência e, sobretudo, se a discussão tiver o direito de ser um pensamento. A razão disso é que a ciência não pensa. Ela não pensa porque, segundo o modo de seu procedimento e de seus recursos, ela jamais pode pensar – a saber, pensar segundo o modo dos pensadores. Que a ciência, porém, não possa *pensar*, isso não é uma deficiência e sim uma vantagem. Somente esta vantagem assegura à ciência a possibilidade de, segundo o modo da pesquisa, introduzir-se num determinado domínio de objetos e aí instalar-se. A ciência não pensa. Esta é uma afirmação que escandaliza a representação habitual. Deixemos à frase seu caráter escandaloso, mesmo quando a esta segue-se uma outra, segundo a qual a ciência, tal como todo fazer e desfazer do homem, seria orientada pelo pensamento. A relação entre pensamento e ciência só se mostra autêntica e frutífera quando se torna visível o abismo que há entre as ciências e o pensamento – na verdade, quando este abismo se revela intransponível. Das ciências para o pensamento não há nenhuma ponte, mas somente salto. Este não nos leva somente para um outro lado, mas para uma região inteiramente outra. O que se abre com este âmbito é algo que jamais se deixa demonstrar, caso demonstrar signifique: desde pressuposições adequadas, derivar proposições sobre um estado de coisas através de uma cadeia de conclusões. Quem quer ainda demonstrar e ter provado algo que somente se revela à medida que aparece a partir de si mesmo e nisso que, ao mesmo tempo, se recolhe – este, de modo algum, julga segundo um critério mais elevado e mais rigoroso do saber. Ele pura e simplesmente *calcula* de acordo com uma medida, na verdade, inadequada. O que somente se anuncia aparecendo no seu próprio recolher-se – a isso correspondemos, à medida que para isso acenamos e, assim, nós mesmos nos orientamos nisso que se mostra em deixando-o aparecer no seu próprio desencobrimento. Este mostrar-se simples é um traço fundamental do pensamento, o caminho para aquilo que, desde sempre e para sempre, *dá* ao homem o que pensar. Toda e qualquer coisa se deixa demonstrar, isto é, derivar a partir de pressuposições adequadas. Poucas coisas, porém, e estas ainda raramente, deixam-se mostrar, isto é, num aceno, liberar para um encontro.

O que mais cabe pensar cuidadosamente em nosso tempo, que tanto nos dá a pensar, revela-se no fato de ainda não pensarmos.

Ensaios e conferências

Ainda não pensamos porque o que cabe realmente pensar se *des*-via do homem e não porque o homem não se *en*-via, de maneira suficiente, a isto que cabe pensar. O que cabe pensar desvia-se do homem. O que cabe pensar retrai-se para o homem à medida que dele se retira. O que se retira, porém, sempre já se nos mostrou. O que se retrai no modo de um retirar-se não desaparece. Como então saber o mínimo que seja a respeito disso que assim se retrai? Como sequer nomeá-lo? O que se retrai recusa o encontro. Retrair-se não é, porém, um nada. Retração é aqui retirada e enquanto tal – *acontecimento*. O que se retrai pode concernir ao homem de maneira mais essencial e reivindicá-lo de modo mais próprio do que algo que aí está e o atinge e o afeta. De bom grado, costuma-se tomar o que nos afeta através do real como o que constitui a realidade do real. Mas o ser-afetado através do real pode justamente bloquear o homem em relação a isso que lhe concerne – que lhe concerne certamente de uma maneira enigmática, segundo a qual o concernir dele se desvia à medida que se retrai. Por isso, a retração, o retrair-se do que cabe pensar poderia agora, como acontecimento, ser mais presente do que tudo quanto é mais atual.

O que de nós se retrai à maneira mencionada, afasta-se para longe de nós. Mas precisamente isso nos leva junto e, à sua maneira, nos atrai. O que se retrai parece estar absolutamente ausente. Mas essa aparência engana. O que se retrai se faz vigente – a saber, através do fato de nos atrair, quer percebamos agora, depois ou mesmo nunca. O que nos atrai já concedeu encontro. Tomados pela atração da retração, já estamos no impulso para isso que nos atrai, à medida que se retrai.

Mas se somos aqueles assim atraídos no impulso para... isso que nos atrai – então nosso modo próprio de ser já está cunhado por esse "impulso para...". Como aqueles que assim são cunhados, acenamos para o próprio retrair-se. De modo geral, somos apenas nós mesmos e apenas somos estes que somos à medida que acenamos para o que se retrai. Esse acenar é nosso modo próprio de ser. Somos à medida que sinalizamos para o que se retrai. Enquanto o que assim sinaliza, o homem *é* o sinalizador. Na verdade, o homem não é primeiramente homem e então por acréscimo e talvez ocasionalmente ainda um sinalizador, mas o homem antes de tudo e an-

O que quer dizer pensar? 117

tes de mais nada é homem atraído no retrair-se, no elã para este e com isso sinalizador da retração. Seu modo próprio de ser constitui-se nisso, a saber, em ser um tal sinalizador. Chamamos de sinal àquilo que, segundo sua constituição mais própria, é algo que sinaliza. Retraído no impulso para o retrair-se, o homem *é* um sinal.

Mas porque este sinal sinaliza para o que se retrai, o sinalizar não pode esclarecer imediatamente o sentido do que aí se retrai. Assim, o sinal permanece sem sentido.

Num esboço para um hino, Hölderlin diz:

"Somos um sinal, sem sentido
Sem nenhuma dor somos e, no estranho,
Quase perdemos a linguagem."

Nos rascunhos para o hino, encontramos títulos como "A serpente", "A ninfa", "O sinal". Há um esboço intitulado *"Mnemosyne"*. Podemos traduzir a palavra grega para o alemão e teremos *"Gedächtnis"*, memória. Em alemão, memória é um substantivo neutro, *das* Gedächtnis. Mas, em alemão, também se diz *die* (artigo feminino) *Erkentnnis* (o conhecimento), *die* (artigo feminino) *Befugnis* (a autorização). E novamente tem-se: *das* (artigo neutro) *Begräbnis* (o sepultamento, o funeral), *das* (artigo neutro) *Geschehnis* (o evento, o acontecimento). Kant, por exemplo, diz em sua linguagem habitual, frequentemente muito próximo um do outro, ora *die* (artigo feminino) *Erkenntnis*, ora *das* (neutro) *Erkenntnis*. Assim sendo, sem nenhuma violência e mantendo a correspondência com o feminino grego, poderíamos traduzir "Mnemosyne" por *die Gedächtnis*, a memória[1].

Hölderlin vê na palavra grega Μνημοσύνη o nome de uma Titanide. Ela é a filha do Céu e da Terra. Noiva de Zeus, Mnemosyne torna-se em nove noites a mãe das musas. Jogo e dança, canto e

---

1. Todo este contexto se torna inteligível se considerarmos que, via de regra, em alemão, a terminação "-nis", que aparece nos exemplos, indica substantivos do gênero neutro (*das*). Heidegger mostra exceções a essa regra, onde se usa o feminino (*die*), por exemplo em Kant. Segundo ele, aí poderia se enquadrar "die (feminino) Gedächtnis" a fim de se manter no alemão o feminino do grego e não mais o neutro, como em alemão [N.T.].

118 Ensaios e conferências

poesia são os rebentos de Mnemosyne – da memória. Evidentemente, a palavra memória evoca, aqui, outra coisa do que somente a capacidade imaginada pela psicologia de conservar o passado na representação. Memória[2] pensa o pensado. Mas o nome da mãe das musas não evoca "memória" como um pensar qualquer em qualquer algo pensável. Memória é, aqui, a concentração do pensamento que, concentrado, permanece junto ao que foi propriamente pensado porque queria ser pensado antes de tudo e antes de mais nada. Memória é a concentração do pensar da lembrança daquilo que, antes de tudo e antes de mais nada, cabe pensar. Esta concentração guarda junto de si e abriga em si o que, sempre e antes de mais nada, permanece e se anuncia como o a-se-pensar em tudo o que anuncia como o vigente e o vigor de ter sido. Memória, o pensar concentrado da lembrança do que cabe pensar, é a fonte da poesia. Por isso, o modo próprio de ser da poesia se funda no pensar. Isto nos diz o mito, ou seja, a saga. Seu dizer evoca o mais antigo. O mais antigo não somente porque, segundo a ordem cronológica, é o mais anterior, mas porque, desde sempre e para sempre, e segundo seu modo próprio de ser, permanece o mais digno de se pensar. Enquanto representarmos o pensamento segundo *o* que sobre ele a lógica nos informa, enquanto não levarmos a sério o fato de a lógica ter se fixado num modo particular de pensamento – enquanto imperar este estado de coisas, jamais poderemos considerar com atenção *que* e *em que medida* o poetar funda-se no pensar da lembrança.

Toda criação poética surge quando se cultiva o pensar da lembrança.

Sob o título *Mnemosyne*, diz Hölderlin:

"Somos um sinal, sem sentido..."

Nós, quem? Nós, os homens de hoje, os homens de um hoje que já dura de há muito, que ainda durará muito, numa duração e

---

2. A palavra alemã para dizer memória, *Gedächtnis*, compõe-se do prefixo *"Ge"* = concentração, reunião e *"dächtnis"*, formada pelo particípio *"gedacht"* do verbo pensar *"denken"*. Isso possibilita a Heidegger enfatizar o nexo essencial entre memória e pensamento [N.T.].

O que quer dizer pensar? 119

numa demora para a qual nenhuma contagem da ciência histórica jamais implantará uma medida. No mesmo hino, *Mnemosyne*, lê-se: "Longo é o tempo..." – a saber, aquele em que somos um sinal sem sentido. Isso, a saber, que somos um sinal e, na verdade, um sinal sem nenhum sentido – isso já não dá o suficiente a pensar? Talvez o que Hölderlin nos diz nestas e nas seguintes palavras pertença ao que se nos mostra como o que cabe pensar mais cuidadosamente, ou seja, que ainda não pensamos. Que ainda não pensamos, isso se funda no fato de sermos um sinal sem sentido e sem dor? Ou será o contrário, que somos um sinal sem sentido e sem dor à medida que ainda não pensamos? Se esta última alternativa procede, então o pensamento, através do qual se presenteia aos mortais a dor, é que daria sentido ao sinal pelo qual os mortais são mortais. Tal pensamento nos coloca também de início num diálogo com a poética do poeta, cujo dizer, tal como nenhum outro, busca seu eco no pensamento. Se arriscamos acolher a palavra poética de Hölderlin no âmbito do pensamento, então, seguramente, precisamos tomar cuidado para não igualar impensadamente o que Hölderlin diz poeticamente com o que nos convoca a pensar. O dito poético e o dito do pensamento jamais são iguais. Mas um e outro, de modos diferentes, podem dizer o mesmo. Isto só mesmo tem êxito quando o abismo entre poesia e pensamento se abre clara e decididamente. E isto acontece quando a poética é elevada e o pensamento profundo. Também isto soube Hölderlin. Tomamos seu saber de duas estrofes, assim intituladas:

Sócrates e Alcibíades

"Por que, divino Sócrates, insistentemente
Veneras este jovem? Não conheces nada maior?
Por que, tal como sobre deuses, voltas
Com amor teu olhar sobre ele?"

A resposta é dada na segunda estrofe:

"Quem o mais profundo pensou, ama o mais vivo
Quem olha fundo no mundo, este compreende a elevada juventude
E muitas vezes, ao fim, os sábios se inclinam diante da beleza."

O verso que nos interessa é:

"Quem o mais profundo pensou, ama o mais vivo."

Facilmente negligenciamos as palavras que, neste verso, são o dizer e que por isso realmente o sustentam. As palavras que dizem são os verbos. Ouvimos o verbal do verso quando o acentuamos de um modo diferente, inabitual ao ouvido habitual:

"Quem o mais profundo *pensou, ama* o mais vivo."

A proximidade imediata dos dois verbos, "pensar" e "amar", forma o meio do verso. Com isso, consideramos que o amor se funda no fato de pensarmos o mais profundo. Tal "ter pensado" provém presumivelmente daquela memória, no pensar da qual funda-se o próprio poetar e com ele toda arte. Mas então o que quer dizer pensar? Jamais aprendemos, por exemplo, o que é nadar através de um manual sobre natação. O que é nadar é dito saltando na correnteza. Somente assim conhecemos o elemento em que o nadar precisa se mover. Qual é, porém, o elemento em que se move o pensamento?

Suposta verdadeira a afirmação de que ainda não pensamos, então ela está ao mesmo tempo dizendo que nosso pensamento ainda não se move no seu elemento próprio e isso, na verdade, porque e realmente o a-se-pensar retrai-se para nós. Isto que assim, de um tal modo, de nós se retira e, por isso, permanece impensado, não podemos por nós mesmos coagir ao encontro. E nem mesmo tomando-se o caso mais oportuno, a saber, que nós nitidamente já pressentimos o que de nós se retrai.

Então, só nos resta uma coisa. Só nos resta esperar – esperar até que "o a-se-pensar" se nos anuncie. Mas *esperar* aqui não significa, de modo algum, adiar o pensamento. Esperar quer dizer aqui: manter-se alerta e, na verdade, no interior do já pensado em direção ao impensado, que ainda se guarda e se encobre no já pensado. Através de uma tal espera, justamente já pensando, estamos em via de nos encaminharmos para o que cabe pensar. Esta via pode ser um extravio. Ela permaneceria porém marcada pela disposição de corresponder àquilo que cabe pensar mais cuidadosamente.

O que quer dizer pensar? 121

Em que devemos observar isso que desde sempre e antes de tudo dá a pensar ao homem? Como o que cabe mais cuidadosamente pensar se mostra para nós? Dir-se-ia: em nosso tempo, que muito dá a pensar, o que cabe mais cuidadosamente pensar mostra-se no fato de ainda não pensarmos, isto é, de ainda não correspondermos propriamente ao que mais cuidadosamente cabe pensar. Até agora ainda não nos introduzimos no modo próprio de ser do pensamento para aí habitarmos. Neste sentido, ainda não pensamos propriamente. Mas isso quer justamente dizer que nós já pensamos, mesmo que, não obstante toda lógica, ainda não estejamos familiarizados com o elemento no qual o pensamento pensa propriamente. Daí por que ainda não se sabe com suficiência em que elemento já se move o pensamento até hoje vigente, à medida que é um pensamento. A característica fundamental do pensamento até hoje vigente é o perceber (*das Vernehmen*). A faculdade de perceber denomina-se razão (*die Vernunft*)[3].

O que percebe a "razão"? Em que elemento apega-se o perceber de tal modo que através desse elemento se dá um pensamento? Perceber é a tradução da palavra grega *noein* que significa: captar algo presente; e, captando algo, destacá-lo e, assim, tomá-lo como vigente. Este perceber que destaca é um re-presentar, no sentido simples, amplo e, ao mesmo tempo, essencial de deixar algo vigente estar e pôr-se diante de nós tal como está e se põe.

Dentre os primeiros pensadores gregos, aquele que determinou exemplarmente a essência do pensamento ocidental até hoje vigente, quando se ocupa do pensamento, nunca considera isso que denominaríamos o mero, o puro pensar. Antes, a determinação essencial do pensamento funda-se precisamente no fato de a essência permanecer determinada *por* e *a partir* disso que, enquanto "percepção", o pensamento percebe, ou seja, o real em seu próprio ser.

Parmênides diz no fragmento VIII, 34/36:
ταὐτὸν δ᾽ἐστὶ νοεῖν τε καὶ οὕνεκεν ἔστι νόημα.
οὐ γὰρ ἄνευ τοῦ ἐόντος, ἐν ᾧ πεφατισμένον ἐστιν,
εὑρήσεις τὸ νοεῖν.

---

3. A palavra alemã que traduz o latim *ratio*, razão, é *Vernunft*. Trata-se de um substantivo derivado de *vernehmen*, aqui traduzido por *perceber*, no sentido de *captar, levar em conta, tomar em atenção*. Em alemão, o nexo entre razão e percepção está dado imediatamente na proximidade linguística dos termos *vernehmen* e *Vernunft* [N.T.].

"O mesmo é, porém, tanto perceber como também isso em razão do qual se dá o perceber. Não encontrarás o perceber sem o ser do real no qual ele o perceber é enquanto e como dito."

A partir dessas palavras de Parmênides, evidencia-se: enquanto e como perceber, o pensamento recebe do ser do real a sua essência própria. Mas o que quer dizer aqui e para os gregos e, posteriormente, para todo o pensamento ocidental até hoje vigente – enfim, o que quer dizer: ser do real? A resposta a essa pergunta, até hoje jamais colocada, porque demasiado simples, é: ser do real diz vigência do vigente, presença do presente. A resposta é um salto no escuro.

Enquanto perceber, o pensamento percebe o presente em sua presença. Nela, o pensamento toma a medida para o seu modo próprio de ser enquanto perceber. Assim sendo, o pensamento é uma tal apresentação do que está presente, que entrega o que é vigente em sua vigência e, assim, o põe à nossa frente, de modo que estamos diante do que é ou está vigente e, então, nesse âmbito mesmo, suportamos esse pôr-se. Enquanto esta apresentação, o pensamento libera o que é vigente na relação conosco; ele o põe de volta para nós. Por isso, a apresentação é re-apresentação. Posteriormente, a palavra *repraesentatio* torna-se o nome corrente para este representar (*Vorstellen*).

O caráter fundamental do pensamento até hoje vigente é o de representar. Segundo a antiga doutrina do pensamento, esse representar realiza-se no λόγος, que aqui significa enunciado, juízo. Por isso, a doutrina do pensamento, do λόγος, denomina-se lógica. Ao determinar o ato fundamental do pensamento, a saber, o juízo, como a representação de uma representação do objeto, Kant simplesmente retoma a caracterização tradicional do pensamento como representação (cf. *Crítica da razão pura* A 68, B 93). Quando, por exemplo, ajuizamos que "este caminho é pedregoso", então, no juízo, representa-se a representação do objeto, isto é, do caminho, a saber, como pedregoso.

O caráter fundamental do pensamento é o representar. No representar, desdobra-se o perceber. O próprio representar é re-apre-

O que quer dizer pensar? 123

sentação[4]. Ora, por que o fundamento funda-se no perceber? Por que no representar desdobra-se o perceber? Por que representar é re-apresentação?

A filosofia procede como se aí nada houvesse a perguntar.

Que o pensamento até hoje vigente se funda no representar e que este se funda na re-apresentação – isto tem sua longa proveniência. Esta proveniência se encobre num acontecimento inaparente: no começo da história do Ocidente, o ser do real aparece ao longo desse percurso como presença, como vigência. Esse aparecer do ser como a vigência do vigente é *o* próprio começo da história ocidental, desde que compreendamos a história não só segundo seus eventos, mas que a pensemos, primeiro e sobretudo, segundo o que através dela antecipadamente se envia sob a forma de destino, atravessando assim todos os eventos e neles predominando.

Ser diz vigorar, presença (*Anwesen*). Esse caráter fundamental de ser, o vigorar, a presença, aqui ingenuamente enunciado, torna-se misterioso no instante em que despertamos e nos damos conta para onde isso que denominamos vigência, presença, envia nosso pensamento.

Vigente é o que dura – o que vige a partir e no âmbito do desencobrimento. Vigorar só acontece onde prontamente impera desencobrimento. Algo é vigente, presente, porém, à medida que dura no e a partir do desencobrimento e, assim, se faz presente.

Por isso, pertence ao vigorar, à presença, não somente desencobrimento, mas também presente. Este presente imperante no vigorar é um caráter do tempo. Seu modo próprio de ser, porém, jamais se deixa apreender através do conceito tradicional de tempo.

No ser, que aparece como vigorar, permanece todavia igualmente impensado tanto o desencobrimento aí imperante como o modo próprio de ser aí também imperante de presente e de tempo. Presumivelmente, enquanto modo próprio de ser do tempo, desencobrimento e presente se copertencem. À medida que percebemos o que é o real em seu ser, à medida que, dito à maneira moderna, re-

---

4. "Das Vorstellen selbst ist Re-Präsentation".

presentamos o objeto em sua objetividade, nós já pensamos. Deste modo, de há muito, já pensamos. Não obstante, ainda não pensamos realmente enquanto permanecer desconsiderado em que se funda o ser do real quando ele aparece como vigência, como presença.

A proveniência essencial do ser do real está impensada. O que realmente cabe pensar mantém-se retraído. Isso ainda *não* se tornou para nós digno de ser pensado. Por isso, nosso pensamento ainda não ganhou propriamente seu elemento. Propriamente, ainda não pensamos. E, por isso, *perguntamos*: o que quer dizer pensar?

Tradução de Gilvan Fogel

—— CONSTRUIR, HABITAR, PENSAR ——

As páginas que se seguem são uma tentativa de pensar o que significa habitar e construir. Esse pensar o construir não pretende encontrar teorias relativas à construção e nem prescrever regras à construção. Este ensaio de pensamento não apresenta, de modo algum, o construir a partir da arquitetura e das técnicas de construção. Investiga, bem ao contrário, o construir para reconduzi-lo ao âmbito a que pertence aquilo que *é*.

Perguntamos:

1. O que é habitar?

2. Em que medida pertence ao habitar um construir?

I

Parece que só é possível habitar o que se constrói. Este, o construir, tem aquele, o habitar, como meta. Mas nem todas as construções são habitações. Uma ponte, um hangar, um estádio, uma usina elétrica são construções e não habitações; a estação ferroviária, a autoestrada, a represa, o mercado são construções e não habitações. Essas várias construções estão, porém, no âmbito de nosso habitar, um âmbito que ultrapassa essas construções sem limitar-se a uma habitação. Na autoestrada, o motorista de caminhão está em casa, embora ali não seja a sua residência; na tecelagem, a tecelã está em casa, mesmo não sendo ali a sua habitação. Na usina elétrica, o engenheiro está em casa, mesmo não sendo ali a sua habitação. Essas construções oferecem ao homem um abrigo. Nelas, o homem de certo modo habita e não habita, se por habitar entende-se simplesmente possuir uma residência. Considerando-se a atual crise habitacional, possuir uma habitação é, sem dúvida, tranquilizador e satisfatório; prédios habitacionais oferecem residência. As habitações são hoje bem divididas, fáceis de se administrar, economicamente acessíveis, bem arejadas, iluminadas e ensolaradas. Mas será que as habitações trazem nelas mesmas a garantia de que aí acontece um *habitar*? As construções que não são uma habitação ainda continuam a se determinar pelo habitar uma vez que servem para o habitar do homem. Habitar seria, em todo caso, o fim que se impõe a todo construir. Habitar e construir encontram-se, assim, numa relação de meios e fins. Pensando desse modo, porém, tomamos habitar e construir por duas atividades separadas, o que não deixa de ser uma representação correta. As relações essenciais não se deixam, contudo, representar adequadamente através do esquema meio-fim. Construir não é, em sentido próprio, apenas meio para uma habitação. Construir já é em si mesmo habitar. Quem nos diz isso? Quem nos oferece de fato uma medida para dimensionarmos o vigor essencial do que seja habitar e construir? O acesso à essência de uma coisa nos advém da linguagem. Isso só acontece, porém, quando prestamos atenção ao vigor próprio da linguagem. Enquanto essa atenção não se dá, desenfreiam-se palavras, escritos, programas, numa avalanche sem fim. O homem se comporta como se *ele* fosse criador e senhor da linguagem, ao passo que *ela* permanece sendo a senhora do homem. Talvez seja o modo de o homem lidar com *esse* assenhoreamento que impele o seu ser para a via da estranheza. É salutar o cuidado com o dizer. Mas esse cuidado é em vão se a linguagem continuar apenas a nos servir como um meio de expressão. Dentre todos os apelos que nos falam e que nós homens podemos a partir de nós mesmos *contribuir* para se deixar dizer, a linguagem é o mais elevado e sempre o primeiro.

O que diz então construir? A palavra do antigo alto-alemão usada para dizer construir, *"buan"*, significa habitar. Diz: permanecer, morar. O significado próprio do verbo *bauen* (construir), a saber, habitar, perdeu-se. Um vestígio encontra-se resguardado ainda na palavra *"Nachbar"*, vizinho. O *Nachbar* (vizinho) é o *"Nachgebur"*, o *"Nachgebauer"*, aquele que habita a proximidade. Os verbos *buri, büren, beuren, beuron* significam todos eles o habitar, as estâncias e circunstâncias do habitar. Sem dúvida, a antiga palavra *buan* não diz apenas que construir é propriamente habitar, mas também nos acena como devemos pensar o habitar que aí se nomeia. Quando se fala em habitar, representa-se costu-

Construir, habitar, pensar

meiramente um comportamento que o homem cumpre e realiza em meio a vários outros modos de comportamento. Trabalhamos aqui e habitamos ali. Não habitamos simplesmente. Isso soaria até mesmo como uma preguiça e ócio. Temos uma profissão, fazemos negócios, viajamos e, a meio do caminho, habitamos ora aqui, ora ali. Construir significa originariamente habitar. Quando a palavra *bauen*, construir, ainda fala de maneira originária diz, ao mesmo tempo, *que amplitude* alcança o vigor essencial do habitar. *Bauen, buan, bhu, beo* é, na verdade, a mesma palavra alemã *"bin"*, eu sou nas conjugações *ich bin, du bist,* eu sou, tu és, nas formas imperativas *bis, sei,* sê, sede[1]. O que diz então: eu sou? A antiga palavra *bauen* (construir) a que pertence *"bin", "sou"*, responde: *"ich bin", "du bist"* (eu sou, tu és) significa: eu habito, tu habitas. A maneira como tu és e eu sou, o modo segundo o qual *somos* homens sobre essa terra é o *Buan*, o habitar. Ser homem diz: ser como um mortal sobre essa terra. Diz: habitar. A antiga palavra *bauen* (construir) diz que o homem *é* à medida que *habita*. A palavra *bauen* (construir), porém, significa *ao mesmo tempo*: proteger e cultivar, a saber, cultivar o campo, cultivar a vinha. Construir significa cuidar do crescimento que, por si mesmo, dá tempo aos seus frutos. No sentido de proteger e cultivar, construir não é o mesmo que produzir. A construção de navios, a construção de um templo produzem, ao contrário, de certo modo a sua obra. Em oposição ao cultivo, construir diz edificar. Ambos os modos de construir – construir como cultivar, em latim, *colere, cultura,* e construir como edificar construções, *aedificare* – estão contidos no sentido próprio de *bauen*, isto é, no habitar. No sentido de habitar, ou seja, no sentido de ser e estar sobre a terra, construir permanece, para a experiência cotidiana do homem, aquilo que desde sempre é, como a linguagem diz de forma tão bela, "habitual". Isso esclarece porque acontece um construir por detrás dos múltiplos modos de habitar, por detrás das atividades de cultivo e edificação. Essas atividades acabam apropriando-se com exclusividade do termo *ba-*

---

1. Cf. o capítulo "Sobre a gramática e etimologia da palavra 'ser'". HEIDEGGER, M. *Introdução à metafísica* [tradução E. Carneiro Leão]. Rio de Janeiro: Tempo Brasileiro, 1978, p. 81-101. [N.T.].

128 Ensaios e conferências

uen (construir) e com isso da própria coisa nele designada. O sentido próprio de construir, a saber, o habitar, cai no esquecimento.

Parece que esse acontecimento refere-se a uma transformação semântica ocorrida no mero âmbito das palavras. Na verdade, porém, aí se abriga algo muito decisivo: o fato de não mais se fazer a experiência de que habitar constitui o ser do homem, e de que não mais se pensa, em sentido pleno, que habitar é o traço fundamental do ser-homem.

Que a linguagem logo retome o significado próprio da palavra *bauen* (construir), testemunha, no entanto, o caráter originário desses significados. É que, nas palavras essenciais da linguagem, o que nelas se diz propriamente cai, com muita facilidade, no esquecimento, em favor do que se diz num primeiro plano. O homem ainda não chegou a pensar o mistério desse processo. A linguagem retrai para o homem o seu dizer simples e elevado. Mas isso não chega a emudecer o seu apelo inicial. O apelo apenas silencia. O homem não presta atenção a esse silêncio.

Ouvindo, porém, o que a linguagem diz na palavra *bauen* (construir), podemos perceber três coisas:

1. *Bauen*, construir é propriamente habitar;
2. *Wohnen*, habitar é o modo como os mortais são e estão sobre a terra;
3. No sentido de habitar, construir desdobra-se em duas acepções: construir, entendido como cultivo e o crescimento e construir no sentido de edificar construções.

Pensando com atenção esses três momentos, haveremos de encontrar um aceno e assim poderemos observar que, enquanto não pensarmos que todo construir é em si mesmo um habitar, não poderemos nem uma só vez *questionar* de maneira suficiente e muito menos decidir de modo apropriado o que o construir de construções é em seu vigor de essência. Não habitamos porque construímos. Ao contrário. Construímos e chegamos a construir à medida que habitamos, ou seja, à medida que somos *como aqueles que habitam*. Mas em que consiste o vigor essencial do habitar? Escutemos mais uma vez o dizer da linguagem: da mesma maneira que a antiga palavra *bauen*, o antigo saxão "*wuon*", o gótico "*wunian*"

Construir, habitar, pensar 129

significam permanecer, "de-morar-se". O gótico *"wunian"* diz, porém, com clareza ainda maior, como se dá a experiência desse permanecer. *Wunian* diz: ser e estar apaziguado, ser e permanecer em paz. A palavra *Friede* (paz) significa o livre, *Freie, Frye,* e *fry* diz: preservado do dano e da ameaça, preservado de..., ou seja, resguardado. Libertar-se significa propriamente resguardar. Resguardar não é simplesmente não fazer nada com aquilo que se resguarda. Resguardar é, em sentido próprio, algo *positivo* e acontece quando deixamos alguma coisa entregue de antemão ao seu vigor de essência, quando devolvemos, de maneira própria, alguma coisa ao abrigo de sua essência, seguindo a correspondência com a palavra libertar *(freien)*: libertar para a paz de um abrigo. Habitar, ser trazido à paz de um abrigo, diz: permanecer pacificado na liberdade de um pertencimento, resguardar cada coisa em sua essência. *O traço fundamental do habitar é esse resguardo.* O resguardo perpassa o habitar em toda a sua amplitude. Mostra-se tão logo nos dispomos a pensar que ser homem consiste em habitar e, isso, no sentido de um de-morar-se dos mortais sobre essa terra.

"Sobre essa terra" já diz, no entanto, "sob o céu". Ambos supõem *conjuntamente* "permanecer diante dos deuses" e isso "em pertencendo à comunidade dos homens". Os quatro: terra e céu, os divinos e os mortais, pertencem um ao outro numa unidade *originária*.

A terra é o sustento de todo gesto de dedicação. A terra dá frutos ao florescer. A terra concentra-se vasta nas pedras e nas águas, irrompe concentrada na flora e na fauna. Dizendo terra, já pensamos os outros três. Mas isso ainda não significa que se tenha pensado a simplicidade dos quatro.

O céu é o percurso em abóbadas do sol, o curso em transformações da lua, o brilho peregrino das estrelas, as estações dos anos e suas viradas, luz e crepúsculo do dia, escuridão e claridade da noite, a suavidade e o rigor dos climas, rasgo de nuvens e profundidade azul do éter. Dizendo céu, já pensamos os outros três. Mas isso ainda não significa que se tenha pensado a simplicidade dos quatro.

Os deuses são os mensageiros que acenam a divindade. Do domínio sagrado desses manifesta-se o Deus em sua atualidade ou se retrai em sua dissimulação. Se dermos nome aos deuses, já incluímos os outros três, mas não consideramos a simplicidade dos quatro.

Os mortais são os homens. Chamam-se mortais porque podem morrer. Morrer diz: ser capaz da morte *como* morte. Somente o homem morre e, na verdade, somente ele morre continuamente, ao menos enquanto permanecer sobre a terra, sob o céu, diante dos deuses. Nomeando os mortais, já pensamos os outros três. Mas isso ainda não significa que se tenha pensado a simplicidade dos quatro.

Chamamos de *quadratura* essa simplicidade. Em *habitando*, os mortais *são* na quadratura. O traço fundamental do habitar é, porém, resguardar. Os mortais habitam resguardando a quadratura em sua essência. De maneira correspondente, o resguardo inerente ao habitar tem quatro faces.

Os mortais habitam à medida que salvam a terra, tomando-se a palavra salvar em seu antigo sentido, ainda usado por Lessing. Salvar não diz apenas erradicar um perigo. Significa, na verdade: deixar alguma coisa livre em seu próprio vigor. Salvar a terra é mais do que explorá-la ou esgotá-la. Salvar a terra não é assenhorar-se da terra e nem tampouco submeter-se à terra, o que constitui um passo quase imediato para a exploração ilimitada.

Os mortais habitam à medida que acolhem o céu como céu. Habitam quando permitem ao sol e à lua a sua peregrinação, às estrelas a sua via, às estações dos anos as suas bênçãos e seu rigor, sem fazer da noite dia e nem do dia uma agitação açulada.

Os mortais habitam à medida que aguardam os deuses como deuses. Esperando, oferecem-lhes o inesperado. Aguardam o aceno de sua chegada sem deixar de reconhecer os sinais de suas errâncias. Não fazem de si mesmos deuses e não cultuam ídolos. No infortúnio, aguardam a fortuna então retraída.

Os mortais habitam à medida que conduzem seu próprio vigor, sendo capazes da morte como morte, fazendo uso dessa capacidade com vistas a uma boa morte. Conduzir os mortais ao vigor essencial da morte não significa, de modo algum, ter por meta a morte, entendida como o nada vazio; também não significa ofuscar o habitar através de um olhar rígido e cegamente obcecado pelo fim.

Salvando a terra, acolhendo o céu, aguardando os deuses, conduzindo os mortais, é assim que acontece propriamente um habitar. Acontece enquanto um resguardo de quatro faces da quadratura. Resguardar diz: abrigar a quadratura em seu vigor de essência. O que se toma para abrigar deve ser velado. Onde, porém,

Construir, habitar, pensar   131

o habitar guarda a sua essência quando resguarda a quadratura? Como os mortais trazem à plenitude o habitar no sentido desse resguardar? Os mortais jamais o conseguiriam se habitar fosse tão só uma de-mora sobre a terra, sob o céu, diante dos deuses, com os mortais. Habitar é bem mais um demorar-se junto às coisas. Enquanto resguardo, o habitar preserva a quadratura naquilo junto a que os mortais se demoram: nas coisas.

A demora junto às coisas é, no entanto, a mencionada simplicidade a quatro. Essa simplicidade constitui o resguardo, mas não como uma quinta coisa acrescentada. Ao contrário. A demora junto às coisas é o único modo em que a demora própria da simplicidade dos quatro alcança na quadratura uma plenitude consistente. No habitar, a quadratura se resguarda à medida que leva para as coisas o seu próprio vigor de essência. As coisas elas mesmas, porém, abrigam a quadratura *apenas quando* deixadas *como* coisas em seu vigor. Como isso acontece? Quando os mortais protegem e cuidam das coisas em seu crescimento. Quando edificam de maneira própria coisas que não crescem. Cultivar e edificar significam, em sentido estrito, construir. *Habitar é construir* desde que se preserve nas coisas a quadratura. Desse modo, encaminhamo-nos para a segunda pergunta:

II

Em que medida construir pertence ao habitar?

A resposta a essa pergunta nos esclarece o que é propriamente construir quando pensado a partir da essência do habitar. Limitemo-nos ao sentido de construir como edificação de coisas e perguntemos: o que é propriamente uma coisa construída? Tomaremos como exemplo para nossa reflexão uma ponte.

A ponte pende "com leveza e força" sobre o rio. A ponte não apenas liga margens previamente existentes. É somente na travessia da ponte que as margens surgem como margens. A ponte as deixa repousar de maneira própria uma frente à outra. Pela ponte, um lado se separa do outro. As margens também não se estendem ao longo do rio como traçados indiferentes da terra firme. Com as margens, a ponte traz para o rio as dimensões do terreno retraída em cada margem. A ponte coloca numa vizinhança recíproca a margem e o terreno. A ponte *reúne integrando* a terra como paisagem em torno do rio. A ponte conduz desse modo o rio pelos campos. Repousando impassíveis no leito do rio, os pilares da ponte sustentam a arcada do vão que permite o escoar das águas. A ponte está preparada para a inclemência do céu e sua essência sempre cambiante, tanto para o fluir calmo e alegre das águas, como para as agitações do céu com suas tempestades rigorosas, para o derreter da neve em ondas torrenciais abatendo-se sobre o vão dos pilares. Mesmo lá onde a ponte recobre o rio, ela mantém a correnteza voltada para o céu pelo fato de recebê-lo na abertura do arco e assim novamente liberá-lo.

A ponte permite ao rio o seu curso ao mesmo tempo em que preserva, para os mortais, um caminho para a sua trajetória e caminhada de terra em terra. A ponte da cidade conduz dos domínios do castelo para a praça da catedral. A ponte sobre o rio, surgindo da paisagem, dá passagem aos carros e aos meios de transporte para as aldeias dos arredores. Sobre o curso quase inaparente do rio, a antiga ponte de pedra leva, dos campos para a aldeia, o carro com a colheita, transporta o carregamento de madeira da estrada de terra para a rodovia. A ponte da autoestrada se estende em meio às linhas de tráfico calculadas para serem as mais velozes possíveis. Sempre e de maneira a cada vez diferente, a ponte conduz os caminhos hesitantes e apressados dos homens de forma que eles cheguem em outras margens, de forma que cheguem ao outro lado, como mortais. Em seus arcos, ora altos, ora quase planos, a ponte se eleva sobre o rio e o desfiladeiro. Quer os mortais prestem atenção, quer se esqueçam, a ponte se eleva sobre o caminho para que eles, os mortais, sempre a caminho da última ponte, tentem ultrapassar o que lhes é habitual e desafortunado e assim acolherem a bem-aventurança do divino. Enquanto passagem transbordante para o divino, a ponte cumpre uma *reunião integradora*. O divino está sempre vigorando, quer considerado com propriedade e *pensado* com visível *gratidão* na figura de um santo padroeiro, quer desconsiderado ou mesmo renegado.

Construir, habitar, pensar

A *seu* modo, a ponte *reúne integrando* a terra e o céu, os divinos e os mortais junto a si.

Reunião integradora é o que diz uma antiga palavra da língua alemã *"thing"*, coisa. Na verdade, *como* a reunião integradora da quadratura, a ponte é uma coisa. Supõe-se, certamente, que em sentido próprio a ponte é *apenas* ponte. Posterior e circunstancialmente, ela pode também exprimir outras coisas. Enquanto expressão, a ponte pode tornar-se, por exemplo, símbolo para tudo aquilo que mencionamos anteriormente. Se for autêntica, a ponte nunca é primeiro apenas ponte e depois um símbolo. A ponte tampouco é, de antemão, um símbolo, no sentido de exprimir algo que, em sentido rigoroso, a ela não pertence. Tomada em sentido rigoroso, a ponte nunca se mostra como expressão. A ponte é uma coisa e *somente isso*. Somente? Como essa coisa, ela reúne integrando a quadratura.

De há muito, nosso pensamento habituou-se a fixar a essência das coisas de forma *extremamente indigente*. No decurso do pensamento ocidental, a consequência desse hábito foi se representar a coisa como um X, dotado de propriedades sensíveis. Desse ponto de vista, tudo *aquilo que já pertence à essência reunidora e integradora dessa coisa* aparece, para nós, como algo acrescentado posteriormente mediante uma interpretação. Contudo, se a ponte não fosse apenas ponte, ela não seria uma coisa.

A ponte é, sem dúvida, uma coisa com características *próprias*. Ela reúne integrando a quadratura de *tal* modo que lhe propicia *estância e circunstância*. Mas somente isso que em *si mesmo* é um lugar, pode dar espaço a uma estância e circunstância. O lugar não está simplesmente dado antes da ponte. Sem dúvida, antes da ponte existir, existem ao longo do rio muitas posições que podem ser ocupadas por alguma coisa. Dentre essas muitas posições, uma pode se tornar um lugar e, isso, *através da ponte*. A ponte não se situa num lugar. É da própria ponte que surge um lugar. A ponte é uma coisa. A ponte reúne integrando a quadratura, mas reúne integrando no modo de propiciar à quadratura estância e circunstância. A partir dessa circunstância determinam-se os lugares e os caminhos pelos quais se arruma, se dá espaço a um espaço.

Coisas, que desse modo são lugares, são coisas que propiciam a cada vez espaços. Uma antiga acepção pode nos dizer o que designa essa palavra "espaço". Espaço (*Raum, Rum*) diz o lugar arrumado, liberado para um povoado, para um depósito. Espaço é algo espaçado, arrumado, liberado, num limite, em grego πέρας. O limite não é onde uma coisa termina, mas, como os gregos reconheceram, de onde alguma coisa *dá início à sua essência*. Isso explica por que a palavra grega para dizer conceito é ὁρισμος, limite. Espaço é, essencialmente, o fruto de uma arrumação, de um espaçamento, o que foi deixado em seu limite. O espaçado é o que, a cada vez, se propicia e, com isso, se articula, ou seja, o que se reúne de forma integradora através de um lugar, ou seja, através de uma coisa do tipo da ponte. *Por isso os espaços recebem sua essência dos lugares e não "do" espaço.*

Denominamos provisoriamente de construções as coisas que, como lugares, propiciam estâncias e circunstâncias. Têm esse nome porque se produzem através de uma construção edificante. Só podemos, no entanto, fazer a experiência de como deve ser essa produção, isto é, essa construção, quando tivermos pensado a essência de cada coisa que a construção, entendida como pro-duzir, exige para a sua consecução. Essas coisas são lugares que propiciam à quadratura uma estância e circunstância, que por sua vez arrumam e dão a cada vez espaço. Não só a relação entre lugar e espaço como também o relacionamento entre o lugar e o homem que nele se demora residem na essência dessas coisas assumidas como lugares. Procuraremos agora esclarecer a essência dessas coisas que chamamos de coisas construídas concentrando nossa reflexão em duas perguntas:

Por um lado: como o lugar se relaciona com o espaço? E por outro: qual a relação entre o homem e o espaço?

A ponte é um lugar. Como essa coisa, a ponte estancia um espaço em que se admitem terra e céu, os divinos e os mortais. O espaço estanciado pela ponte contém vários lugares, alguns mais próximos e outros mais distantes da ponte. Esses lugares podem, certamente, ser fixados como simples posições entre as quais subsiste um intervalo mensurável. Um intervalo, em grego um στάδιον, foi sempre espaçado mediante meras posições. O espaço

Construir, habitar, pensar 135

arrumado pelas posições é um espaço bem específico. Enquanto intervalo, enquanto estádio é aquilo que se diz com a palavra latina "*spatium*", ou seja, um espaço-entre. É assim que proximidade e distância podem se tornar simples distanciamentos entre homens e coisas, intervalos de um espaço-entre. Num espaço representado meramente como *spatium*, a ponte se mostra como uma coisa qualquer que ocupa uma posição, a qual pode ser a todo momento ocupada por qualquer outra coisa ou até mesmo substituída por uma mera demarcação. Mas isso só não basta. Do espaço entendido como um espaço entre extraem-se as relações de altura, largura, profundidade. Isso que assim se extrai, em latim o *abstractum*, costuma-se representar como a pura multiplicidade das três dimensões. Mas o que dá espaço a essa multiplicidade não se deixa determinar por intervalos. O que dá espaço não é mais nenhum *spatium*, e sim somente uma *extensio* – extensão. Como *extensio*, o espaço ainda se deixa abstrair mais uma vez, a saber, em relações analíticas e algébricas. Estas dão espaço à possibilidade de uma construção puramente matemática de uma multiplicidade de quantas dimensões se queira. A isso que matematicamente se dá espaço pode-se chamar de "o" espaço. Só que, nesse sentido, "o" espaço não contém espaços e lugares. No espaço, jamais encontramos lugares, jamais encontramos coisas do tipo de uma ponte. Já nos espaços, espaçados, arrumados pelos lugares, sempre se descobre o espaço como um espaço-entre e, nesse novamente, o espaço como pura extensão. *Spatium* e *extensio* tornam possível, a cada vez, tanto o dimensionar das coisas segundo intervalos, lapsos, e direções como o cálculo dessa medida. A questão é só o fato de poderem ser aplicados de modo *universal* a tudo que possui extensão não justifica que os números da medida e das dimensões constituam o *fundamento* da essência dos espaços e dos lugares, dimensionados através do matemático. Não caberia discutir aqui por que a física moderna viu-se também obrigada pelos próprios fatos a representar o meio espacial do espaço cósmico como a unidade de um campo, determinado pelo corpo enquanto centro dinâmico. Os espaços que percorremos diariamente são "arrumados" pelos lugares, cuja essência se fundamenta nesse tipo de coisa que chamamos de coisas construídas. Considerando-se com atenção a essas relações entre o lugar e os espaços, entre os espaços e o espa-

136 Ensaios e conferências

ço, poderemos adquirir uma base para pensar a relação entre o homem e o espaço.

Quando se fala do homem e do espaço, entende-se que o homem está de um lado e o espaço de outro. O espaço, porém, não é algo que se opõe ao homem. O espaço nem é um objeto exterior e nem uma vivência interior. Não existem homens e, além deles, *espaço*. Ao se dizer "um homem" e ao se pensar nessa palavra aquele que é no modo humano, ou seja, que habita, já se pensa imediatamente no nome "homem" a demora, na quadratura, junto às coisas. Mesmo quando nos relacionamos com coisas que não se encontram numa proximidade estimável, demoramo-nos junto às coisas elas mesmas. O que fazemos não é simplesmente representar, como se costuma ensinar, dentro de nós coisas distantes de nós, deixando passar em nosso interior e na nossa cabeça representações como sucedâneos das coisas distantes. Se agora – nós todos – lembrarmos em pensamento da antiga ponte de Heidelberg, esse levar o pensamento a um lugar não é meramente uma vivência das pessoas aqui presentes. Na verdade, pertence à essência desse nosso pensar *sobre* essa ponte o fato de o pensamento poder *ter sobre si* a distância relativa a esse lugar. A partir desse momento em que pensamos, estamos juntos daquela ponte lá e não junto a um conteúdo de representação armazenado em nossa consciência. Daqui podemos até mesmo estar bem mais próximos dessa ponte e do espaço que ela dá e arruma do que alguém que a utiliza diariamente como um meio indiferente de atravessar os espaços e, com eles, "o" espaço, já sempre encontraram um espaço na de-mora dos mortais. Os espaços abrem-se pelo fato de serem admitidos no habitar do homem. Os mortais *são*, isso significa: *em habitando* têm sobre si espaços em razão de sua de-mora junto às coisas e aos lugares. E somente porque os mortais têm sobre si o seu ser de acordo com os espaços é que podem atravessar espaços. Atravessando, não abrimos mão desse ter sobre si. Ao contrário. Sempre atravessamos espaços de maneira que já os temos sobre nós ao longo de toda travessia, uma vez que sempre nos de-moramos junto a lugares próximos e distantes, junto às coisas. Quando começo a atravessar a sala em direção à saída, já estou lá na saída. Não me seria possível percorrer a sala se eu não fosse de tal modo que sou aquele que está lá. Nunca estou somente aqui como um corpo encapsulado,

Construir, habitar, pensar 137

mas estou lá, ou seja, tendo sobre mim o espaço. É somente assim que posso percorrer um espaço.

Mesmo fechando-se "dentro de si mesmos", os mortais não deixam de pertencer à quadratura. Quando nos recolhemos – como se diz – dentro de nós mesmos, é a partir das coisas que chegamos dentro de nós, ou seja, *sem abrir mão* da de-mora junto às coisas. Mesmo a falta de contato com as coisas, que sucede em estados depressivos, não seria possível se esse estado não continuasse a ser um estado caracteristicamente humano, ou seja, ainda assim uma de-mora *junto* às coisas. Somente porque essa de-mora determina o ser homem é que as coisas podem *não* nos tocar e *nada* nos dizer.

A referência do homem aos lugares e através dos lugares aos espaços repousa no habitar. A relação entre homem e espaço nada mais é do que um habitar pensado de maneira essencial.

Nessa tentativa de pensar atentamente tanto a relação entre lugar e espaço como também o relacionamento entre homem e espaço, essência das coisas, que são lugares e que chamamos de coisas construídas, ganha uma luz.

A ponte é uma coisa desse tipo. O lugar acolhe, numa circunstância, a simplicidade de terra e céu, dos divinos e dos mortais, à medida que edifica em espaços a circunstância. É num duplo sentido que o lugar dá espaço à quadratura. O lugar *deixa ser* a quadratura e o lugar *edifica* a quadratura. Dar espaço no sentido de deixar ser e dar espaço no sentido de edificar se pertencem mutuamente. Enquanto um duplo dar espaço, o lugar é um abrigo da quadratura e, como ainda diz a mesma palavra, *Huis, Haus*, uma moradia. Coisas semelhantes a esses lugares dão moradia à demora dos homens. Coisas semelhantes a esses lugares são moradias, mas não necessariamente habitações, em sentido estrito.

Produzir tais coisas é construir. Sua essência consiste em corresponder à espécie dessas coisas. As coisas são lugares que propiciam espaços. Construir é edificar lugares. Por isso, construir é um fundar e articular espaços. Construir é produzir espaços. Com a articulação de seus espaços, o espaço emerge necessariamente como

138 Ensaios e conferências

spatium e como *extensio* na conjuntura dotada do caráter de coisa construída. O construir, porém, nunca configura "o" espaço. Nem de forma imediata, nem de forma mediata. Assim é que, por produzir coisas como lugares, o construir está mais próximo da essência dos espaços e da proveniência essencial "do" espaço do que toda geometria e matemática. Construir significa edificar lugares que propiciam estância e circunstância à quadratura. A partir do plissado simples a que pertencem a terra e o céu, os divinos e os mortais, o construir *recebe* a *indicação* (*Weisung*) de que necessita para edificar os lugares. O construir *recebe*, a partir da quadratura, a medida para todo dimensionamento e medição dos espaços que se abrem, a cada vez, com os lugares fundados. As coisas construídas preservam a quadratura. São coisas que, a seu modo, resguardam a quadratura. Resguardar a quadratura, salvar a terra, acolher o céu, aguardar os divinos, acompanhar os mortais, esse resguardo de quatro faces é a essência simples do habitar. As coisas construídas com autenticidade marcam a essência dando moradia a essa essência.

O construir assim caracterizado é um deixar-habitar privilegiado. Se *é* mesmo assim, então o construir é um já *ter* correspondido ao dizer da quadratura. Todo plano tem nessa correspondência o seu fundamento, abrindo, desse modo, os âmbitos adequados para as linhas do projeto.

Quando se tenta pensar a essência do construir que edifica com base num deixar-habitar, faz-se uma experiência mais clara do que seja o produzir em que se consuma e plenifica o construir. Costumamos considerar que produzir é uma atividade cujos procedimentos devem alcançar um resultado, a saber, a construção acabada. Essa é, sem dúvida, uma representação possível do que seja produzir. Com ela pode-se apreender corretamente o que seja produzir, mas não se consegue encontrar a essência do produzir. Em sua essência, produzir é conduzir para diante de..., é pro-duzir. O construir conduz, de fato, a quadratura *para* uma coisa, a ponte, e conduz a coisa colocando-a *diante* do que já está vigorando, e que somente agora *através* desse lugar recebe um espaço.

Produzir, em grego, é *tíkto* (τίκτω). À raiz *tec* desse verbo é comum a palavra *tékhne* (τέχνη). *Tékhne* não significa, para os gre-

Construir, habitar, pensar 139

gos, nem arte, nem artesanato, mas um deixar-aparecer algo como isso ou aquilo, dessa ou daquela maneira, no âmbito do que já está em vigor. Os gregos pensam a *tékhne* (τέχνη), o produzir, a partir do deixar-aparecer. A *tékhne* (τέχνη) a ser pensada desse modo, de há muito, se resguarda no tectônico do arquitetônico. Ela se resguarda, ainda mais recentemente e de forma decisiva, no técnico da técnica dos motores pesados. A essência do produzir que constrói não se deixa, porém, pensar nem a partir da arquitetura, nem da engenharia e nem tampouco a partir da mera combinação de uma e de outra. O produzir que constrói *também* não se deixaria determinar de forma adequada se quiséssemos pensá-lo no sentido originariamente grego de *tékhne* (τέχνη), ou seja, *somente* como um deixar-aparecer que traz o produzido como uma coisa vigente para o meio de coisas já em vigor.

A essência de construir é deixar-habitar. A plenitude de essência é o edificar lugares mediante a articulação de seus espaços. *Somente em sendo capazes de habitar é que podemos construir.* Pensemos, por um momento, numa casa camponesa típica da Floresta Negra, que um habitar camponês ainda sabia construir há duzentos anos atrás. O que edificou essa casa foi a insistência da capacidade de deixar terra e céu, divinos e mortais serem, *com simplicidade*, nas coisas. Essa capacidade situou a casa camponesa na encosta da montanha, protegida contra os ventos e contra o sol do meio-dia, entre as esteiras dos prados, na proximidade da fonte. Essa capacidade concedeu-lhe o telhado de madeira, o amplo vão, a inclinação íngreme das asas do telhado a fim de suportar o peso da neve e de proteger suficientemente os cômodos contra as longas tormentas das noites de inverno. Essa capacidade não esqueceu o oratório atrás da mesa comensal. Deu espaço aos lugares sagrados que são berço da criança e a "árvore dos mortos", expressão usada ali para designar o caixão do morto. Deu espaço aos vários quartos, prefigurando, assim, sob um mesmo teto, as várias idades de uma vida, no curso do tempo. Quem construiu a casa camponesa foi um trabalho das mãos surgido ele mesmo de um habitar que ainda faz uso de suas ferramentas e instrumentos como coisas.

Somente em sendo capazes de habitar é que podemos construir. A referência à casa camponesa na Floresta Negra não significa, de modo algum, que devemos e podemos voltar a construir desse modo. A referência apenas torna visível, num já *ter-sido* um habitar, como *o habitar* foi capaz de construir.

Habitar é, porém, o *traço essencial* do ser de acordo com o qual os mortais são. Quem sabe se nessa tentativa de concentrar o pensamento no que significa habitar e construir torne-se mais claro que ao habitar pertence um construir e que dele recebe a sua essência. Já é um enorme ganho se habitar e construir tornarem-se *dignos de se questionar* e, assim, permanecerem *dignos de se pensar*.

O caminho de pensamento aqui ensaiado deve testemunhar, por outro lado, que o pensar, assim como o construir, pertence ao habitar, se bem que de modo diverso.

Construir e pensar são, cada um a seu modo, indispensáveis para o habitar. Ambos são, no entanto, insuficientes para o habitar se cada um se mantiver isolado, cuidando do que é seu ao invés de escutar um ao outro. Essa escuta só acontece se ambos, construir e pensar, pertencem ao habitar, permanecem em seus limites e sabem que tanto um como outro provém da obra de uma longa experiência e de um exercício incessante.

Buscamos concentrar o pensamento na essência do habitar. O passo seguinte, nesse sentido, seria perguntar: o que acontece com o habitar nesse nosso tempo que tanto dá a pensar? Fala-se por toda parte e com razão de crise habitacional. E não apenas se fala, mas se põe a mão na massa. Tenta-se suplantar a crise através da criação de conjuntos habitacionais, incentivando-se a construção habitacional mediante um planejamento de toda a questão habitacional. Por mais difícil e angustiante, por mais avassaladora e ameaçadora que seja a falta de habitação, a *crise propriamente dita do habitar* não se encontra, primordialmente, na falta de habitações. A crise propriamente dita de habitação é, além disso, mais antiga do que as guerras mundiais e as destruições, mais antiga também do que o crescimento populacional na terra e a situação do trabalhador industrial. A crise propriamente dita do habitar consiste em que os mortais precisam sempre de novo buscar a essência do habitar, consiste em que os mortais *devem primeiro aprender a habitar*. E se o desenraizamento do homem

Construir, habitar, pensar

fosse precisamente o fato de o homem não pensar de modo algum a crise habitacional *propriamente dita como a* crise? Tão logo, porém, o homem *pensa* o desenraizamento, este deixa de ser uma miséria. Rigorosamente pensado e bem resguardado, o desenraizamento é o único apelo que *convoca* os mortais para um habitar.

De que outro modo, porém, os mortais poderiam corresponder a esse apelo senão tentando, na parte que *lhes* cabe, conduzir o habitar a partir de si mesmo até a plenitude de sua essência? Isso eles fazem plenamente construindo a partir do habitar e pensando em direção ao habitar.

Tradução de Marcia Sá Cavalcante Schuback

A COISA

Todo distanciamento no tempo e todo afastamento no espaço estão encolhendo. Ontem, o homem levava semanas, senão meses para chegar onde, hoje, o avião o leva da noite para o dia. O que, outrora, somente depois de anos, se sabia ou até nunca se vinha a saber, agora, o rádio toda hora anuncia, no mesmo instante. Os processos de germinação e desenvolvimento de tudo, que nascia e crescia na vegetação, se mantinham escondidos durante as estações do ano, hoje o filme os leva a público num minuto. Os lugares afastados das culturas mais antigas, os filmes no-los mostram como se estivessem no trânsito das ruas e avenidas. E ainda o comprovam, apresentando, junto em plena atividade, as filmadoras e os técnicos, que as operam. Mas é a televisão que atinge o cúmulo da supressão de qualquer distanciamento. Logo, logo a televisão vai correr atrás e controlar todo o burburinho do tráfego.

O homem está superando as longitudes mais afastadas no menor espaço de tempo. Está deixando para trás de si as maiores distâncias e pondo tudo diante de si na menor distância.

E, no entanto, a supressão apressada de todo distanciamento não lhe traz proximidade. Proximidade não é pouca distância. O que, na perspectiva da metragem, está perto de nós, no menor afastamento, como na imagem do filme ou no som do rádio, pode estar longe de nós, numa grande distância. E o que, do ponto de vista da metragem, se acha longe, numa distância incomensurável, pode-nos estar bem próximo. Pequeno distanciamento ainda não é proximidade, como um grande afastamento ainda não é distância.

Mas o que é, então, proximidade se não se dá nem mesmo quando o distanciamento mais longo se torna a distância mais curta? O que é a proximidade, quando mesmo a supressão, sem descanso, dos afastamentos nem a resguarda? O que é a proximidade quando, em sua falta, até a distância se ausenta?

144 Ensaios e conferências

O que acontece quando, na supressão dos grandes distanciamentos, tudo se torna igualmente próximo e igualmente distante? O que é esta igualdade em que tudo não fica nem distante nem próximo, como se fosse sem distância?

Tudo está sendo recolhido à monotonia e uniformidade do que não tem distância. Como assim? Será que tal recolhimento é ainda mais angustiante do que a explosão de tudo? O homem se estarrece com o que poderia ocorrer na explosão das bombas atômicas. O homem não percebe o que, de há muito, já está acontecendo, e está acontecendo, num processo, cujo dejeto mais recente é a bomba atômica e sua explosão, para não falar na bomba de hidrogênio. Pois, levada às últimas possibilidades, bastaria apenas a sua espoleta para eliminar toda a vida na terra. O que esta angústia desesperada ainda está esperando, quando o terror se está dando e o horror já está acontecendo?

Horror e terror é o poder que joga para fora de sua essência, sempre vigente, tudo o que é e está sendo. Em que consiste este poder de horror e terror? Ele se mostra e se esconde na maneira *como*, hoje, tudo está em voga e se põe em vigor, a saber, no fato de, apesar da superação de todo distanciamento e de qualquer afastamento, a proximidade dos seres estar ausente.

Que há com a proximidade? Como poderemos fazer a experiência de sua vigência? Parece que a proximidade não é algo que, direta e imediatamente, se possa encontrar. O que, assim, se consegue é, antes, o próximo, o que se acha nas proximidades. Ora, na proximidade, está o que costumamos chamar de coisa. Que é uma coisa? Há quanto tempo o homem já refletiu e perguntou pela coisa? Quantas vezes e de quantas formas o homem já usou e abusou da coisa? Com quanta profundidade já explicou as coisas, de acordo com seus propósitos, e explicou, no sentido de reconduzi-las às suas causas? De há muito, o homem lida e continua sempre a lidar com as coisas, sem, no entanto, pensar, uma vez sequer, a coisa, como coisa! Até hoje, o homem não pensou a coisa, em seu modo de ser coisa, como não o fez também com a proximidade. Coisa é uma jarra. Que é uma jarra? – Nós dizemos: um receptáculo, algo que recebe outro dentro de si, um recipiente. O que, na jarra, recebe é parede e fundo. Pode-se receber o recipiente, seguran-

A coisa

do pela asa. Como receptáculo, a jarra subsiste em si por si mesma. O ser e estar em si por si mesma caracteriza a jarra, como algo subsistente. Subsistência de um subsistente, a jarra se distingue de um objeto, isto é, de algo que subsiste por opor-se e contrapor-se a um sujeito. Um subsistente pode tornar-se objeto, quando o colocamos diante de nós, seja na percepção imediata, seja na presentificação da memória. Mas o ser coisa da coisa não está em se fazer dela objeto de uma representação nem em determiná-la, a partir e pela objetividade do objeto, mesmo se o opor-se e contrapor-se do objeto não se reduzir meramente à conta da representação do sujeito, mas deixar todo opor-se e contrapor-se, como tarefa do próprio objeto.

A jarra continua receptáculo, quer a representemos ou não. Com ser receptáculo, a jarra subsiste em si por si mesma. Todavia, o que poderá dizer que um recipiente subsiste em si por si mesmo? Será que este subsistir do receptáculo já determina a jarra, como uma coisa? A jarra, na verdade, só subsiste como receptáculo à medida que foi conduzida a ser e estar em si mesma. Sem dúvida, é o que aconteceu e acontece numa con-dução especial, a saber, pela pro-dução. O oleiro molda a jarra com a argila escolhida especificamente da terra e preparada para a moldagem. A jarra é feita de argila. Com a argila de que é feita, a jarra pode pousar no chão da terra, seja diretamente, seja indiretamente, sobre uma mesa ou banco. A pro-dução faz a jarra subsistir em si. Tomando, assim, a jarra, como um receptáculo pro-duzido, nós a tomamos, na verdade, como uma coisa, e não, como simples objeto, ao menos é o que parece.

Ou será que, mesmo então, ainda tomamos a jarra, como objeto? De fato. Sem dúvida, já não será apenas o objeto de uma mera representação, mas, em compensação, será o objeto, que uma pro-dução pro-duz e a-duz, pondo defronte de nós. O subsistir em si por si mesmo parecia caracterizar a jarra, como coisa. Na verdade, porém, pensamos o ser e estar em si pela pro-dução e a partir dela. Pois a subsistência é a meta a que visa a pro-dução. Neste sentido, pensa-se a subsistência, ainda e apesar de tudo, pela objetividade, embora o opor-se e contrapor-se do objeto pro-duzido já não se baseie numa simples representação. De fato, da objetividade do objeto e da subsistência em si, nenhum caminho leva ao modo próprio de ser coisa da coisa, a coisalidade.

Que é o coisal da e na coisa? Que é a coisa em si mesma? Somente depois de pensar a coisa, como coisa, é que se pode chegar à coisa em si mesma.

A jarra é uma coisa, como receptáculo. Sem dúvida, o recipiente do receptáculo necessita ser pro-duzido. Todavia, ser pro-duzido pelo oleiro não constitui nem perfaz, de forma alguma, o ser próprio da jarra, à medida que e enquanto o seu ser é a jarra. A jarra não é receptáculo por ter sido pro-duzida, ao contrário, ela teve de ser pro-duzida, por ser e para ser este receptáculo, que é uma jarra.

É, com certeza, a pro-dução, que deixa a jarra intro-duzir-se no modo próprio de seu ser. Contudo, este modo próprio de ser da jarra nunca tem sua propriedade da pro-dução. Liberada dos vencilhos da moldagem, a jarra se recolhe e concentra em receber. Certamente, no processo de pro-dução, a jarra tem de apresentar, primeiro, ao pro-dutor o perfil e a fisionomia de seu ser. Mas esta apresentação do modo de ser no perfil e na fisionomia (εἶδος, ἰδέα) de jarra só a distingue e caracteriza, dentro da perspectiva, em que o receptáculo a ser pro-duzido se põe, quando encara o processo de pro-dução.

O que o modo de ser do receptáculo, que se deixa ver no perfil de jarra, é e o que a jarra é, como esta coisa propriamente dita jarra, isso nunca se deixa experienciar e muito menos pensar na perspectiva do perfil, da ἰδέα. Platão pensou a vigência do vigente apenas pelo perfil de seu ser. Assim pensando, ele não pensou a vigência essencial da coisa, como também não o fizeram Aristóteles e todos os pensadores posteriores. De modo decisivo para toda a posteridade, Platão fez a experiência de todo ser vigente, como objeto de pro-dução de um pro-dutor. Em vez de objeto, dizemos, com mais precisão de pensamento: pro-duto. Pois, na vigência total dos pro-dutos, opera e vigora um duplo pro-duzir: de um lado, um pro-duzir, no sentido de provir de..., quer se trate de emergir por si mesmo ou de ser pro-duzido; de outro, um pro-duzir, no sentido de inserir o pro-duzido num espaço de desencobrimento já vigente.

É que toda apresentação de um vigente, como pro-duto e/ou como objeto, nunca chega até à coisa, como coisa. O ser coisa da jarra está em ser ela um receptáculo. Enchendo a jarra, percebemos

A coisa

logo o recipiente do receptáculo. Fundo e paredes se ocupam, claramente, da recepção. Mas vamos devagar! Ao encher a jarra de vinho, será mesmo que vazamos o vinho nas paredes e no fundo? No máximo, derramamos o vinho entre as paredes e sobre o fundo. Parede e fundo são, certamente, o impermeável do receptáculo. Impermeável ainda não é, porém, recipiente. Ao encher a jarra, o líquido vaza para dentro da jarra vazia. O vazio é o recipiente do receptáculo. O vazio, o nada na jarra, é que faz a jarra ser um receptáculo, que recebe.

E, não obstante, a jarra consta realmente de parede e fundo. E é com aquilo de que consta, que a jarra se põe e fica de pé. Pois, que seria de uma jarra que não ficasse em pé? Seria, no mínimo, uma jarra fracassada. Sem dúvida, ainda seria sempre jarra, a saber, um receptáculo, que recebe, mas, caindo continuamente, deixaria vazar o recebido. É que vazar só pode mesmo um receptáculo!

Parede e fundo, de que é feita a jarra e com que fica em pé, não perfazem propriamente o recipiente. Caso, porém, este estivesse no vazio da jarra, então, o oleiro, que molda, no torno, parede e fundo, não fabrica, propriamente, a jarra; ele molda, apenas, a argila. Pois é para o vazio, no vazio e do vazio que ele conforma, na argila, a conformação de receptáculo. O oleiro toca, primeiro, e toca, sempre, no intocável do vazio e, ao pro-duzir o recipiente, o con-duz à configuração de receptáculo. É o vazio da jarra que determina todo tocar e apreender da pro-dução. O ser coisa do receptáculo não reside, de forma alguma, na matéria, de que consta, mas no vazio, que recebe.

Mas, e a jarra, estará realmente vazia?

A física nos assegura que a jarra está cheia de ar e de tudo que compõe o ar. Apoiando-nos no vazio da jarra, apenas nos deixamos seduzir por um modo de avaliar meio poético.

Tão logo, porém, acedemos a investigar cientificamente a jarra real, em sua realidade, surge uma outra conjuntura. Ao vazar o vinho na jarra, o ar, que já enche a jarra, é deslocado e substituído por um líquido. Do ponto de vista da ciência, encher a jarra equivale a trocar um conteúdo por outro.

148 Ensaios e conferências

Estas indicações da física são, sem dúvida, corretas. Com elas, a ciência apresenta o real, pelo qual ela objetivamente se rege, por isso, cor-retas. Mas será que a jarra é este real? – De forma alguma. A ciência sempre se depara e se encontra, apenas, com o que *seu* modo de representação, previamente, lhe permite e lhe deixa, como objeto possível.

Diz-se que o conhecimento da ciência é dotado de uma força constrangente. Mas onde está e reside esta constrangência? Em nosso caso, na constrangência de abandonar a jarra cheia de vinho, e pôr, em seu lugar, um espaço oco, onde um líquido se espalha. A ciência faz da coisa-jarra algo negativo, enquanto não deixar as coisas mesmas serem a medida e o parâmetro.

O conhecimento da ciência, que é constrangente em seu âmbito, ou seja, o setor dos objetos, já anulou as coisas, como coisas, muito antes de a bomba atômica explodir. Esta explosão é, apenas, a confirmação mais grosseira dentre todas as outras, de que a anulação da coisa, de há muito, já aconteceu. É a afirmação de que a coisa, como coisa, virou nada. Esta redução a nada inquieta tanto, por trazer consigo uma dupla cegueira. De um lado, por induzir que, antes de qualquer outra experiência, ela atinge o real em sua realidade; de outro, por criar a ilusão de que, apesar da pesquisa científica do real, as coisas pudessem continuar sendo coisas, o que pressuporia que elas já tivessem vigido e estado em vigor, como coisas. Se, porém, as coisas já se tivessem mostrado, *como* coisas, o ser coisa das coisas, a coisalidade, já se teria manifestado, já teria reivindicado e preocupado o pensamento. Na verdade, porém, a coisa, como coisa, continua vedada e proibida, continua reduzida a nada e, neste sentido, anulada. É o que aconteceu e acontece, de modo tão essencial, que não somente já não se permite nem aceita que as coisas sejam, como também que jamais tenham podido aparecer, como coisas.

Em que repousa e se planta este não aparecimento da coisa, como coisa? Será que o homem simplesmente se descuidou de apresentar a coisa, como coisa? Ora, o homem só se descura do que já lhe foi destinado. O homem só pode apresentar, de qualquer maneira que seja, o que, antes, já se iluminou e clareou, por si mesmo, e se lhe apareceu, em sua própria luz e claridade.

A coisa 149

Que é, então, a coisa, como coisa, cuja vigência ainda não pode nem teve condições de aparecer?

Será que a coisa nunca chegou suficientemente perto da proximidade do homem, de maneira que ele ainda não aprendeu inteiramente a dar-se conta e a reparar a coisa, como coisa? Que é proximidade? Esta pergunta já foi levantada. É, para fazer-lhe a experiência, que interrogamos a jarra em sua proximidade.

Em que se baseia e assenta o ser-jarra da jarra? De repente, o perdemos de vista e justamente no momento em que predominou a ilusão de que a ciência nos pudesse esclarecer sobre a realidade da jarra real. Representamos a ação do receptáculo, o que nele há de receptivo, a saber, o vazio, como um espaço oco cheio de ar. Tal é, na perspectiva da física, o vazio real. Mas não é o vazio da jarra. Não deixamos o vazio ser *o* vazio da jarra. Não levamos em conta o que é o recipiente no receptáculo. Não pensamos o modo em que a própria recepção vigora em si mesma. É por isso que também teve de nos escapar o que a jarra recebe. Para a representação da ciência, o vinho se tornou mero líquido, um agregado universalmente possível de substâncias. Deixamos de refletir e pensar no que a jarra recebe e como o faz.

Como é que o vazio da jarra recebe? Ele recebe, acolhendo o que nele se vaza. Ele recebe, retendo o recebido. O vazio recebe de dois modos: acolhendo e retendo. Por isso, o verbo "receber" é ambíguo. Tanto o acolher da vaza como o reter do vazado pertencem, porém, reciprocamente um ao outro. Sua união se determina pelo vazar com que se acha em sintonia a jarra, como jarra. Assim, a recepção dupla do vazio repousa, portanto, na vaza. Somente como vaza é que a recepção se faz e se torna tal como ela é. O vazar da jarra é doar. É no doar da vaza que vige e vigora o recipiente do receptáculo. Todo receber necessita do vazio, como recipiente. A vigência do vazio recebedor se recolhe e concentra em doar. É que doar é mais rico do que um simples dispensar. O doar reúne em si aquela dupla recepção e a recolhe à vaza. Chamamos de montanha uma reunião de montes. Assim também chamamos de doação a reunião daquela dupla recepção na vaza, que, em conjunto, constitui e perfaz, então, a vigência plena e completa da doação. Até a jarra vazia resguarda e retém sua vigência a partir e pela doação, apesar de a jarra vazia não permitir nenhuma doação. Esta não permissão é, contudo, própria da jarra e somente da jarra. Uma foice, ao contrário, ou um martelo não são capazes de uma não permissão destas, isto é, de não permitir doação da vaza.

A doação da vaza pode ser uma bebida. Então ela dá água, ela dá vinho para beber.

Na água doada, perdura a fonte. Na fonte perdura todo o conjunto das pedras e todo o adormecimento obscuro da terra, que recebe chuva e orvalho do céu. Na água da fonte, perduram as núpcias de céu e terra. As núpcias perduram no vinho que a fruta da vinha concede e no qual a força alimentadora da terra e o sol do céu se confiam um ao outro. Na doação da água, na doação do vinho perduram, cada vez, céu e terra. A doação da vaza é, porém, o ser-jarra da jarra. Na vigência da jarra, perduram céu e terra.

A doação da vaza é bebida para os mortais. É ela que lhes refresca a sede. É ela que lhes refrigera o lazer. É ela que lhes alegra os encontros, a convivência. Mas, às vezes, o dom da jarra se doa na e para uma consagração. Desta vez, a vaza de sagração não mata a sede, acalenta a celebração da festa, no aconchego do alto. Aqui a doação da vaza nem se doa numa tenda nem se faz bebida dos mortais. Agora a vaza se torna poção dedicada aos imortais. A doação da vaza encontra, na poção, o dom, em sentido próprio. É no dom da poção consagrada que, ao vazar, a jarra vive, como doação dispensatriz de dons. Poção sagrada é o que, propriamente, evoca a palavra *"Guss"*, "vaza", a saber: dádiva e sacrifício. "Vaza" e "vazar" é, em grego, χέειν, no indo-europeu *ghu*, com o sentido de oferta sacrificial. Consumado na plenitude de sua vigência, pensado no apelo de sua provocação e dito na fidelidade de sua eloquência, vazar significa: oferecer, sacrificar e, assim, doar. Tal é o único motivo por que, ao apequenar-se, em sua vigência essencial, vazar pode reduzir-se a um mero derramar dentro ou fora, até chegar, por fim, a degenerar numa pura e simples venda de bebidas. Vazar não diz apenas verter para dentro e para fora.

Na doação da vaza, no sentido de bebida, vivem, a seu modo, os mortais. Na doação da vaza, entendida como oferenda, vivem, a

A coisa

seu modo, os imortais, que recebem de volta, na doação da oferta, a doação da dádiva. Na doação da vaza, vivem, cada qual de modo diferente, os mortais e imortais. Na doação da vaza, vivem terra e céu. Na doação da vaza, vivem, *em conjunto*, terra e céu, mortais e imortais. Os quatro pertencem, a partir de sua união, a uma conjunção. Antecipando-se a todos os seres, eles se conjugam numa única quadratura de reunião.

Na doação da vaza vive a simplicidade dos quatro.

A doação da vaza doa à medida que deixa morar, numa moradia, terra e céu, mortais e imortais. Mas morar já não diz agora a simples permanência de algo meramente dado. Morar apropria propriedades. Leva os quatro à clareira do próprio de cada um. A partir de sua simplicidade, eles se recomendam e se confiam reciprocamente uns aos outros. É na reunião desta recíproca fiança que eles se des-velam e des-cobrem que são o que são. A doação da vaza deixa morar, na simplicidade, a quadratura dos quatro. Ora, na doação da vaza, vive e vigora a jarra, como jarra. A dupla recepção, o recipiente, o vazio e a vaza, como libação de oferenda. O que se recolhe, na doação, recolhe-se a si mesmo, ao deixar e para deixar morar a quadratura na apropriação de sua propriedade. É neste recolher numa simplicidade múltipla de conjunção que vive a vigência e o vigor da jarra. Uma antiga palavra de nossa língua evoca esta força de reunião e acolhimento – *thing*. A vigência da jarra reside em morar na reunião puramente doadora desta quadratura de união. É a conjunção de coisa. É o que significa dizer: a jarra é jarra, como coisa. Mas como é que a coisa vige e vigora? A coisa coisifica, no sentido de, como coisa, reunir e conjugar, numa unidade, as diferenças. A coisa, como coisa, reúne e conjuga. Este coisificar não faz senão recolher. Na apropriação da quadratura, em sua propriedade, a coisificação ajunta-lhe a passagem por cada momento de duração: nesta e naquela coisa.

Reservamos o termo coisa para a vigência da jarra experimentada e pensada desta maneira. Este termo designa a tarefa da coisa, a saber, a coisalidade, no sentido de duração da quadratura, numa moradia, que recolhe e apropria propriedades. Na ocorrência, remetemos também à antiga palavra *thing* do antigo alto-alemão. Esta referência à história da língua muito facilmente leva a enten-

152 Ensaios e conferências

der-se mal a maneira em que, aqui e agora, se pensa a vigência da coisa. Poderia parecer que a vigência da coisa, aqui proposta, tivesse sido, por assim dizer, extraída magicamente de uma significação tomada, ao acaso, da palavra *thing*. E, assim, levanta-se a suspeita de que a experiência acima tentada da vigência da coisa se funde e fundamente na arbitrariedade de um jogo etimológico. Consolida-se a impressão, já corrente, de que, aqui, em lugar de pensar, se usa simplesmente o dicionário.

Na verdade, o que ocorre é justamente o contrário de todas estas suspeitas. Não há dúvida de que a palavra *thing* do antigo alto-alemão designa a reunião convocada, para tratar de um assunto em questão, de uma questão em disputa. Em consequência, as antigas palavras alemãs, *thing* e *dinc*, se tornam termos para dizer assunto e questão; designam tudo que, de alguma maneira, atinge e concerne o homem e que, por isso, está sempre em debate. Os romanos usavam *res*; εἴρω (ῥητός, ῥήτμα, ῥῆμα) diz em grego: falar sobre alguma coisa, tratar de alguma coisa, negociar uma coisa. *Res publica* não significa, para um romano, o Estado, a República, mas tudo que tocar, concernir e disser respeito publicamente a todos e a cada um dos cidadãos do povo, sendo, por isso, o que lhe "pertence", o que se trata, em praça pública.

Somente por dizer e significar o que toca, diz respeito e concerne, *res* pôde formar as expressões latinas *res adversae* e *res secundae*: a primeira diz o que toca e concerne o homem, de modo desfavorável e contrário, enquanto a segunda designa o que atinge o homem, de modo favorável e benfazejo. Os dicionários traduzem *res adversae* por desventura e infortúnio, e *res secundae*, por ventura e fortuna. Só que os dicionários não dizem nada do que dizem as palavras na experiência originária de pensamento. Por isso, neste caso, como nos demais, não é verdade que o nosso pensamento viva de etimologias. Vive, antes, de pensar a atitude vigorosa daquilo que as palavras, como palavras, nomeiam de forma concentrada. A etimologia, junto com os dicionários, ainda pensa pouco demais.

A palavra romana *res* evoca o que toca e concerne o homem, diz o caso, a questão, o que está em causa. Por isso, os romanos usavam também, no mesmo sentido, a palavra causa. Mas este ter-

A coisa   153

mo latino não significa própria e primordialmente a "causa", no sentido da causalidade. *Causa* designa o caso e, por isso também, o que está em jogo e na lide. Somente porque *causa*, quase sinônimo de *res*, significa o caso é que, depois, a palavra *causa* veio a significar a causalidade de um efeito. No sentido de reunião, a saber, de reunir para tratar de um assunto do interesse de todos, as palavras *thing* e *dinc* do antigo alto-alemão são as mais adequadas para traduzir convenientemente a palavra romana *res*, e assim, o que concerne e diz respeito. Da palavra latina, que melhor corresponde a *res*, isto é, da palavra *causa*, no sentido de caso e assunto de interesse geral, derivam-se os termos neolatinos: *la cosa, a coisa*, o francês *la chose*. O alemão diz *das Ding*. Em inglês, *thing* conserva ainda toda a eloquência da palavra latina *res*: *he knows his things*, ele entende de suas coisas, daquilo que lhe toca, concerne e diz respeito; *he knows how to handle things*, ele sabe como deve tratar das coisas, isto é, do que está em questão cada vez; *that's a great thing*, é uma grande coisa (importante, magnífica, poderosa), isto é, algo que, por si mesmo, toca e atinge o homem.

Todavia, o decisivo aqui não é, de forma alguma, esta pequena história da significação das palavras *res, Ding, causa, cosa, coisa, chose, thing*, mas algo totalmente diferente que ainda não levamos em conta. A palavra latina *res* evoca o que, de alguma maneira, interessa e diz respeito ao homem. Ora, o que assim se faz e se torna atinente ao homem é o real da *res*, a *realitas* da *res*. Os romanos a vivem e experimentam, como atinência. Mas os romanos nunca pensaram propriamente o vigor de essência do que assim experimentavam. Ao contrário, numa representação herdada da filosofia helenista, entenderam a *realitas* da *res* no sentido do grego ὄν; ὄν, em latim, *ens*, significa o "sendo", o que é e está sendo, no sentido de pro-duto. A *res* torna-se *ens*, o "sendo", enquanto o que é pro-duzido e representado. A *realitas* característica da *res*, experimentada originariamente pelos romanos, a atinência, fica e permanece entulhada, enquanto vigência do vigente. Em contrapartida, o termo *res* serve depois, especialmente na Idade Média, para designar todo *ens qua ens*, isto é, tudo que, de alguma maneira, é e está sendo, mesmo que seja e esteja sendo apenas na mente, como *ens rationis*. Igual sorte à da palavra *res* teve o termo *dinc* correspondente a *res*; pois *dinc* diz tudo que é, de algum modo. Assim, Mestre Eckhart utilizou a palavra *dinc* tanto para Deus como para a alma. Deus é *"das hoechste und oberste dinc"*, "a coisa mais elevada e suprema". A alma é *"ein groz dinc"*, uma coisa grandiosa. Com isto, este Mestre de pensamento não quer dizer que Deus e a alma sejam um rochedo de pedra, um objeto material; *dinc* é aqui um termo cuidadoso e sóbrio para designar tudo que simplesmente é. Assim, seguindo uma palavra de Dionísio Areopagita (editor: provavelmente trata-se de Santo Agostinho): *"diu minne ist der natur, daz si den menschen wandelt in die dinc, die er minnet"*.

Na linguagem da metafísica ocidental, a palavra coisa diz o que, de alguma maneira, é algo. Por isso também se altera a significação do termo "coisa", segundo se entenda e interprete o "sendo", o que é e está sendo. Kant fala da coisa, do mesmo modo que Mestre Eckhart, pois entende, por coisa, algo que é e está sendo. Mas, para Kant, o que é e está sendo é o objeto da representação que se processa na autoconsciência do eu humano. A coisa em si designa para Kant: o objeto em si. O caráter de "em si" diz que o objeto em si é objeto, independente de qualquer relação com a representação do homem, isto é, sem o "ob", a contraposição e oposição, com que o objeto se põe contra, isto é, se opõe à representação. Pensando, de modo rigorosamente kantiano, a "coisa em si" designa um objeto que não é objeto, por dever estar e ser, sem nenhum "ob" possível, isto é, sem nenhuma oposição à representação humana, que lhe vem ao e de encontro.

O termo "coisa", utilizado na filosofia, teve sua significação ampla muito desgastada. Mas nem esta significação geral e nem o antigo significado em alemão da palavra *"thing"* nos ajudam, por pouco que seja, neste impasse de fazer a experiência e de pensar, de modo penetrante, a vigência ontológica do que, agora, dizemos do modo de ser da jarra. Por outro lado, o que, de fato, acontece é *um* momento da significância do antigo uso da palavra *thing*, a saber, o sentido de "recolher e reunir", correspondente à vigência da jarra, que se pensou acima.

A jarra é uma coisa, só que não no sentido da *res* dos romanos, nem no sentido do *ens* da Idade Média e nem, muito menos, no sentido do objeto na representação da Idade Moderna. A jarra é uma

A coisa

155

coisa, não, como objeto, seja da pro-dução ou de simples representação. A jarra é uma coisa à medida e enquanto coisifica, no sentido de reunir e recolher, numa unidade, as diferenças. É a partir desta coisificação da coisa que se apropria e se determina, então, a vigência do vigente deste tipo, a jarra.

Hoje todo vigente está igualmente próximo e igualmente distante. Hoje domina e reina a falta de distância. Ora, todo encurtamento e toda supressão dos afastamentos não nos trazem nenhuma proximidade. Que é proximidade? Para encontrar a vigência da proximidade, nós nos empenhamos em pensar a jarra na proximidade. Procurávamos a vigência da proximidade e achamos a vigência da jarra, como coisa. Mas, neste achado, percebemos, ao mesmo tempo, a vigência da proximidade. Pois a coisa coisifica no sentido de, como coisa, reunir e conjugar numa unidade as diferenças. Nesta coisificação da coisa, perduram terra e céu, mortais e imortais. Perdurando assim, a coisa leva os quatro, na distância própria de cada um, à proximidade recíproca de sua união. Este levar consiste em aproximar. Ora, aproximar é a vigência, a essência dinâmica da proximidade. A proximidade aproxima o distante, sem violar-lhe e sim preservando-lhe a distância. Proximidade resguarda a distância. No resguardo da distância, a proximidade vige e vigora na aproximação. Aproximando deste jeito, a proximidade se resguarda a si mesma e, assim, de acordo com seu modo de ser, permanece sendo o mais próximo.

A coisa não está "na" proximidade, como se esta fosse um continente. Proximidade só se dá e acontece na aproximação cumprida pela coisificação da coisa.

Coisificando, a coisa deixa perdurar a união dos quatro, terra e céu, mortais e imortais na simplicidade da sua quadratura, que unifica por si mesmo.

A terra é o sustentáculo da construção, a fecundidade na aproximação, estimulando o conjunto das águas e dos minerais, da vegetação e da fauna.

Quando dizemos terra, já pensamos também, caso pensemos, nos outros três, a partir da simplicidade dos quatro.

O céu é o caminho do sol, o curso da lua, o brilho das constelações, as estações do ano, luz e claridade do dia, a escuridão e densi-

156   Ensaios e conferências

dade da noite, o favor e as intempéries do clima, a procissão de nuvens e a profundeza azul do éter.

Quando dizemos céu, já pensamos também, caso pensemos, nos outros três, a partir da simplicidade dos quatro.

Os imortais são acenos dos mensageiros da divindade. É, na regência encoberta da divindade, que Deus aparece, em sua vigência essencial, que o retira de qualquer comparação com o que é e está sendo.

Quando invocamos os imortais, já pensamos também, caso pensemos, nos outros três, a partir da simplicidade dos quatro.

Os mortais são os homens. São assim chamados porque podem morrer. Morrer significa: saber a morte, como morte. Somente o homem morre. O animal finda. Pois não tem a morte nem diante de si, nem atrás de si. A morte é o escrínio do Nada, do que nunca, em nível algum, é algo que simplesmente é e está sendo. Ao contrário, o Nada está vigindo e em vigor, como o próprio ser. Escrínio do Nada, a morte é o resguardo do ser. Chamamos aqui de mortais os mortais – não por chegarem ao fim e finarem sua vida na terra, mas porque eles sabem a morte, como morte. Os homens são mortais antes de findar sua vida. Os mortais são mortais, por serem e vingarem, no resguardo do ser. São a referência vigente ao ser, como ser.

A metafísica, ao contrário, apresenta o homem, representando-o, como animal, como ser vivo. Mesmo com a *animalitas* atravessada e regida pela *ratio*, o ser homem se determina pela vida, seu viver e suas vivências. É da e pela vida racional que os mortais devem, então, *vir a ser* mortais.

Quando dizemos mortais, pensamos também, caso pensemos, nos outros três, a partir da simplicidade dos quatro.

Unindo-se por si mesmo uns com os outros, céu e terra, mortais e imortais pertencem, em conjunto, à simplicidade da quadratura de reunião. A seu modo, cada um dos quatro reflete e espelha de volta a vigência essencial dos outros. A seu modo, cada um reflete e espelha sua propriedade, dentro da simplicidade dos quatro. Este refletir e espelhar não é e nem consiste em expor o reflexo de uma

A coisa

reprodução. Iluminando cada um dos quatro, o refletir e espelhar lhes apropria a própria vigência, na apropriação de uma unidade recíproca. É refletindo de acordo com este modo de apropriação luminoso que cada um dos quatro combina e realiza um conjunto com os outros. O refletir de apropriação libera para sua propriedade cada um dos quatro, à medida que liga e enlaça os, assim, liberados na simplicidade de sua recíproca referência.

O reflexo, que liga e enlaça os liberados com a liberdade, é o jogo que cada um dos quatro confia e deixa a cada outro, confiando-os ao desdobrar-se da apropriação. Nenhum dos quatro insiste numa individualidade separada. Ao contrário. Cada um dos quatro se deixa levar, dentro de sua apropriação, para o que lhe é próprio. Esta apropriação apropriadora é o jogo de espelho e reflexo da quadratura. É a partir dele que a simplicidade dos quatro se fia, confia e compromete.

Dá-se o nome de mundo a este jogo em espelho, onde se apropria a simplicidade de terra e céu, de mortais e imortais. Mundo é mundo, no vigor que instaura mundo, que, portanto, mundaniza. Mundanizar diz, pois: não se pode explicar a mundanização do mundo por um outro e nem se pode perscrutar-lhe o fundamento em outro ou a partir de outro. Esta impossibilidade não provém de uma incapacidade de explicar e fundamentar do pensamento humano. É que causa e fundamento estão em desacordo com a mundanização de mundo. Nesta dissonância, repousa a impossibilidade de explicar e fundamentar a mundanização de mundo. Ao exigir aqui uma explicação, o conhecimento humano não se põe acima, mas abaixo da vigência de mundo. O querer explicar do homem não alcança a unidade simples da singularidade unitária do mundanizar. Ao serem representados, apenas, como um real particular, fundando-se e explicando-se um pelo outro, os quatro conjugados são sufocados em sua vigência essencial.

A união da quadratura é o quarteto. Todavia, o quarteto não se dá nem acontece, abraçando os quatro e ajuntando-se-lhes, ao depois, nesse abraço. O quarteto também não se esvai e esgota, por estarem os quatro, uma vez dados, apenas um junto dos outros.

O quarteto vive na apropriação do jogo e como jogo de espelho dos quatro, que se fiam e confiam no compromisso recíproco de unir o desdobramento. O quarteto se dá na mundanização de mundo. O jogo de espelho do mundo se concentra na roda de dança da apropriação. E é por isso que a dança não abarca simplesmente os quatro num aro. A dança de roda é o nó (*der Ring*) de luta que se torce, retorce e contorce no jogo de espelho. Apropriando, o nó de luta ilumina os quatro, no brilho de sua simplicidade. Na luz do brilho, o nó apropria os quatro, abrindo-os, por toda parte, para o mistério de sua vigência. A vigência concentrada do jogo de espelho do mundo assim em luta é o nó que se concentra em pouco (*das Gering*). Pelo nó do jogo de espelho, que se concentra em pouco, os quatro se dobram e ajustam à sua vigência unificante, mas própria de cada um. Nesta flexibilidade, eles se ajuntam dóceis, mundanizando mundo.

Para dizer flexível, dúctil, maleável, dócil, fácil, o antigo alemão dizia "*ring*" e "*gering*". Mundanizando-se, o jogo de espelho e reflexo de mundo dispõe, como nó de luta, a reunião dos quatro, isto é, o flexível de sua vigência, para a própria flexibilidade. A coisificação da coisa se dá na apropriação de propriedades, pelo jogo de espelho e reflexo do nó que se concentra no pouco de sua luta.

A coisa leva a quadratura a perdurar. A coisa coisifica mundo, no sentido de concentrar, numa simplicidade dinâmica, as diferenças. Cada coisa leva a perdurar a quadratura em cada duração da simplicidade de mundo.

Pensar a coisa, como coisa, significa deixar a coisa vigorar e acontecer em sua coisificação, a partir da mundanização de mundo. Pensando, destarte, nós nos deixamos manejar pela vigência mundanizante da coisa. Tornamo-nos, então, no rigoroso sentido da palavra, "coisados", isto é, condicionados pela coisa. Deixamos, então, para trás a pretensão de todo "incoisado", isto é, de todo incondicionado pela coisa.

Ao pensar a coisa, como coisa, poupamo-lhe a vigência de coisa, protegendo-a no âmbito em que ela vige e vigora. No sentido de reunir e recolher diferenças numa unidade, coisificar é aproximar mundo. Ora, aproximar constitui a vigência e o vigor essencial da

A coisa

proximidade. Poupando, pois, a coisa, como coisa, moramos na proximidade. A aproximação da proximidade é a única dimensão própria do jogo de espelho de mundo.

A ausência da proximidade em toda supressão dos afastamentos conduziu ao império da falta de distância. Na ausência da proximidade, anula-se, no sentido acima indicado, a coisa, como coisa. Quando, porém, e como as coisas são, como coisas? É a pergunta que se é levado a fazer, em pleno império da distância.

Quando e como as coisas chegam, como coisas? Não chegam *através* dos feitos e dos artefatos do homem, mas também não chegam, *sem* a vigilância dos mortais. O primeiro passo na direção desta vigília é o passo atrás, o passo que passa de um pensamento, apenas, representativo, isto é, explicativo, para o pensamento meditativo, que pensa o sentido.

Esta passagem de um pensamento para outro não está, sem dúvida, apenas em simples troca de posição. Algo assim já não pode acontecer nunca porque as posições, junto com seus modos de troca, já estão presas ao pensamento representativo. O passo atrás abandona todo nível de um simples posicionar-se. O passo atrás instala-se numa correspondência que, interpelada pelo ser mundo dentro do mundo, responde-lhe em seu próprio âmbito. Uma simples troca de posições não pode propiciar, em nada, o advento da coisa, como coisa, da mesma maneira que, agora, tudo que se põe, como objeto, na ausência da distância, nunca pode simplesmente virar coisa. As coisas nunca chegam, como coisas, por nos desviarmos apenas dos objetos ou por re-cordarmos antigos objetos de outrora que, talvez, já estivessem em vias de se tornarem coisas ou até de serem, como coisas.

O pouco do nó que se concentra no jogo de espelho do mundo, apropria o que se faz coisa. Somente quando, presumivelmente de repente, mundo se mundaniza, como mundo, é que se aperta o nó de luta, onde o nó de terra e céu, mortais e imortais se conquista pela luta de sua simplicidade.

Segundo esse pouco, a própria coisificação se torna flexível e a coisa se faz cada vez maleável, inaparentemente dócil à sua vigência. A coisa é pouca coisa: a jarra e o banco, a prancha e o arado,

160 Ensaios e conferências

mas, a seu modo, é também coisa a árvore e o tanque, o riacho e o monte. Coisificando cada vez a seu modo, são coisas garça e corça, cavalo e touro. Coisificando cada vez de modo diferente, são coisas espelho e broche, livro e quadro, coroa e cruz.

Poucas, porém, as coisas também o são em número, quando medidas pelo sem-número dos objetos, com igual valor por toda parte, quando medidas pela desmesura da massificação dos homens, como seres vivos.

Apenas mortais, os homens habitam mundo, como mundo. Apenas o que de mundo se apouca torna-se coisa, pequeno nó de simplicidade.

Tradução de Emmanuel Carneiro Leão

Posfácio

Carta a um jovem estudante

Friburgo, 18 de junho de 1950

Prezado Senhor Buchner,

Obrigado por sua carta. As suas questões são essenciais e a argumentação justa. Cabe, porém, pensar ainda se elas chegam a tocar o essencial.

O senhor pergunta, em resumo, de onde o pensamento do ser recebe seu aceno.

O senhor não identifica "ser" com um objeto e nem o pensamento com a mera atividade de um sujeito. O pensamento, que sustenta a conferência "A coisa", não é, de modo algum, a representação de algo simplesmente dado. "Ser" não se identifica absolutamente com a realidade ou com o real que se acabou de constatar. Ser não se contrapõe, de forma alguma, ao não-mais-ser e ao ainda-não-ser. Tanto o não-mais-ser como o ainda-não-ser pertencem ao vigor de ser. A própria metafísica, de algum modo, já intui um pouco disso na sua tão pouco compreendida doutrina das modalidades. Segundo a doutrina metafísica das modalidades, ao ser pertence não só realidade e necessidade como também possibilidade.

No pensamento do ser, nunca se re-presenta simplesmente um real e assume esse representado como *o* verdadeiro. Pensar "ser" significa: co-responder ao apelo de seu vigor. O co-responder surge do apelo e a ele se entrega. Co-responder é retroceder para o apelo e assim aceder a sua linguagem. Ao apelo do ser pertence o ter-sido já desvelado ('Αλήθεια, Λόγος, Φύσις) bem como o advento velado daquilo que se anuncia, na virada possível do esquecimento do ser (na verdade de seu vigor). O co-responder deve prestar atenção a tudo isso, ao mesmo tempo, mediante um longo recolhimento e um questionamento constante do que se escuta, a fim de se auscultar um apelo do ser. Mas é precisamente aí que se pode escutar em falso. A possibilidade de errância é, num pensamento assim, imensa. Esse pensamento nunca se deixa comprovar, como o saber matemático. Esse pensamento tampouco é arbitrário. Esse pensamento está ligado ao destino vigoroso de ser, embora jamais se caracterize pelas ligações obrigatórias da proposição e do enunciado. É somente motivação para percorrer o caminho de uma co-respondência e percorrê-lo no recolhimento pleno do pensamento que cuida do ser, do ser que *já* chegou à linguagem.

O erro de Deus e do Divino é a ausência. Mas ausência não é um nada. Ausência é precisamente a vigência apropriadora da plenitude velada do ter-sido e assim do que, reunido no modo do ter-sido, vige e é. Ausência é a vigência do divino para os gregos, para os judeus profetas, para a pregação de Jesus. Esse não-mais é, em si, um ainda-não do advento velado de seu vigor inesgotável. Uma vez que ser nunca é apenas o real dado, vigília do ser não pode, de forma alguma, equiparar-se à função de um vigia, que protege os tesouros conservados num imóvel contra possíveis assaltantes. A vigília do ser não está siderada pelo simplesmente dado. No simplesmente dado, quando tomado em si mesmo, nunca se encontra um anúncio do ser. A vigília é uma vigilância, um zelo pelo destino de ser, já sempre resguardado e adiantado, já tendo sido e sendo porvir. É vigilância a partir de um pensamento cuidadoso que sempre se renova, que presta atenção ao aceno em que ser se acena. No destino de ser não há jamais mera sucessão: agora armação e com-posição, depois mundo e coisa, mas sim entrelaçamento e simultaneidade do anterior e do posterior. Na *Fenomenologia do espírito* de Hegel, também vigora 'Αλήθεια, mesmo que transformada.

Enquanto co-respondência, o pensamento do ser é uma causa muito errante e assim muito indigente. O pensamento talvez seja um caminho incontornável, que não pretende elevar-se a nenhum caminho de salvação e nem trazer uma nova sabedoria. O caminho pode ser, no máximo, caminho do campo, caminho que atravessa o campo, que não apenas fala de renúncia, mas que já renunciou à exigência de uma doutrina constrangente, de uma produção cultu-

A coisa 163

ral válida ou de um ato do espírito. Tudo repousa no passo atrás, ele mesmo muito errante, em direção ao pensamento, que cuida da virada do esquecimento do ser, a qual se prenuncia no destino de ser. O passo atrás, que se dá a partir do pensamento representador da metafísica, não rejeita esse pensamento, mas entreabre a distância, que dá lugar ao apelo da verdade do ser, na qual se coloca e acontece o co-responder.

Com muita frequência, testemunhei que mesmo as pessoas bem próximas, que escutam atentamente e com interesse a exposição da essência da jarra, tapam logo os ouvidos quando se fala de objetidade, pro-duto e proveniência da pro-dutividade, quando se fala de armação, com-posição. Tudo isso pertence, porém, ao pensamento da coisa que pensa o possível advento de mundo e, assim pensando e lembrando, talvez possa contribuir, talvez da maneira mais ínfima e discreta, para que esse advento possa alcançar o âmbito aberto da essência do homem.

Faço estranhas experiências por conta dessa minha conferência. É comum alguém me perguntar de onde é que recebo tal aceno, como se essa questão só se apresentasse para esse pensamento. Em contrapartida, ninguém pergunta de onde Platão recebeu o aceno para pensar o ser, como ἰδέα, de onde Kant recebeu o aceno para pensar o ser, como o transcendental da objetividade, como posição (posicionamento).

Talvez um dia se encontre a resposta a essas questões precisamente em ensaios de pensamento que, como os meus, são recebidos, como arbitrários e desordenados.

Não posso oferecer – o que o senhor também não me pede – nenhuma carteira de legitimação com a qual se possa comprovar, sem dificuldades e em qualquer momento, o que eu disse com "a realidade".

Aqui, tudo é caminho de um co-responder que escuta e questiona. Todo caminho corre o perigo de desencaminhar-se. Para percorrer tais caminhos é preciso exercitar o passo. Exercício pede trabalho, trabalho de mãos. Permaneça no caminho da au-

164 Ensaios e conferências

têntica necessidade e aprenda, nesse estar errante a caminho, o trabalho do pensamento, um trabalho de mãos.

Com amizade,

Martin Heidegger

Tradução de Marcia Sá Cavalcante Schuback

"... POETICAMENTE O HOMEM HABITA..."

São palavras extraídas de um poema tardio de Hölderlin, legado de forma peculiar. O poema começa assim: *"No azul sereno floresce a torre da igreja com o teto de metal..."*[1]. Para ouvir com inteireza as palavras *"... poeticamente o homem habita..."*, é preciso devolvê-las cuidadosamente para o poema. Cabe-nos pensar essas palavras. De início, discutiremos as dúvidas que essas palavras despertam. Do contrário, faltar-nos-ia uma disposição livre para corresponder a essas palavras seguindo-as simplesmente.

"... poeticamente o homem habita..." A rigor, podemos assumir que poetas habitem poeticamente. Mas como entender que "o homem", ou seja, que cada homem habite sempre poeticamente? Não será o habitar incompatível com o poético? Nosso habitar está sufocado pela crise habitacional. E mesmo que fosse diferente, o que hoje se entende por habitar está açulado pelo trabalho, revolvido pela caça de vantagens e sucesso, enfeitiçado pelo lazer e descanso organizados. O espaço e o pouco de tempo que, no modo atual de habitar, ainda resta para o poético acontece, no melhor dos casos, quando nos ocupamos das letras, do belo espiritual, veiculado em publicações ou por outros meios comunicacionais. A poesia ou bem é negada como coisa do passado, como suspiro nostálgico, como voo ao irreal e fuga para o idílico, ou então é considerada como uma parte da literatura. Julga-se a validade desses posicionamentos segundo a medida-padrão da atualidade de cada momento. O atual, por sua vez, é produzido e dirigido pelos órgãos dedicados a formar a opinião pública civilizada. Um de seus funcionários, isto é, um dos promotores e promovidos pela atualidade é a promoção da literatura. Dessa maneira, a poesia só pode aparecer

---

1. Stuttgart, 2. ed. 1, p. 372; Hellingrath VI, p. 24. A versão brasileira é nossa. A tradução integral do poema encontra-se anexada no final do presente volume, cf. p. 254s.

166 Ensaios e conferências

como literatura. Torna-se objeto da história da literatura quando considerada cientificamente e com fins educacionais. A poesia ocidental circula sob o título genérico de "literatura europeia".

Se, de antemão, a poesia apenas possui existência na forma do literário, como o habitar humano pode fundar-se no poético? As palavras – o homem habita poeticamente – foram pronunciadas por um poeta e, de fato, por um poeta em particular que, como se costuma dizer, não deu conta da própria vida. A arte do poeta consiste em desconsiderar o real. Em lugar de agir, os poetas sonham. O que eles fazem é apenas fantasiar. Fantasias são tecidas sem esforço. Fazer se diz em grego com a palavra *poiesis* (ποίησις). O habitar do homem deve ser poesia? Deve ser poético? Supor algo assim só pode quem está alienado da realidade e não consegue ver em que condições se encontra a vida social e histórica do homem de hoje, que, de acordo com os sociólogos, está inteiramente marcada pelo "coletivo".

Antes, porém, de declararmos, de forma tão grosseira, a incompatibilidade entre o habitar e a poesia, seria bom atentar com sobriedade às palavras do poeta. Elas falam do habitar do homem. Não descrevem as condições do homem atual. E, sobretudo, não dizem de forma alguma que habitar significa possuir uma residência. Também não dizem que o poético se esgota no jogo irreal de fantasias poéticas. Quem, dentre aqueles dedicados a pensar, ousaria defender, num gesto irrefletido e numa pretensão de superioridade bem questionável, a incompatibilidade entre o habitar e o poético? Talvez eles sejam compatíveis. E mais ainda. Talvez um suporte o outro, e isso de tal modo que talvez o habitar sustente-se no poético. Nessa suposição, coloca-se para nós a tarefa de pensar o habitar e a poesia a partir de seu vigor essencial. Se não recusarmos essa imposição, poderemos então pensar, a partir do habitar, isso que se costuma chamar de existência humana. Com isso, deixamos de lado a representação corriqueira do que seja habitar. De acordo com essa representação, habitar continua sendo simplesmente um modo de comportamento humano, dentre tantos outros. Trabalhamos na cidade e habitamos fora. Empreendemos uma viagem e habitamos ora aqui, ora ali. Nesse sentido, habitar é sempre apenas a posse de um domicílio.

"... poeticamente o homem habita..."

Quando Hölderlin fala do habitar, ele vislumbra o traço fundamental da presença humana. Ele vê o "poético" a partir da relação com esse habitar, compreendido nesse modo vigoroso e essencial. Isso decerto não diz que o poético seja apenas um adorno e um acréscimo ao habitar. O poético do habitar também não significa apenas que o poético anteceda de alguma maneira o habitar. As palavras *"... poeticamente o homem habita..."* dizem muito mais. Dizem que é a poesia que permite ao habitar ser um habitar. Poesia é deixar-habitar, em sentido próprio. Mas como encontramos habitação? Mediante um construir. Entendida como deixar-habitar, poesia é um construir.

Desse modo, vemo-nos agora diante de uma dupla imposição: de um lado, cabe pensar, a partir da essência do habitar, o que se designa por existência humana; de outro, cabe pensar a essência da poesia, no sentido de um deixar-habitar, como *o* construir por excelência. Buscando o vigor essencial da poesia na perspectiva mencionada haveremos de adentrar a essência do habitar.

Mas aonde nós, os humanos, podemos nos informar sobre a essência do habitar e da poesia? Aonde o homem assume a exigência de adentrar a essência de alguma coisa? O homem só pode assumir essa exigência a partir de onde ele a recebe. Ele a recebe no apelo da linguagem. Mas isso, certamente, apenas e enquanto o homem já estiver atento à essência da linguagem. Todavia, circula no planeta, de maneira desenfreada e hábil, um falatório, um escrever e uma transmissão de coisas ditas. O homem se comporta como se fosse o criador e o soberano da linguagem. A linguagem, no entanto, permanece a soberana do homem. Quando essa relação de soberania se inverte, o homem decai numa estranha mania de produção. A linguagem torna-se meio de expressão. Enquanto expressão, a linguagem pode apenas ser rebaixada a simples meio de pressão. Cuidar do dizer, mesmo nessa manipulação da linguagem, é, sem dúvida, positivo. Contudo, só esse cuidado não basta para nos ajudar a retornar à verdadeira relação de soberania entre a linguagem e o homem. Em sentido próprio, a linguagem é que fala. O homem fala apenas e somente à medida que co-responde à linguagem, à medida que escuta e pertence ao apelo da linguagem. De todos os apelos que nós, os humanos, devemos

168 Ensaios e conferências

conduzir, a partir de nós mesmos, para um dizer, a linguagem é ela mesma o apelo mais elevado e, por toda parte, o apelo primordial. É a linguagem que, primeiro e em última instância, nos acena a essência de uma coisa. Isso, porém, não quer absolutamente dizer que, em cada significação tomada ao acaso de uma palavra, a linguagem já nos tenha entregue a essência transparente das coisas, de forma imediata e absoluta, como se fosse um objeto pronto para o uso. O co-responder, em que o homem escuta propriamente o apelo da linguagem, é a saga que fala no elemento da poesia. Quanto mais poético um poeta, mais livre, ou seja, mais aberto e preparado para acolher o inesperado é o seu dizer; com maior pureza ele entrega o que diz ao parecer daquele que o escuta com dedicação, e maior a distância que separa o seu dizer da simples proposição, esta sobre a qual tanto se debate, seja no tocante à sua adequação ou à sua inadequação.

"... poeticamente o homem habita..."

diz o poeta. Ouviremos as palavras de Hölderlin com maior clareza se as devolvermos para o poema de onde elas provêm. Escutemos, de início, apenas os dois versos dos quais essas palavras foram extraídas e cortadas:

"Cheio de méritos, mas poeticamente
o homem habita esta terra".

O tom fundamental dos versos está entoado na palavra "poeticamente". Esta palavra está suspensa em duas direções: pelo que a antecede e pelo que a segue.

As palavras que a precedem são: *"cheio de mérito, mas..."* Isso soa dando-nos a impressão de que a palavra seguinte – *"poeticamente"* – limita o habitar tão meritoso do homem. Mas é justamente o oposto. A limitação se pronuncia na expressão "cheio de méritos" e isso quando o pensamento se estende no sentido de um "na verdade". Na verdade, em seu habitar, o homem se mostra digno de muitos méritos. O homem cuida do crescimento das coisas da terra e colhe o que ali cresce. Cuidar e colher (*colere, cultura*) é um modo de construir. O homem constrói não apenas o que se desdobra a partir de si mesmo num crescimento. Ele também constrói no sentido de *aedificare*, edificando o que não pode surgir e man-

"... poeticamente o homem habita..." 169

ter-se mediante um crescimento. Construídas e edificadas são, nesse sentido, não somente as construções, mas todos os trabalhos feitos com a mão e instaurados pelo homem. No entanto, os méritos dessas múltiplas construções nunca conseguem preencher a essência do habitar. Ao contrário: elas chegam mesmo a vedar para o habitar a sua essência, tão logo sejam perseguidas e conquistadas somente com vistas a elas mesmas. São os méritos que, em virtude de sua abundância, comprimem por toda parte o habitar aos limites das construções acima descritas. Disso resulta o preenchimento das necessidades habitacionais. No sentido do cuidado construtor com o crescimento, da edificação de construções e obras e da confecção de instrumentos, construir é, precisamente, uma consequência do habitar e não a sua razão de ser ou mesmo a sua fundamentação. Essa deve acontecer num outro sentido de construir. Construir, na acepção habitual, assumida, na maior parte das vezes, como exclusiva e por isso a única conhecida, traz sem dúvida para o habitar muitos méritos. O homem, no entanto, só consegue habitar após ter construído num outro modo e quando constrói e continua a construir na compenetração de um sentido.

"Cheio de méritos (na verdade), mas poeticamente o homem habita...". A essas palavras seguem no texto estas outras: *"esta terra"*. Poder-se-ia considerar supérfluo esse acréscimo, uma vez que habitar já diz a morada do homem sobre esta terra, sobre "esta" a que todo mortal já sempre se confiou e expôs.

Quando Hölderlin ousa dizer, no entanto, que o habitar dos mortais é poético, essas palavras, levemente pronunciadas, dão a impressão de que o habitar "poético" é precisamente o que arranca os homens da terra. Pois o "poético" parece pertencer, quanto ao seu valor poético, ao reino da fantasia. O habitar poético sobrevoa fantasticamente o real. O poeta faz face a esse temor e diz, com propriedade, que o habitar poético é o habitar "esta terra". Assim, Hölderlin não somente protege o "poético" contra a sua incompreensão usual corriqueira, mas, acrescentando as palavras "esta terra", remete para o vigor essencial da poesia. A poesia não sobrevoa e nem se eleva sobre a terra a fim de abandoná-la e pairar sobre ela. É a poesia que traz o homem para a terra, para ela, e assim o traz para um habitar.

170   Ensaios e conferências

"Cheio de méritos, mas poeticamente
o homem habita esta terra."

Será que sabemos agora em que medida o homem habita poeticamente? Ainda não sabemos. Corremos, na verdade, o perigo de pensar a palavra poética de Hölderlin acrescentando-lhe algo estranho. Hölderlin nomeia o habitar do homem, os seus méritos, mas não estabelece, como estamos fazendo, uma conexão entre habitar e construir. Ele não fala de construir, nem no sentido de cultivar, cuidar e edificar e nem menciona que a poesia se representa como uma espécie de construção. Hölderlin não diz sobre o habitar poético o mesmo que dizemos em nosso pensamento. Todavia, pensamos o mesmo que Hölderlin dita poeticamente[2].

É importante observar aqui algo essencial. Justifica-se uma breve consideração. Poesia e pensamento encontram-se somente e enquanto permanecerem na diferença de seus modos de ser. O mesmo não se confunde com o igual e nem tampouco com a unidade vazia do que é meramente idêntico. Com frequência, o igual se transfere para o indiferenciado a fim de que tudo nele convenha. O mesmo é, ao contrário, o mútuo pertencer do diverso que se dá, pela diferença, desde uma reunião integradora. O mesmo apenas se deixa dizer quando se pensa a diferença. No ajuste dos diferentes vem à luz a essência integradora do mesmo. O mesmo deixa para trás toda sofreguidão por igualar o diverso ao igual. O mesmo reúne integrando o diferente numa unicidade originária. O igual, ao contrário, dispersa na unidade pálida do um, somente uni-forme. Hölderlin conhecia, a seu modo, essas relações. Ele diz o seguinte, num epigrama intitulado *"Raiz de todo mal"*:

"Ser reunido é divino, é bom; de onde vem então esse vício
dentre os homens de só admitir o um, o uno?" [3]

---

2. Além de *Poesie*, a língua alemã dispõe da palavra *Dichtung* para dizer poesia. Trata-se, na verdade, de uma palavra transliterada do verbo latino *dictare*. Para não usar os verbos poetar, poetizar e, assim, evitar as conotações de inventar e fantasiar, optou-se por devolver o verbo alemão *"dichten"* para a sua forma latina original e traduzi-lo por "ditar poeticamente". [N.T.].

3. Stuttgart, 1. ed. 1, p. 305.

"... poeticamente o homem habita..."   171

Pensando o que Hölderlin ditou poeticamente sobre o habitar poético do homem, pressentimos, na própria diferença do modo de pensar, um caminho que conduz ao mesmo que o poeta ditou poeticamente.

O que diz, no entanto, Hölderlin sobre o habitar poético do homem? Buscaremos uma resposta a essa pergunta, ouvindo os versos 24 até 38 do poema. É que os dois versos interpretados se pronunciam a partir dessa parte do poema. Hölderlin diz:

"Deve um homem, no esforço mais sincero que é a vida,
levantar os olhos e dizer: assim
quero ser também? Sim. Enquanto perdurar junto ao coração
a amizade, pura, o homem pode medir-se
sem infelicidade com o divino. É deus desconhecido?
Ele aparece como o céu? Acredito mais
que seja assim. É a medida dos homens.
Cheio de méritos, mas poeticamente
o homem habita esta terra. Mais puro, porém,
do que a sombra da noite com as estrelas,
se assim posso dizer, é
o homem, esse que se chama imagem do divino.
Existe sobre a terra uma medida? Não há
nenhuma."

Paremos para refletir um pouco sobre esses versos e, na verdade, com a única intenção de ouvir com maior clareza o que Hölderlin entende quando diz que o habitar humano é "poético". O primeiro dos versos agora citados (24 a 26) nos oferece um aceno. Eles se pronunciam na forma de uma pergunta respondida com um firme sim. A pergunta descreve o que enunciam os versos que acabamos de interpretar: *"cheio de méritos, mas poeticamente o homem habita esta terra"*. Hölderlin está perguntando:

"Deve um homem, no esforço mais sincero que é a vida,
levantar os olhos e dizer: assim
quero ser também? Sim."

Somente no âmbito do esforço é que o homem se esforça por "méritos". Somente assim ele consegue tantos méritos. Mas justo nesse esforço e por esse esforço concede-se ao homem levantar os olhos para os celestiais. Não obstante esse levantar os olhos percorra toda direção acima rumo ao céu, permanece no abaixo da terra. Esse levantar os olhos mede o entre céu e terra. Esse entre possui uma medida comedida e ajustada ao habitar do homem. Chamaremos de dimensão a medida comedida, aberta através do entre céu e terra. A dimensão não surge porque céu e terra estejam voltados um para o outro. Ao contrário. Esse voltar-se para o outro repousa sobre a dimensão. A dimensão tampouco é uma extensão do espaço, entendido segundo a sua representação habitual. No sentido de arrumado, espaçado, o espacial já sempre necessita da dimensão, ou seja, daquilo a partir do qual é concedido.

A essência da dimensão é o comedimento tornado claro e, assim, mensurável do entre: tanto do acima rumo ao céu como do abaixo rumo à terra. Deixemos sem nome a essência da dimensão. De acordo com as palavras de Hölderlin, o homem mede a dimensão em se medindo com o celestial. O homem não realiza essa medição de maneira ocasional, mas é somente nesse medir-se que o homem é homem. E, na verdade, mesmo podendo obstruir, encurtar ou deformar esse medir-se, o homem nunca pode a ele furtar-se. Como homem, o homem sempre já se mediu com algo e nesse algo com o celestial. Até Lúcifer surge do céu. Por isso, os versos 28 e 29 dizem: *"o homem mede-se... com o divino"*. O divino é "a medida" com a qual o homem confere medida ao seu habitar, à sua morada e demora sobre a terra, sob o céu. Somente porque o homem faz, desse modo, o levantamento da medida de seu habitar é que ele consegue *ser* na medida de sua essência. O habitar do homem repousa no fato de a dimensão, a que pertencem tanto o céu como a terra, levantar a medida levantando os olhos.

Esse levantar a medida não levanta somente a medida da terra, γῆ. Não consiste em mera geo-metria. Tampouco faz para si um levantamento da medida do céu, οὐρανός. O levantamento de medida não é nenhuma ciência. O levantamento de medida mede o entre, que leva céu e terra um em direção ao outro. Esse levantamento de medida possui seu próprio μέτρον e, assim, sua própria métrica.

O levantamento de medida, inerente à essência humana, segundo a dimensão que corresponde à sua medida, traz o habitar

"... poeticamente o homem habita..."

para o seu aspecto fundamental. O levantamento de medida próprio à dimensão é o elemento em que o habitar humano tem seu sustento, é onde adquire sustentação e duração. O levantamento de medida constitui o poético do habitar. Ditar poeticamente é medir. Mas o que significa medir? Se a poesia deve ser pensada como um medir, ela não pode ser relacionada a uma representação irrefletida do que seja medir, do que seja uma medida.

É possível que a poesia seja uma medida extraordinária. E ainda mais. Talvez a frase: Ditar poeticamente é *medir*, deva se pronunciar com um outro acento: *Ditar poeticamente* é medir. Na poesia, acontece com propriedade o que todo medir é no fundo de sua essência. Por isso, cabe prestar atenção ao ato fundamental realizado pelo medir. Medir consiste, sobretudo, em se conquistar a medida com a qual se há de medir. Na poesia, acontece com propriedade a tomada de uma medida. No sentido rigoroso da palavra, poesia é uma tomada de medida, somente pela qual o homem recebe a medida para a vastidão de sua essência. O homem se essencializa como o mortal. Assim se chama porque pode morrer. Poder morrer significa: ser capaz da morte como morte. Somente o homem morre – e, na verdade, continuamente, enquanto se demora sobre esta terra, enquanto habita. Seu habitar se sustenta, porém, no poético. Hölderlin vislumbra a essência do "poético" na tomada de medida através da qual se cumpre plenamente o levantamento da medida da essência humana.

Como, porém, podemos querer provar que Hölderlin pensa a essência da poesia como tomada de medida? Aqui, não se precisa provar nada. Toda prova vem depois de se tomar como base certas pressuposições. Tudo se deixa provar depois de assumidas as pressuposições. Prestar atenção, porém, isso só podemos em relação a poucas coisas. Que seja suficiente, então, prestar atenção às próprias palavras do poeta. Nos versos seguintes, Hölderlin pergunta, sobretudo e propriamente, apenas pela medida. Esta é o divino com o qual o homem se mede. As perguntas começam com o verso 29: *"é deus desconhecido?"* Certamente que não. Pois sendo desconhecido como haveria de ser uma medida? Todavia – cabe agora escutar e guardar – deus é, para Hölderlin, desconhecido enquanto aquele que é um Ele. Mas, para o poeta, deus é a medida *enquanto esse des-*

174 Ensaios e conferências

conhecido. Por isso, Hölderlin se vê tão perturbado pela pergunta provocadora: como aquilo que, em sua essência, mantém-se desconhecido pode tornar-se medida? Aquilo com que o homem se mede deve ser participado, comunicado, deve aparecer. Aparecendo, torna-se conhecido. Deus é, porém, desconhecido e mesmo assim a medida. Não apenas isso. É mostrando-*se* como aquele que é um Ele, que o deus desconhecido deve aparecer como o que se mantém desconhecido. A *revelação* de deus e não ele mesmo, esse é o mistério. Por isso, o poeta faz uma outra pergunta: *"ele aparece como o céu?"* Hölderlin responde: *"acredito mais que seja assim."*

Por que, agora somos *nós* quem perguntamos, o poeta tende a acreditar mais nisso? As palavras que seguem imediatamente dão a resposta. Dizem laconicamente: *"É a medida dos homens"*. O que é a medida para o medir constitutivo do homem? Deus? Não! O céu? Não! O aparecer do céu? Não! A medida consiste no modo em que o deus que se mantém desconhecido aparece *como tal* através do céu. O aparecer de deus através do céu consiste num desocultamento que deixa ver o que se encobre. Deixa ver, mas não no sentido de tentar arrancar o que se encobre de seu encobrimento. Deixa ver no sentido de resguardar o que se encobre em seu encobrir-se. Assim é que o deus desconhecido aparece como o desconhecido através da revelação do céu. Esse aparecer é a medida com a qual o homem se mede.

Uma medida estranha, perturbadora, ao menos assim parece para a representação habitual dos mortais. Uma medida desconfortável para a facilidade do tudo compreender, que caracteriza o opinar cotidiano, esse que tanto quer se afirmar como a medida orientadora de todo pensamento e reflexão.

Uma medida estranha para o modo de representação comum e, em particular, para a representação estritamente científica. Uma medida que, de qualquer maneira, não constitui um padrão ou bastão facilmente manipulável. É, no entanto, uma medida mais simples de se manejar, ao menos quando nossas mãos não querem manipular, mas apenas se deixar guiar por gestos que correspondem à medida que aqui se deve tomar. Isso acontece num tomar que nunca extrai de si a medida, mas que a toma num levar em conta integrador, esse que permanece uma escuta.

"... poeticamente o homem habita..." 175

Por que, no entanto, essa medida tão estranha para nós, homens de hoje, deve fazer apelo para o homem e ser participada através da tomada de medida inerente à poesia? Somente porque essa medida mede com inteireza a essência do homem. Pois o homem habita em medindo o "sobre esta terra" e o "sob o céu". Esse "sobre" e esse "sob" se pertencem mutuamente. Esse seu imbricamento é uma medição que o homem está sempre a percorrer, sobretudo porque o homem *é* como o que pertence à terra. Um fragmento de Hölderlin diz[4]:

> *"Sempre, meu caro, a terra*
> *passa e o céu permanece."*

Porque o homem *é* em suportando a dimensão, a sua essência deve ser medida a cada vez. Para isso, ele precisa de uma medida que a cada vez vá ao encontro de toda a dimensão. Para o poeta, vislumbrar essa medida, medi-la como medida e tomá-la como medida, tudo isso tem um nome: ditar poeticamente. A poesia é essa tomada de medida e, na verdade, em favor do habitar humano. Imediatamente após as palavras: *"É uma medida do homem"*, seguem no poema os versos: *"Cheio de méritos, mas poeticamente o homem habita esta terra"*.

Será que sabemos agora o que é para Hölderlin o "poético"? Sim e não. Sim, enquanto recebemos uma indicação acerca da perspectiva em que se deve pensar a poesia, a saber, como uma medida privilegiada. Não, pois enquanto medição dessa estranha medida, a poesia mantém-se sempre cheia de mistérios. Assim deve manter-se, se estivermos dispostos a de-morarmo-nos no âmbito essencial da dicção poética.

Surpreendemo-nos, porém, quando Hölderlin pensa a poesia como um medir. E isso se explica porque representamos o que seja medir no modo que *nos* é costumeiro. Esse modo consiste em transcrever para o desconhecido algo conhecido, ou seja, escalas e números de modo a torná-lo conhecido e a poder delimitá-lo numa quantidade e numa ordem cada vez visível. Esse medir pode variar

---

4. Stuttgart, 2. ed. 1, p. 334.

176 Ensaios e conferências

dependendo da aparelhagem recomendada. Mas quem pode garantir que esse modo habitual de medir, apenas por ser habitual, já corresponda à essência do medir? Quando ouvimos falar de medida pensamos imediatamente em número e representamos ambos, medida e número, como algo quantitativo. Só que nem a essência da medida e nem tampouco a essência do número são um *quantum*. É certo que podemos fazer conta com números, mas não com a essência do número. Quando Hölderlin apreende a poesia como um medir e a realiza plenamente como uma tomada de medida, então, a fim de pensar a poesia, devemos considerar também primeiramente a medida que se toma na poesia. Devemos prestar atenção a esse modo de tomar, que longe de consistir num apossar-se ou agarrar reside em deixar vir ao encontro o que está na medida. Qual a medida para a poesia? O divino. Quer dizer deus? Quem é o deus? Talvez essa pergunta seja difícil demais para o homem e ainda demasiado prematura. Por isso, devemos perguntar primeiramente o que cabe dizer a respeito de deus. Perguntemos, de início, apenas: o que é deus?

Por sorte e como ajuda, preservaram-se versos de Hölderlin que pertencem, do ponto de vista do tempo em que foram escritos e da questão apresentada, ao âmbito do poema *"no azul sereno floresce..."*. Começam assim[5]:

> *"O que é deus? Para ele desconhecida e no entanto*
> *cheia de características é a fisionomia*
> *do céu. Os raios na verdade*
> *são a ira de um deus. Tanto mais invisível é*
> *aquele que se destina ao estranho."*

O que se mantém estranho para o deus, a fisionomia do céu, isso é para o homem o mais familiar. E o que é isso? Tudo o que brilha e floresce, soa e cheira, sobe e chega, passa e cai, lamenta e silencia, murcha e escurece, no céu e, assim, sob o céu e, também assim, sobre a terra. O desconhecido destina-se ao que é familiar para o homem e estranho para o deus a fim de manter-se resguardado como desconhecido. O poeta, porém, na palavra cantante, faz

---

5. Stuttgart, 2. ed.1, p. 210.

"... poeticamente o homem habita..."

apelo a todas as claridades que instauram a fisionomia do céu e a todas as ressonâncias de seus cursos e ares, trazendo à luz e ao som o que assim se faz apelo. O poeta, quando é poeta, não descreve o mero aparecer do céu e da terra. Na fisionomia do céu, o poeta faz apelo àquilo que no desocultamento se deixa mostrar precisamente como o que se encobre e, na verdade, *como* o que se encobre. Em tudo o que aparece e se mostra familiar, o poeta faz apelo ao estranho enquanto aquilo a que se destina o que é desconhecido de maneira a continuar sendo o que é = desconhecido.

O poeta dita poeticamente somente quando toma a medida em que pronuncia a fisionomia do céu de maneira a articular os seus modos de aparecer como a que se "destina" o deus desconhecido. O nome que se costuma dar à fisionomia e ao aspecto de alguma coisa é "imagem". A essência da imagem é: deixar ver alguma coisa. Por outro lado, as reproduções e imitações são deformações da imagem propriamente dita que, enquanto fisionomia, deixa ver o invisível, dando-lhe assim uma imagem que o faz participar de algo estranho. Tomando essa medida cheia de mistério, a saber, a fisionomia do céu, a poesia fala por "imagens". Assim e num sentido muito privilegiado, as imagens poéticas são imaginações. Imaginações e não meras fantasias ou ilusões. Imaginações entendidas não apenas como inclusões do estranho na fisionomia do que é familiar, mas também como inclusões passíveis de serem visualizadas. O dizer poético das imagens reúne integrando a claridade e a ressonância dos muitos aparecimentos celestes numa unidade com a obscuridade e a silenciosidade do estranho. É através dessa fisionomia que um deus gera estranheza. Na estranheza, ele anuncia a sua proximidade ininterrupta. Por isso, após os versos *"cheio de méritos, mas poeticamente o homem habita esta terra"*, Hölderlin prossegue dizendo:

> *"... Mais puro, porém,*
> *do que a sombra da noite com as estrelas,*
> *se assim posso dizer, é*
> *o homem, esse que se chama imagem do divino."*

"... a sombra da noite" – a noite, ela mesma, é a sombra, aquela obscuridade que jamais pode se tornar simples treva porque, enquanto sombra, está confiada à luz, permanecendo algo lançado

pela luz. A medida, que o poeta toma, tem como destino o estranho em que o invisível resguarda a sua essência, na fisionomia familiar do céu. É por isso que a medida tem o modo essencial do céu. O céu não é, contudo, mera luz. O brilho de seu alto é, nele mesmo, a obscuridade dessa sua vastidão tudo abrangente. O azul do azul sereno do céu é a cor do profundo. O brilho do céu é a aurora e o crepúsculo do ocaso, que recolhe tudo que se pode dizer. Esse céu é a medida. Por isso, o poeta faz a pergunta:

"Existe sobre a terra uma medida?"

E deve responder que: *"não há nenhuma".* Por quê? Porque aquilo que nomeamos ao dizer *"esta terra"* só se sustenta enquanto o homem habita a terra e, no habitar, deixa a terra ser terra.

O habitar, contudo, só acontece se a poesia acontece com propriedade e, na verdade, no modo em que agora intuímos a sua essência, ou seja, como a tomada de uma medida para todo medir. Ela mesma é a medição em sentido próprio e não mera contagem com medidas previamente determinadas no intuito de efetivar projetos. A poesia não é, portanto, nenhum construir no sentido de instauração e edificação de coisas construídas. Todavia, enquanto medição propriamente dita da dimensão do habitar, a poesia é um construir em sentido inaugural. É a poesia que permite ao homem habitar sua essência. A poesia deixa habitar em sentido originário.

A frase: o homem habita à medida que constrói, adquire agora uma acepção própria. O homem não habita somente porque instaura e edifica sua morada sobre esta terra, sob o céu, ou porque, enquanto agricultor, tanto cuida do crescimento como edifica construções. O homem só é capaz de construir nessa acepção porque já constrói no sentido de tomar poeticamente uma medida. Construir em sentido próprio acontece enquanto os poetas forem aqueles que tomam a medida para o arquitetônico, para a harmonia construtiva do habitar.

Numa carta a seu amigo Leo von Seckendorf, escrita em Nürtigen aos 12 de março de 1804, Hölderlin diz o seguinte: "A fábula, visão poética da história e arquitetura celeste, tem me ocupado

"... poeticamente o homem habita..."

bastante atualmente, sobretudo, a nossa nacional por ser diversa da grega" (Hellingrath V, p. 333)

"... poeticamente o homem habita..."

A poesia constrói a essência do habitar. Ditar poeticamente e habitar não apenas não se excluem. É mais do que isso. Ditar poeticamente e habitar se pertencem mutuamente no modo em que um exige o outro. *"Poeticamente o homem habita"*. E *nós* habitamos poeticamente? Parece que habitamos sem a menor poesia. Se é assim, será mentirosa e não verdadeira a palavra do poeta? Não. A verdade de suas palavras se confirma da maneira mais inacreditável. Pois um habitar só pode ser sem poesia porque, em sua essência, o habitar é poético. Um homem só pode ser cego porque, em sua essência, permanece um ser capaz de visão. Um pedaço de madeira nunca pode ficar cego. Se, no entanto, o homem fica cego, então sempre ainda se pode colocar a pergunta se a cegueira provém de uma falta e perda ou se consiste num excesso e abundância desmedida. No mesmo poema em que reflete sobre a medida para todo medir, Hölderlin diz (versos 75-76): *"Édipo-rei tem um olho a mais"*. É possível que nosso habitar sem poesia, que nossa incapacidade de tomar uma medida provenha da estranha desmedida que abusa das contagens e medições.

Em todo caso, só podemos fazer a experiência de que habitamos sem poesia e em que medida isso acontece, se conhecemos o poético. Se e quando uma virada nesse habitar sem poesia há de acontecer, isso só devemos esperar prestando atenção ao poético. Como e em que extensão nosso fazer e nosso deixar de fazer são partes ativas dessa virada, isso só podemos garantir levando a sério o poético.

A poesia é a capacidade fundamental do modo humano de habitar. O homem, porém, só consegue ditar poeticamente segundo a medida pela qual a sua essência é apropriada àquilo que o homem é capaz e assim faz uso de sua essência. De acordo com a medida dessa apropriação, a poesia pode ser própria ou imprópria.

Isso explica por que a poesia, propriamente dita, não se deixa apropriar em qualquer época. Quando e por quanto tempo aconte-

180 Ensaios e conferências

ce a poesia propriamente? Hölderlin responde a essa pergunta nos versos 26 a 29. Foi intencionalmente que deixamos esses versos sem uma interpretação. Os versos dizem:

"... Enquanto perdurar junto ao coração
a amizade, Pura, o homem pode medir-se
sem infelicidade com o divino..."

"A amizade" – que é isto? Uma palavra inocente que Hölderlin, no entanto, nomeia usando em letras maiúsculas o adjetivo "Pura". "A amizade", tomada literalmente, essa palavra é uma extraordinária tradução feita por Hölderlin do termo grego *kháris* (χάρις). Na tragédia *Aias* (verso 522), Sófocles diz o seguinte sobre a *kháris* (χάρις):

χάρις χάριν γάρ ἐστιν ἡ τίκτουσ᾽ἀεί.
"A benevolência é o que sempre faz apelo à benevolência."

"Enquanto perdurar junto ao coração a amizade, Pura...". Hölderlin diz, numa expressão por ele muito apreciada, "junto ao coração" e não "no coração". "Junto ao coração" significa o que advém nessa essência do homem de ser aquele que habita, o que advém como apelo da medida junto ao coração de tal maneira que o coração se volte para essa medida.

Enquanto perdurar esse advento da benevolência, o homem tem a felicidade de medir-se com o divino. Se esse medir-se acontece com propriedade, o homem dita poeticamente a partir da essência do poético. Se o poético acontece com propriedade, o homem habita esta terra humanamente, "a vida do homem" que, como diz Hölderlin em seu último poema, é uma "vida habitante"[6].

Mirante
Quando dos homens a vida habitante avança ao longe,
Onde o tempo das vinhas brilha ao longe,
E onde há também campos vazios de verão,
A floresta aparece com sua imagem obscura.

---

6. Stuttgart, 2. ed. 1, p. 312.

"... poeticamente o homem habita..."   181

Que a natureza faça brilhar a imagem dos tempos,
Que ela permaneça enquanto estes passam tão rápido,
Tudo é obra da plenitude, o alto do céu brilha assim
Para o homem como árvores coroadas de frutos.

Tradução de Marcia Sá Cavalcante Schuback

LOGOS
——— (HERÁCLITO, FRAGMENTO 50) ———

Longo é o caminho de que nosso pensamento mais necessita. Ele nos leva àquela simplicidade que, com o nome de λόγος, sempre permanece para ser pensada. Raros são os sinais que apontam para o caminho.

O que segue tenta dar alguns passos neste caminho, pensando com liberdade sob a guia de um fragmento de Heráclito (B 50). Talvez cheguemos a nos avizinhar do lugar em que a sentença desse fragmento nos fala da maneira mais digna de ser questionada:

οὐκ ἐμοῦ ἀλλὰ τοῦ Λόγου ἀκούσαντας
ὁμολογεῖν σοφόν ἐστιν ῞Εν Πάντα.

Uma das traduções mais aceitas diz no seu todo:

"Se não me haveis escutado a mim, mas o sentido,
É sábio dizer no mesmo sentido: *um é tudo*" (Snell).

A sentença fala de ἀκούειν, escutar e ter escutado, de ὁμολογεῖν, dizer o mesmo, do Λόγος, a sentença e o dito, de ἐγώ, o próprio pensador, como λέγων, como falante. Heráclito pensa uma fala e um dizer. Ele enuncia o que diz o Λόγος: ῞Εν Πάντα, um é tudo. A sentença parece compreensível em todas as suas dimensões. E, no entanto, tudo são questões. O que é mais digno de ser questionado é o mais óbvio de tudo, a saber, nossa suposição de que a sentença de Heráclito há de ser imediatamente clara para nosso entendimento diário, esse que chega tardiamente. Trata-se de uma exigência que, por suposição, nem os companheiros de tempo e caminhada de Heráclito satisfizeram.

Corresponderíamos melhor a seu pensamento, ao concordar que alguns enigmas persistem na própria coisa pensada e não so-

184 Ensaios e conferências

mente para nós ou mesmo para os antigos. Chegaremos mais perto se recuarmos e nos posicionarmos diante dos enigmas. Pois assim mostrar-se-á que, para o enigma aparecer, como enigma, é mister, antes de qualquer coisa, esclarecer o que significa λόγος e λέγειν.

Desde a Antiguidade, interpretou-se o Λόγος de Heráclito das maneiras mais diversas: ora como *Ratio*, ora como *Verbum*, ora como lei do mundo, ora como o que é lógico e a necessidade de pensamento, ora como sentido, ora como razão. Sempre de novo um convite à razão insiste, como o parâmetro de todo fazer e deixar de fazer. Mas o que poderá a razão se, junto com a des-razão e a anti-razão, ela se mantém no patamar de uma mesma negligência? Ou seja, da negligência, que se esquece de pensar de onde provém a essência da razão e de se empenhar por seu advento? O que poderá fazer a lógica, λογική (ἐπιστήμη), de qualquer espécie que seja, se nunca começamos a prestar atenção ao Λόγος e nem seguir sua essência originária.

É do λέγειν que depreendemos o que é o λόγος. O que significa λέγειν? Todo mundo que conhece a língua grega sabe a resposta: λέγειν significa dizer e falar; λόγος significa: λέγειν, como *aussagen* – enunciar, e λεγόμενον, como o enunciado *ausgesagten*.

Quem poderia negar que, desde cedo na língua dos gregos, λέγειν significa falar, dizer, contar? Todavia, igualmente cedo e de modo ainda mais originário e por isso mesmo sempre, portanto, no significado de dizer e falar já mencionado, λέγειν diz o mesmo que a palavra alemã *legen*, a saber: de-por, no sentido de estender e prostrar, pro-por, no sentido de adiantar e apresentar. Em *legen* vive colher, recolher, escolher, o latim *legere*, no sentido de apanhar e juntar. Λέγειν diz propriamente um de-por e pro-por que recolhe a si e o outro. A forma do médio, λέγεσθαι diz prostrar-se no recolhimento do repouso. λέχος é a cama; λόχος é a emboscada onde se trama e se posta uma armadilha. (É aqui também que se há de pensar o antigo verbo ἀλέγω – α copulativo, no significado de algo se *põe* sobre o peito, algo me preocupa, que começa a desaparecer depois de Ésquilo e Píndaro.)

Inquestionável é, no entanto, que λέγειν significa também, até de forma predominante senão exclusiva, falar e dizer. Será, en-

Logos (Heráclito, fragmento 50)   185

tão, que devemos abandonar simplesmente o sentido próprio de de-por e pro-por em favor do sentido predominante e corrente, que ainda se diversifica de muitas maneiras? Poderemos aventurar-nos a tanto? Ou não estará finalmente em tempo de nos dedicarmos a uma questão que, por suposto, vai decidir muitas coisas?

A questão é: como e em que medida o sentido próprio de de-por e pro-por chegou a significar dizer e falar?

Para se ter um ponto onde apoiar uma resposta, impõe-se uma reflexão sobre o que, propriamente, se encontra em λέγειν, no sentido de *legen*, de-por e pro-por. *Legen* significa estender e prostrar mas, ao mesmo tempo, significa também pôr uma coisa junto com outra, pôr em conjunto, ajuntar. *Legen*, de-por e pro-por, é *lesen*. O *lesen*, que mais conhecemos, o *lesen*, no sentido de ler, é apenas uma variedade de ajuntar – embora ela se tenha deslocado para o primeiro lugar. A colheita de espigas apanha os frutos do solo e os recolhe. *Traubenlese*, a vindima colhe as uvas dos sarmentos da cepa. Ora, apanhar e colher se dão e acontecem num juntar. Enquanto ficarmos presos à visão comum, temos a tendência de considerar este ajuntar, como a colheita, ou até, como toda a colheita. Ora, colher é mais do que um simples ajuntar. A toda colheita pertence sempre um recolher, que acolhe. E no recolhimento vige e opera uma ação de albergar, que conserva. Aquele *"mais"* do colher ultrapassa o mero ajuntamento, por não lhe vir acrescentar-se de fora e, muito menos ainda, por lhe ser o último ato, servindo-lhe de conclusão. O conservar da colheita toma para si e assume o início de todos os passos do colher no encadeamento de sua sequência. Olhando-se apenas a sucessão dos atos, vemos somente uma série em que ao apanhar e colher se segue o ajuntar, a este, o recolher, a este, o albergar em silos e no celeiro. Assim, confirma-se a impressão de que conservar e preservar não pertenceriam à colheita. Todavia, o que seria de uma colheita que não fosse, ao mesmo tempo, movida e carregada pelo traço fundamental de um abrigar? Abrigar é o primordial na essência estruturante da colheita.

Mas abrigar não é guardar qualquer coisa que se ache em algum tempo e lugar. Recolhimento, que tem seu princípio no abrigar, a colheita, já é sempre em si mesmo uma seleção do que exige e requer abrigo. Ora, toda seleção se determina pelo que, dentro do selecionável, se impõe a ser eleito e escolhido. Escolher (no alemão: *Vorlese*, a escolha prévia) é, pois, o primeiro de tudo, o primordial em todo abrigar, que constitui a essência de uma colheita. Pois nele se insere a seleção, que subordina a si todo ajuntar, todo recolher, todo albergar.

A ordem dos atos na atividade do recolhimento não coincide com a ordem dos traços de colher e carregar em que repousa a essência de uma colheita.

Ao mesmo tempo, pertence a todo recolhimento que os colhedores se recolham, isto é, concentrem sua ação em abrigar e, só então, recolhidos pelo vigor de abrigar, colham. A colheita exige por ela e para si mesma esse recolhimento. No colher recolhido vigora um recolhimento originário.

Mas o colher a ser pensado assim não é, de forma alguma, algo que se venha acrescentar de fora ao de-por e pro-por. Nem se limita simplesmente a acompanhá-los. Ao contrário, o colher já se acha instalado no fundo de todo de-por e pro-por. Todo colher já é sempre de-por e pro-por e, vice-versa, todo de-por e pro-por são em si mesmos recolhedores. Pois o que diz de-por e pro-por? Diz prostrar uma coisa, deixando-a disponível num conjunto com outras coisas. Temos o costume de tomar todo "deixar", no sentido de largar e deixar para lá. Neste caso, de-por e pro-por, prostrar e deixar disponível significariam, então, já não se importar com o real, significariam passar por cima do real. Mas λέγειν, *legen*, de-por e pro-por diz, justamente em seu estar-disponível-num-conjunto, que o disponível nos interessa e concerne. O *legen*, de-por e pro-por, enquanto deixar disponível num conjunto, se empenha por manter, como *o* real, o que está assim de-posto e pro-posto. (*Legi* diz no alemano a barragem disposta e instalada no rio contra a corrente das águas.)

O de-por e pro-por a ser pensado agora, o λέγειν, já abandonou de antemão, até nem conheceu, a pretensão de postar o real, isto é, de pô-lo no posto e lugar que ocupa. O único empenho do de-por e pro-por, como λέγειν, é deixar que o que se dispõe por si mesmo num conjunto, seja entregue, *como* real, à proteção que o preserva disposto. Que proteção é esta? É a proteção da verdade. Pois o disposto num conjunto está posto e de-posto no des-encobri-

Logos (Heráclito, fragmento 50) 187

mento, está instalado no des-encobrimento, é substrato subjacente no des-encobrimento, isto é, está abrigado pelo e no des-encobrimento. Ao deixar o real dispor-se num conjunto, o λέγειν se empenha por abrigar o real no des-coberto. O κεῖσθαι, estar disposto para si, do ὑποκείμενον, do substrato subjacente, não é nada mais nada menos do que a *vigência* do real no des-encobrimento. É neste λέγειν do ὑποκείμενον que se acolhe o λέγειν do recolhimento. O único compromisso do λέγειν, enquanto deixar o real dispor-se num conjunto, é com o abrigo do real no des-encobrimento e por isso é a preservação, que determina, de antemão, o recolhimento constitutivo do de-por e pro-por.

Λέγειν é *legen*, de-por e pro-por. E este diz que, recolhido em si, o real é o disponível vigente em conjunto.

A questão é como e em que medida o sentido próprio de λέγειν, de-por e pro-por, chegou a significar dizer e falar. A reflexão anterior já contém a resposta. Pois ela nos leva a pensar que já não se pode perguntar desta maneira. E por que não? Pois, no que se pensou até aqui, não estava em jogo, de forma alguma, a passagem do significado de "por" do verbo λέγειν para o significado de "dizer".

No que precedeu, não se tratou da evolução semântica de vocábulos. Deparamo-nos com um acontecimento em que se apropria essência, um acontecimento, cujo vigor extraordinário ainda hoje se encobre e esconde em sua simplicidade.

Desde cedo, o dizer e falar dos mortais acontece, em sua propriedade, no λέγειν, como de-por e pro-por. Dizer e falar vigoram sempre no deixar dispor-se num conjunto tudo que vige postado no des-encobrimento. O λέγειν originário aconteceu cedo e, como dizer e falar, se desenvolveu de modo a reger e atravessar todo des-encoberto. De-por e pro-por, o λέγειν, se deixa sobrepujar por esta modalidade de si mesmo, que se tornou prevalente. Mas só o faz para depositar, de antemão, a essência de todo dizer e falar no domínio e sob a regência do *legen*, do de-por e pro-por, em sentido próprio.

O fato de λέγειν se dar, como *legen*, como de-por e pro-por, onde dizer e falar têm sua essência, este fato aponta para a mais antiga e a mais rica das decisões. De onde ela provém? É uma pergunta de peso e, presumivelmente, é a mesma que esta outra: até onde

188 Ensaios e conferências

alcança os confins extremos, donde possivelmente lhe advém a essência de Linguagem. Pois todo dizer, deixando o real dispor-se no recolhimento, recebe seu modo de ser da re-velação do que se dispõe em conjunto. Ora, desencobrir o encoberto, levando-o a desencobrir-se, constitui a vigência própria do real. Nós o chamamos de ser do sendo, isto é, ser do que é e está sendo. Assim, o falar da Linguagem, que vige no λέγειν como *legen*, como de-por e pro-por, não se determina nem pela voz (φωνή), articulação de sons, nem pela significação (σημαίνειν), articulação de referências semânticas. De há muito que expressão e significação valem, como manifestações, que, sem discussão, formam aspectos característicos da Linguagem. Mas nem tocam no âmbito em que acontece a moldagem originária da Linguagem, nem têm condições de determinar-lhe as características principais. O fato de o dizer dar-se, como *legen*, como de-por e pro-por e, portanto, o fato de o falar aparecer, como λέγειν, e isto, desde cedo, de modo repentino e como se nada estivesse acontecendo, este fato produziu um fruto estranho. O pensamento humano nem se espantou com um tal acontecimento de apropriação e nem percebe nele um mistério, o mistério que traz consigo um envio essencial do ser ao homem. Talvez o reserve para o instante do destino histórico, em que a destruição do homem lhe atinge não apenas a condição e solidez mas em que um desequilíbrio radical lhe põe em perigo a própria essência.

Dizer é λέγειν. Esta afirmação, quando bem pensada, se despe, então, de tudo que é banal, desgastado e vazio. Evoca sim o mistério insondável de a fala da Linguagem acontecer em sua propriedade pelo des-encobrimento do vigente e se determinar de acordo com a disponibilidade que deixa o real à disposição num conjunto. Será que o pensamento vai aprender finalmente a sentir um apelo e uma provocação para pensar no fato de Aristóteles ainda haver definido o λέγειν como ἀποφαίνεσθαι? O λόγος leva o fenômeno, isto é, aquilo que se põe à disposição, a aparecer por si mesmo, a brilhar à luz de seu mostrar-se (cf. *Ser e tempo*, § 7B).

Dizer é deixar o real disponível num conjunto que, recolhido, acolhe. O que será, então, ouvir, se esta é a essência de falar? Sendo λέγειν, a fala não se determina pelo som que se expressa com sentido. Ora, se dizer não se define pela articulação de sons, o ou-

Logos (Heráclito, fragmento 50)   189

vir correspondente também não poderá consistir, primordialmente, em se apreender o som, que entra pelos ouvidos, nem em
transmitir os tons, que estimulam a audição. Se ouvir fosse, sempre
e primordialmente, apreender e transmitir sons, ao que se viriam
juntar outros processos, os sons entrariam por um ouvido e sairiam
pelo outro, e ficar-se-ia nisto. É o que de fato acontece se não nos re-
colhermos ao apelo da fala. Ora, o apelo, que nos chega na fala, é,
em si mesmo, o que se dispõe e propõe recolhido numa reunião. Ouvir é propriamente este recolher-se, que se concentra num apelo e
numa provocação. Ouvir é primordialmente auscultar, uma escuta
concentrada. Na ausculta, vige e vigora um conjunto de escutas. Ouvimos quando somos todo ouvidos. Mas "ouvido" não é o aparelho
auditivo. Como aparelho dos sentidos, os ouvidos fisiológicos e ana-
tômicos nunca vão provocar uma escuta, nem mesmo se reduzirmos
a escuta à percepção de ruídos, sons e tons. É que uma tal percepção
não se pode constatar anatomicamente nem provar fisiologicamente
ou, de maneira geral, entendê-la, como um processo biológico do or-
ganismo, muito embora toda percepção só possa viver encarnada
num corpo. Assim, enquanto partirmos, seguindo as ciências, de dados acústicos para pensar a escuta, tudo fica de cabeça para baixo e
de pernas para o ar. Pois, então, achamos falsamente que o funcionamento do aparelho auditivo de nosso corpo constituiria a audição
propriamente dita. Em contraposição, escutar, no sentido da ausculta e obediência, não passaria de uma metáfora. Seria a transferência
da audição propriamente dita para o nível do espírito. Sem dúvida,
podem-se constatar muitas coisas úteis no âmbito das pesquisas científicas. Pode-se mostrar que os tons são oscilações periódicas da
pressão do ar de determinada frequência em nossa percepção. Partindo de constatações deste gênero, pode-se organizar uma pesquisa
sobre a audição que somente especialistas em fisiologia dos sentidos
são capazes de entender soberanamente.

Sobre a escuta, em sentido próprio, talvez só se possa dizer
muito pouca coisa que, no entanto, diz respeito e concerne diretamente todo ser humano. Aqui o que urge não é pesquisar. É sim,
pensando meditativamente, respeitar algo bem simples. Pertence à
escuta propriamente dita a possibilidade de o homem ouvir mal,
não escutando o essencial. Se, pois, os ouvidos não compõem diretamente a escuta, no sentido da ausculta e obediência, é porque

ouvir constitui um caso todo especial. Temos ouvidos e dispomos organicamente de orelhas porque escutamos. Os mortais só escutam o ribombar do trovão no céu, o ramalhar das árvores na floresta, o rumor das águas na fonte, o ressoar das cordas no alaúde, a vibração do motor no carro, o alarido das ruas na cidade à medida que, de alguma maneira, já pertencem e não pertencem, ao mesmo tempo, a tudo isso.

Somos todo ouvidos quando transpomos simplesmente o recolhimento para a escuta e esquecemos, por completo, os ouvidos e o simples afluxo dos sons. Esticando apenas os ouvidos para o soar das palavras nas expressões de quem fala, ainda não escutamos nada. Assim nunca chegaremos a escutar alguma coisa em sentido próprio. Mas, então, quando é que se dá e acontece esta escuta? Nós só escutamos quando *pertencemos* ao apelo que nos traz a fala. Pois bem, dizer o apelo da fala é isto que diz λέγειν, deixar o real disponível no seu conjunto. Pertencer ao apelo da fala não é senão deixar o real, que se de-põe e pro-põe em conjunto, dispor-se, como um todo, em sua disponibilidade. Este deixar põe o disponível, como disponível. E o põe, como ele mesmo. Pois põe um e o mesmo na unidade de um só. Põe a unidade de algo como ele mesmo. Este λέγειν põe assim um e o mesmo na unidade do mesmo, ὁμόν. Este λέγειν é, pois, um ὁμο-λογεῖν: trata-se de deixar dispor-se como ele mesmo, o disponível recolhido na unidade de sua disposição.

O escutar propriamente dito mora no ὁμολογεῖν do λέγειν. Neste sentido, escutar é λέγειν, um λέγειν que deixa disponível o que já está disposto num conjunto e já está assim, a partir de um *legen*, de um de-por e pro-por que, em sua disposição, concerne a tudo que, por si mesmo, já se acha disponível num conjunto. Neste *legen*, neste de-por e pro-por extraordinário, é que vige e mora em sua propriedade o Λόγος.

Com isto se evoca o Λόγος: ὁ Λόγος, o *legen*, o de-por e pro--por, é o puro deixar dispor-se em conjunto o que, por si mesmo, assim se prostra. O Λόγος vige, pois, no e como o puro *legen*, o puro de-por e pro-por, que colhe, escolhe e recolhe no recolhimento de uma concentração. O Λόγος é, assim, o recolhimento originário de uma colheita original a partir de uma postura inaugural. ὁ Λόγος é postura recolhedora e nada mais.

Logos (Heráclito, fragmento 50)   191

Mas não será que tudo isto não passa de uma interpretação arbitrária e de uma tradução demasiado estranha para o entendimento habitual, que pretende reconhecer no Λόγος o sentido e a razão? Ao primeiro contato, soa deveras estranho e talvez assim permaneça ainda por muito tempo, caso o Λόγος signifique a postura recolhedora. Mas como será possível decidir se a essência do Λόγος, que esta tradução supõe, corresponde mesmo, embora minimamente, ao que Heráclito pensou e evocou com o nome de ὁ Λόγος?

O único caminho para se decidir é pensar o que o próprio Heráclito diz na sentença mencionada no fragmento. A sentença começa: οὐκ ἐμοῦ..., começa com um *não...* que recusa, rejeita e repele secamente. O *não* se refere e remete ao próprio Heráclito que diz e está falando. O *não* atinge também a escuta dos mortais. Não deveis escutar a mim, a saber, este falante, a articulação de sua fala. Não se escuta, em sentido próprio, enquanto os ouvidos se prenderem ao som e fluxo da voz humana para retirar daí um modo de falar e um conteúdo dito. Heráclito começa a sentença recusando toda escuta pelo simples prazer de ouvir. Funda, porém, esta recusa numa indicação do sentido próprio de escutar.

οὐκ ἐμοῦ ἀλλὰ... não deveis ficar vidrados escutando a mim mas... a escuta dos mortais deve voltar-se para outra coisa. Para o quê? ἀλλὰ τοῦ λόγου. ὁ Λόγος determina o modo de ser de uma escuta em sentido próprio. O Λόγος é mencionado simplesmente, sem nenhuma determinação. Não pode, pois, significar uma coisa qualquer entre muitas outras. Por isso, também a escuta segundo o Λόγος não pode virar-se ocasionalmente para ele e, logo a seguir, passar-lhe de novo ao largo. Para uma escuta, em sentido próprio, os mortais já devem ter escutado o Λόγος e tê-lo escutado numa pertinência, que diz e significa pertencer ao Λόγος.

οὐκ ἐμοῦ ἀλλὰ τοῦ Λόγου ἀκούσαντας: "uma escuta em sentido próprio só acontece se não derdes ouvido apenas a mim (que falo), mas se vos mantiverdes numa pertinência obediente ao Λόγος".

O que acontece então quando isto se dá? Acontece o ὁμολογεῖν, que só pode ser o que é, num λέγειν e como λέγειν. Em sentido próprio, a escuta pertence ao Λόγος. E some-nte por isso ela é

192 Ensaios e conferências

um λέγειν. Em certo sentido, a escuta própria dos mortais é o mesmo que o Λόγος. Por outro lado, justamente por ser e para ser um ὁμολογεῖν, ela não pode ser o mesmo, pois, em si mesma, não é o Λόγος. O ὁμο-λογεῖν permanece antes um λέγειν, que só de-põe e pro-põe, e só deixa dispor-se o que, como ὁμόν, já está recolhido, como o todo de um conjunto, e se acha disponível numa disposição que nunca provém do ὁμολογεῖν mas repousa no Λόγος, na postura recolhedora.

Mas então o que acontece quando se dá uma escuta em sentido próprio, entendida como ὁμολογεῖν? Heráclito diz: σοφὸν ἔστιν. Quando se dá o ὁμολογεῖν, acontece o σοφόν em sua propriedade. A nossa leitura do texto é σοφὸν ἔστιν. Costuma-se traduzir corretamente σοφόν por "sábio". Mas o que diz e significa "sábio"? Significará apenas o saber dos antigos sábios? O que sabemos deste saber? Se este saber for um ter visto, cuja visão não pertence aos olhos da carne, tampouco como ter escutado pertence ao aparelho auditivo, então pode-se presumir que ter visto coincide com ter escutado. Ver e escutar não dizem mera apreensão e sim uma atitude. Mas qual? Aquela atitude que se atém à morada dos mortais. Trata-se de uma morada que se mantém no disponível que a postura acolhedora cada vez põe à disposição. Assim, pois, o σοφόν diz o que se pode ater ao já dispensado, diz o que se lhe pode adequar, o que se pode aviar do já proporcionado. Enviada, a atitude tem um endereço. Quando se quer dizer que alguém é especialmente dotado para alguma coisa, o dialeto usa ainda expressões tais como "ele tem um jeito para" (*ein Geschick dafür haben*), "ele foi enviado para tal desempenho" (*einen Schick an etwas machen*). É neste uso que poderemos encontrar melhor o significado de σοφόν, sábio. Aqui vamos traduzi-lo por envio sábio (*geschicklich*). Desde o início, porém, envio sábio diz muito mais do que habilidade, jeito. Quando *há* escuta verdadeira, entendida como ὁμολογεῖν, então acontece propriamente um destino, então o λέγειν dos mortais se sintoniza com o Λόγος e se empenha pela postura recolhedora. Então o λέγειν se dispõe ao envio sábio que consiste no recolhimento da pro-posta originariamente acolhedora, isto é, que consiste no que a pro-posição recolhedora dispensou. Assim, pois, quando os mortais levam à plenitude uma escuta verdadeira, há decerto um envio sábio. Mas σοφόν, envio sábio não é τὸ σοφόν,

Logos (Heráclito, fragmento 50)

o destino, que assim se chama por reunir em si todo envio sábio e precisamente o envio sábio dispensado aos mortais e, no entanto, ainda não se chegou ao que é o Λóγος para o pensamento de Heráclito. Não se pode decidir ainda se a tradução de Λóγος, como a proposição recolhedora atinja, minimamente que seja, o que é o Λóγος.

E já estamos diante de outra palavra misteriosa: τò σοφóν. Enquanto não tivermos seguido até o fim toda a sentença que a inclui, será em vão nosso esforço em pensá-la no sentido de Heráclito.

À medida que a escuta dos mortais se tornou escuta verdadeira, acontece ὁμολογεῖν. À medida que acontece ὁμολογεῖν é que se dá um envio sábio. Mas onde é que se dá e como é que se dá um envio sábio? Heráclito diz: ὁμολογεῖν σοφòν ἔστιν Ἓν Πάντα: "acontece um envio sábio em sua propriedade, à medida que um é tudo".

O texto corrente hoje em dia é ἓν πάντα εἶναι. O εἶναι é uma alteração da única versão transmitida pela tradição: ἓν πάντα εἶναι, que se entende no sentido de: é sábio saber que tudo é um. A correção para εἶναι está mais de acordo com a coisa. Mas vamos deixar o verbo de fora. Com que direito? Porque basta o Ἓν Πάντα! E não basta apenas. Concorda muito mais com a coisa pensada e com o estilo do dizer de Heráclito. Ἓν Πάντα, Um: tudo; tudo: um.

Com que facilidade se pronunciam essas palavras! Como parece evidente o que se diz e se fala mais ou menos. Uma variedade infinda de significações oscilantes se aninha nestas duas palavras perigosamente inocentes: ἕν e πάντα. Nelas, pode-se encontrar tanto a superficialidade fugidia de uma representação relaxada como o cuidado hesitante de um pensamento que questiona. Uma explicação apressada do mundo pode-se valer da sentença – "um é tudo" – para apoiar-se numa fórmula sempre correta em qualquer tempo e lugar. Mas no Ἓν Πάντα podem-se calar os primeiros passos de um pensador que, muito antes, seguiram o destino do pensamento. Neste último caso, encontram-se as palavras de Heráclito. Não lhes conhecemos o teor, no sentido de poder reavivar o modo de representação de Heráclito. Também estamos muito longe de sondar, com a meditação do pensamento, todas as dimensões do que foi pensado naquelas palavras. Entretanto, mesmo com toda esta distância, não seria impossível traçar, com mais clareza, algumas coordenadas, que dimensionam o espaço das palavras Ἕν e Πάντα e da expressão Ἕν Πάντα. Trata-se de um traçado que, muito mais do que desenho completo e seguro, seria esboço de uma tentativa livre. Só teremos condições, sem dúvida, de tentar tal esboço, pensando o que Heráclito diz pela unidade da sentença. A sentença fala do Λόγος, dizendo o que é e como é o saber enviado. A sentença se completa no Ἕν Πάντα. Será que estas palavras são uma mera conclusão ou será que, assim dizendo e falando, ao revés é que abrem o que há para dizer?

A interpretação corrente entende a sentença de Heráclito da seguinte maneira: é sábio escutar a pronúncia do Λόγος e considerar o sentido do pronunciado, repetindo o que se escuta no enunciado: um é tudo. Há, pois, o Λόγος. Este tem algo a anunciar. Há, portanto, o que ele enuncia, a saber, que tudo é um.

Todavia, o Ἕν Πάντα não é *o que* o Λόγος anuncia na enunciação da sentença nem o que dá a entender, como o sentido do enunciado. Ἕν Πάντα não é *o que* o Λόγος enuncia, mas Ἕν Πάντα fala do vigor em que Λόγος vige e se dá.

Ἕν é unicamente uno, por unificar. Unifica, reunindo. Reúne, deixando o disponível dispor-se como tal em seu todo, no recolhimento. O unicamente uno unifica, como postura recolhedora. Essa união, que recolhedoramente de-põe e pro-põe, recolhe em si o uno unificador a fim de ele *ser*, como tal, o único. O Ἕν Πάντα enunciado na sentença de Heráclito aponta simplesmente para o que é o Λόγος.

Será que nos desviaremos muito do caminho se, antes de qualquer interpretação profunda da metafísica, pensarmos o Λόγος, como λέγειν, e pensando, levarmos a sério que, como um deixar dispor-se num conjunto recolhedor, o λέγειν não pode ser senão o vigor da união, que tudo recolhe à totalidade de uma simples vigência? Só há uma resposta competente à pergunta o que é o Λόγος. Em nossa formulação, a resposta é: ὁ Λόγος λέγει; o Λόγος deixa dispor-se num conjunto! O quê? Πάντα. No início do fragmento B7, Heráclito nos diz diretamente e sem rodeios o que esta palavra evoca: εἰ πάντα τὰ ὄντα, "se tudo (a saber) que vige...". Como Λόγος, a postura recolhedora posta no des-encobrimento tudo que vige. O *legen*, o de-por e pro-por é um dar abrigo. Ele abriga todo

Logos (Heráclito, fragmento 50) 195

vigente em sua vigência, donde o λέγειν dos mortais pode extrair propriamente cada vigente. O Λόγος posta, isto é, repõe o vigente na vigência. Vigência significa, porém: *tendo chegado, durar e perdurar no des-coberto*. Ao deixar dispor-se o disponível, como tal, o Λόγος des-encobre o vigente em sua vigência. Ora, todo desencobrimento é ἀλήθεια. 'Αλήθεια e Λόγος são o mesmo. O λέγειν deixa ἀληθέα, os des-encobertos disponíveis como des-cobertos (B112). Todo des-encobrir arranca o vigente do encobrimento. Des-encobrir carece sempre de encobrimento para des-encobrir. A ἀλήθεια repousa e vige na λήθη, extrai o que a λήθη mantém retraído. *Em si mesmo, o Λόγος é simultaneamente* des-velar e velar. É a ἀλήθεια. O des-encobrimento carece do encobrimento, da λήθη, como seu repositório onde, por assim dizer, abastece-se o des-encobrimento. O Λόγος, a postura recolhedora, tem em si o caráter de encobrir e desencobrir. Enquanto se pode perceber no Λόγος o modo em que o Ἕν Λόγος vige na unificação, mostra-se, ao mesmo tempo, também que a união própria do Λόγος é infinitamente diversa de tudo que se costuma apresentar e representar como síntese, cópula ou ligação. A união do λέγειν não se reduz a um mero ajuntamento abrangente nem a uma composição simplesmente niveladora das oposições. O Ἕν Πάντα deixa dispor-se conjuntamente numa vigência tudo o que é di-ferente, por retirar-se um do outro e, assim, por opor-se um ao outro, como dia e noite, inverno e verão, paz e guerra, vigília e sono, Dioniso e Hades. Este di-ferente, διαφερόμενον, que é a-portado e su-portado ao longo e através da distância extrema entre vigente e ausente, a postura recolhedora deixa dispor-se em sua di-ferenciação. É o próprio *legen*, o de-por e pro-por desta postura recolhedora o que carrega e porta neste a-porte de toda diferenciação. É o Ἕν que já é sempre em si mesmo a-portador.

O Ἕν Πάντα diz o que o Λόγος é. O Λόγος diz como o Ἕν πάντα vige. Ambos são o mesmo.

Quando o λέγειν dos mortais concorda com o Λόγος, dá-se e acontece ὁμολογεῖν. Este se recolhe no Ἕν à sua vigência de reunião. Quando acontece ὁμολογεῖν, dá-se em sua propriedade um envio sábio. Todavia, o ὁμολογεῖν nunca é o próprio destino. Mas onde é que haveremos de encontrar não apenas um envio sábio,

196 Ensaios e conferências

mas simplesmente o destino? O que é, em si mesmo, o destino? Heráclito diz, sem ambiguidade, no início do fragmento B32:

Ἕν τὸ σοφὸν μοῦνον, "o uno único, que tudo unifica, é exclusivamente o destino". Ora, se o Ἕν é o mesmo que o Λόγος, então o Λόγος é τὸ σοφὸν μοῦνον. O Λόγος constitui, pois, o destino *exclusivo* e, ao mesmo tempo, *próprio*. Por sua vez, o λέγειν dos mortais, sendo, como ὁμολεγεῖν, de acordo com o destino, torna-se, à sua maneira, um envio sábio.

Mas em que medida o Λόγος é o destino, destino em sentido próprio, isto é, o recolhimento das destinações que, cada vez, endereçam tudo ao que é seu? A postura recolhedora guarda em si toda destinação, à medida que, enviando, a deixa dispor-se, mantém em seu lugar e curso qualquer vigente e todo ausente e recolhe tudo, abrigando-o no todo. É assim que tudo e cada coisa pode acordar-se e inserir-se em sua propriedade. Heráclito diz (B64): τὰ δὲ πάντα οἰακίζει κεραυνός: "o raio, porém, dirige (para sua vigência) tudo (que vige)".

De repente, o raio põe, com um golpe, todo vigente na claridade de sua vigência. O raio mencionado dirige. Pois, de antemão, posta tudo no lugar de sua essência. Este postar, de um golpe só, é a postura recolhedora, o Λόγος. O "raio" está aqui, como palavra evocativa de Zeus. Sendo o Altíssimo, Zeus é o destino do universo. Assim, o Λόγος, o Ἕν Πάντα não seriam senão o Deus supremo. A essência do Λόγος acenaria, pois, para a deidade de Deus.

Será, então, que podemos unificar Λόγος, Ἕν Πάντα, Ζεῦς e até afirmar que Heráclito ensina o panteísmo? Heráclito não ensina panteísmo algum e nem sequer uma doutrina. Como pensador, dá apenas a pensar. No tocante à pergunta, se Λόγος, (Ἕν Πάντα) e Ζεῦς seriam a mesma coisa, Heráclito nos dá algo muito grave e difícil a pensar. O pensamento representativo carregou, por muito tempo e sem pensar, este fardo desconhecido para, afinal, jogá-lo fora, com a ajuda do esquecimento já a postos. Heráclito diz (B52):

Ἕν τὸ Σοφὸν μοῦνον λέγεσθαι οὐκ ἐθέλει
καὶ ἐθέλει Ζηνὸς ὄνομα
"O uno, único sábio, não quer e quer ser chamado
com o nome de Zeus" (Diels-Kranz).

Logos (Heráclito, fragmento 50) 197

A palavra-chave da sentença, ἐθέλει, não significa "querer", mas estar disposto por si mesmo a...; ἐθέλει não diz uma simples exigência mas deixar uma coisa ser, repercutindo sobre si mesmo. Para pensarmos devidamente todo o peso da sentença, temos de sopesar o que ela diz desde o início:"Ἐν... λέγεσθαι οὐκ ἐθέλει: "O uno, único unificador, a postura recolhedora, não está disposto...". A quê? A λέγεσθαι, a ser recolhido com o nome de "Zeus". Pois num tal recolhimento o"Ἐν apareceria, como Zeus, e este aparecimento talvez tivesse de ser e ficar apenas uma mera aparência. O fato de a sentença falar de λέγεσθαι, numa relação direta com ὄνομα (a palavra evocadora), atesta, sem contestação, o significado de λέγειν, como dizer e chamar o nome. Este fragmento de Heráclito parece, portanto, contradizer inequivocamente tudo que se discutiu, antes, sobre λέγειν e Λόγος. E, não obstante tal aparência, justamente este fragmento é apropriado para nos fazer pensar tanto o fato como a medida em que só se poderá compreender o λέγειν, em seu significado de "falar" e "dizer", caso se pense seu sentido mais próprio de *legen*, de "de-por" e "pro-por" e de *lesen*, de "colher". Chamar o nome diz: evocar. O *legen*, o de-por e pro-por torna disponível e faz aparecer o que se de-põe no recolhimento do nome. O nomear, no sentido de dar e chamar o nome (ὄνομα), pensado a partir do λέγειν, não consiste em exprimir um significado verbal, mas em deixar dispor-se e tornar disponível na luz em que alguma coisa se acha, por ter um nome.

Em primeira linha, o"Ἐν, o Λόγος, o destino de todo envio sábio, não estão dispostos, por sua essência mais própria, a aparecer sob o nome de "Zeus", isto é, como Zeus: οὐκ ἐθέλει. Só, então, é que se segue καὶ ἐθέλει, "mas também o estão".

Será apenas um modo de falar, quando Heráclito, primeiro, diz, o "Ἐν não permite chamar-se com o nome de Zeus ou será que esta precedência e o primado da negação tem seu fundamento na própria coisa? Pois, como o Λόγος, o "Ἐν Πάντα deixa viger em sua vigência todo vigente. Mas, em si mesmo, o "Ἐν não é um vigente entre outros. É único, à sua maneira. Por seu lado, Zeus não é apenas um vigente entre outros. É o vigente mais alto, o altíssimo. Zeus permanece e partilha da vigência, de um modo excepcional e, de acordo com tal partilha (Μοῖρα), se recolhe ao destino, ao ῎Εν, que tudo reúne. Zeus não é, em si mesmo, o ῎Εν, embora, dirigindo com o raio, cumpra e realize os envios do destino.

Que o οὐκ apareça primeiro, em relação ao ἐθέλει, significa: propriamente o ῎Εν *não* permite ser chamado com o nome de Zeus, para não ser rebaixado à essência de um vigente entre outros, por mais que o "entre" tenha aqui o sentido do "vigente que está acima de todo e qualquer outro".

Por outro lado, o ῎Εν, segundo a sentença do fragmento, permite ser chamado com o nome de Zeus. Em que medida? A resposta já se encontra no que se acabou de dizer. Se não se percebe o Λόγος mas se o ῎Εν aparece, antes, como o Πάντα, *então*, e só então a totalidade dos vigentes se mostra, sob a égide do vigente supremo, como o todo em sua unidade. O todo dos vigentes sob a égide do altíssimo, é o ῎Εν, como Zeus. O próprio ῎Εν, porém, como ῎Εν Πάντα é o Λόγος, a postura recolhedora. Na condição de Λόγος, só o ῎Εν é τὸ Σοφόν, o envio sábio, como o próprio destino: o recolhimento do envio à vigência.

Quando o ἀκούειν dos mortais está empenhado unicamente pelo Λόγος, pela postura recolhedora é, então, que o λέγειν dos mortais se dispõe num envio ao todo do Λόγος. Pelo destino, ele se apropria de sua propriedade no ὁμολογεῖν. É, neste sentido, que o λέγειν dos mortais é um envio sábio. Mas nunca será o próprio destino: ῎Εν Πάντα como ὁ Λόγος.

Agora, quando a sentença de Heráclito fala, com maior nitidez, uma nova ameaça faz com que o seu dito se perca no escuro.

O ῎Εν Πάντα acena, sem dúvida, para a maneira, como o Λόγος vige no λέγειν. Todavia, o λέγειν não fica sendo sempre apenas um modo de comportar-se dos mortais, quer pensado, como *legen*, de-por e pro-por, ou como dizer e falar? No caso de ῎Εν Πάντα dever ser o Λόγος, não será, então, que um traço característico da essência dos mortais assume o perfil básico do destino de vigência, isto é, do que está acima de tudo, por articular toda essência dos mortais e imortais? Não residirá no Λόγος a elevação e transferência de um modo de ser dos mortais para o unicamente uno? O λέγειν dos mortais será apenas a correspondência posterior do Λόγος, em si mesmo, o destino, em que se funda a vigência, como tal, de todo vigente?

Logos (Heráclito, fragmento 50)

Ou será que não bastam estas perguntas todas, construídas na alternativa de ou-ou, por, já de antemão, nunca atingirem o que há para se perguntar? Se for assim, então o Λόγος não pode ser nem a potenciação do λέγειν dos mortais nem este último reduzir-se-á apenas a mero decalque do Λόγος decisivo. Então, ambos, tanto o vigente no λέγειν do ὁμολογεῖν, como o vigente no λέγειν do Λόγος, têm, simultaneamente, uma proveniência na simples mediação entre ambos. Será que o pensamento dos mortais dispõe de um caminho que leva até lá?

Em todo caso, justamente os caminhos que o pensamento originário dos gregos abriu para as gerações posteriores, obstruem e envolvem em enigma a vereda de passagem. Nós nos contentamos em parar diante do enigma, a fim de perceber algo do enigmático de seu mistério.

Numa tradução esclarecedora, a sentença de Heráclito do fragmento citado (B50) diz o seguinte:

"Não escuteis a mim, o mortal, que vos fala; mas sede, em vossa escuta, obedientes à postura recolhedora; se lhe pertencerdes, escutareis, em sentido próprio; uma tal escuta *se dá* (*ist*), quando acontece um deixar-disponível-num-conjunto, a que se dis-põe o conjunto de tudo, a postura recolhedora, o deixar pôr-se que acolhe; quando acontece que o deixar dispor-se se põe, dá-se, em sua propriedade, um envio sábio, pois o envio sábio, propriamente dito, o único destino, é: o um único unindo tudo".

Deixando de lado os esclarecimentos, sem, no entanto, esquecê-los, e tentando traduzir para nossa língua o dito de Heráclito, a sentença poderia soar assim:

"Não pertencendo, na escuta, a mim, mas a postura recolhedora: deixar pôr-se o mesmo: está em vigor um envio sábio (a postura recolhedora/acolhedora): um unindo tudo".

Destinados são os mortais, cuja essência se sintoniza com o ὁμολογεῖν, quando mensuram o Λόγος como o ῟Εν Πάντα, e se acordam com sua mensura. Por isso, diz Heráclito (B43):

"Υβριν χρὴ σβεννύναι μᾶλλον ἢ πυρκαϊήν
"Mais do que incêndio, deve-se apagar a desmesura".

Há tal necessidade porque o Λόγος carece de ὁμολογεῖν, para o vigente brilhar e aparecer em sua vigência. Sem desmesura desmesurada, o ὁμολογεῖν se adequa à mensura do Λόγος.

Da primeira sentença citada (B50) escutamos, de longe, uma indicação que, na sentença citada por último (B43), nos recomenda, como a necessidade de que mais carecemos:

> Antes de vos ocupardes com os incêndios, seja para provocá-los ou para apagá-los, apagai, primeiro, o fogo da desmesura, que se ressente da falta de mensura e erra na medida, por ter esquecido a essência do λέγειν.

A tradução de λέγειν por deixar-dispor-se no recolhimento e de Λόγος, como postura, pode causar estranheza. Todavia é mais salutar para o pensamento caminhar pela estranheza do que instalar-se no compreensível. Pode-se presumir que Heráclito tenha espantado seus contemporâneos de modo inteiramente diverso, tecendo, numa tal sentença, as palavras para eles tão familiares como λέγειν e Λόγος e tomando ὁ Λόγος para palavra-chave de seu pensamento. Para onde leva o pensamento de Heráclito a palavra ὁ Λόγος, que procuramos pensar agora, como a postura recolhedora? A palavra, ὁ Λόγος, evoca o que recolhe todo vigente em sua vigência e nela o deixa disponível. ὁ Λόγος evoca aquilo em que a vigência do vigente se apropria de sua propriedade. A vigência do vigente se diz entre os gregos τὸ ἐόν, isto é, τὸ εἶναι τῶν ὄντων no dizer dos romanos: *esse entium*; nós dizemos: o ser dos entes. Desde o início do pensamento ocidental, o ser dos entes se desdobrou, como a única coisa digna de ser pensada. Se pensarmos pelo destino histórico do Ocidente esta constatação historiográfica, veremos, então, em que se planta o início do pensamento ocidental: *no fato* de, na época dos gregos, o ser dos entes ter-se tornado a coisa digna de ser pensada, esse fato *é* o início do Ocidente, é a fonte escondida de seu destino. Se este início não preservasse o vigor desta vigência, isto é, o recolhimento do que ainda

Logos (Heráclito, fragmento 50)

vigora, o ser dos entes não dominaria nossa época, a partir da essência da técnica moderna. Hoje em dia, esta essência maneja todo o globo e, fixa ao ser tal, como o Ocidente o experimenta e representa na forma que a metafísica e a ciência europeia dão à verdade.

No pensamento de Heráclito, o ser (vigência) dos entes aparece como ὁ Λόγος, como a postura recolhedora (acolhedora). Mas esse aparecimento permanece encoberto no esquecimento. O esquecimento se encobre, por sua vez, pela transformação que logo sofre a concepção do Λόγος. Por isso, desde o início e por muito tempo, não se pode suspeitar que o próprio ser dos entes se tivesse levado à linguagem na palavra ὁ Λόγος.

O que acontece quando chegam à linguagem o ser dos entes, os entes em seu ser, quando a diferença de ambos chega à linguagem, *como* diferença? "Levar e chegar à linguagem" significa geralmente: exprimir alguma coisa de boca ou por escrito. Mas agora essa locução pretende pensar outra coisa: levar à linguagem é abrigar o ser na essência da linguagem. Podemos presumir que algo assim se deu quando ὁ Λόγος se tornou a palavra-chave do pensamento de Heráclito, por se ter feito o nome do ser dos entes?

ὁ Λόγος, τὸ λέγειν é a postura recolhedora (acolhedora). Mas para os gregos λέγειν continua sendo também: apresentar, expor, narrar, dizer. ὁ Λόγος seria, então, a palavra grega para a fala, como dizer, para a linguagem. E não somente isto. Pensado como a postura recolhedora, ὁ Λόγος seria a essência da saga, pensada de modo grego. Linguagem seria saga. Linguagem seria: deixar dispor-se recolhedoramente o vigente em sua vigência. De fato: os gregos *moravam* nesta essência da linguagem, embora nunca tivessem *pensado* esta essência, nem mesmo Heráclito.

Assim é que os gregos fazem a experiência da saga do dizer. Mas nunca pensaram, nem mesmo Heráclito, propriamente a essência da linguagem, como o Λόγος, como a postura recolhedora.

O que teria acontecido se Heráclito – e, desde Heráclito, os gregos – tivessem pensado a essência da linguagem, em sentido próprio como Λόγος, (como) pro-posição recolhedora? Nada me-

202 Ensaios e conferências

nos do que uma integração: os gregos teriam pensado a essência da linguagem pela essência do ser, até mesmo, como a essência do ser. Pois ὁ Λόγος nomeia o ser de todo sendo, isto é, de tudo que é e está sendo, mas não aconteceu. Em parte alguma encontramos um vestígio de os gregos terem pensado a essência da linguagem diretamente pela essência do ser. Ao invés, representaram a linguagem foneticamente – e foram os primeiros a fazê-lo – pela fonação, como φωνή, como voz e som vocal. A palavra grega, que corresponde à palavra "linguagem", é γλῶσσα, língua, em sentido anatômico. Linguagem é φωνή σημαντική, a fonação que designa alguma coisa. Isto significa: a linguagem tem o caráter fundamental de "expressão". Ora, esta representação correta da linguagem, linguagem enquanto expressão, vem de fora mas se tornou, desde então, decisiva. E o é ainda hoje. A linguagem vale, como expressão e vice-versa. Gostamos de representar todo tipo de expressão, como uma espécie de linguagem. A história da arte fala de linguagem das formas. Outrora, porém, no início do pensamento ocidental, a essência da linguagem explodiu, como um relâmpago, na luz do ser; outrora, quando Heráclito pensou o Λόγος, como palavra-chave, a fim de, nela, pensar o ser do sendo. Mas o relâmpago se extinguiu de repente. E ninguém lhe apanhou um raio sequer e nem a proximidade do ser que nele se iluminou.

Só vemos o relâmpago dentro da tempestade do ser. Hoje em dia, porém, tudo indica que todo empenho busca afastar a tempestade. Usa-se de todos os meios possíveis para se atirar contra a tempestade, para que ela não nos estorve a tranquilidade. Mas esta tranquilidade não é tranquilidade. É apenas insensibilidade, sobretudo a insensibilidade do medo de pensar.

O pensamento é, sem dúvida, uma causa toda especial. A palavra dos pensadores não tem autoridade. A palavra dos pensadores não possui autor, no sentido de escritor. A palavra do pensamento é pobre em imagens e sem atrativos. A palavra do pensamento repousa numa sobriedade, na sobriedade que leva ao que ela diz. E, não obstante, é o pensamento que transforma o mundo. E o trans-

Logos (Heráclito, fragmento 50) 203

forma na profundidade sempre mais escura da fonte, onde viceja o mistério que, mais escuro, nos promete uma claridade superior. De há muito, o mistério nos foi proposto na palavra "ser". É por isso que o "ser" é apenas uma palavra provisória, no sentido de palavra precursora. Cuidemos que nosso pensamento não lhe corra apenas atrás, de olhos fechados. Pensemos que "ser" significa originariamente "vigência" e "vigência" significa adiantar-se e perdurar no des-encobrimento da verdade.

Tradução de Emmanuel Carneiro Leão

MOIRA
PARMÊNIDES VIII, 34-41

A relação de pensar e ser movimenta toda reflexão ocidental sobre o sentido. Essa relação permanece sendo a pedra de toque em que se pode ver até onde e de que modo se favorece e propicia a capacidade de se aproximar daquilo que, enquanto o a-se-pensar, faz apelo ao homem histórico. Parmênides nomeia essa relação na seguinte sentença do fragmento III:

Τὸ γὰρ αὐτὸ νοεῖν ἐστίν τε καὶ εἶναι.
"Pois o mesmo é pensar e ser".

Parmênides explicita esta sentença numa outra passagem do fragmento VIII, 34-41:

ταὐτὸν δ'ἐστὶ νοεῖν τε καὶ οὕνεκεν ἔστι νόημα.
οὐ γὰρ ἄνευ τοῦ ἐόντος, ἐν ᾧ πεφατισμένον ἐστιν,
εὑρήσεις τὸ νοεῖν· οὐδὲν γὰρ ἢ ἔστιν ἢ ἔσται
ἄλλο πάρεξ τοῦ ἐόντος, ἐπεὶ τό γε Μοῖρ' ἐπέδησεν
οὖλον ἀκίνητόν τ' ἔμμεναι· τῷ πάντ' ὄνομ' ἔσται,
ὄσσα βροτοὶ κατέθεντο πεποιθότες εἶναι ἀληθῆ,
γίγνεσθαί τε καὶ ὄλλυσθαι, εἶναί τε καὶ οὐχί,
καὶ τόπον ἀλλάσσειν διά τε χρόα φανὸν ἀμείβειν.
"O mesmo é pensar e o pensamento de que o é é;
pois sem o ente em que é, enquanto o que se exprime,
não podes encontrar o pensar. Nada é e nada será
outro fora do ente, pois a Moira o concatenou de modo
a ser todo e imóvel. Por isso haverá de ser mero nome
o que os mortais constataram, convencidos de ser verdadeiro:
tanto 'devir' como 'perecer', 'ser' como 'não-ser',

206 Ensaios e conferências

'deslocamento' como 'mudança da cor brilhante'"[1] (W. Kranz).

De que modo esses oito versos trazem mais claramente à luz a relação de pensar e ser? A impressão que se tem é que eles mais obscurecem do que esclarecem porque eles mesmos se encaminham para o obscuro, deixando-nos o desnorteamento. É por isso que buscamos primeiro nos instruir sobre a relação de pensar e ser seguindo, em seus traços fundamentais, as interpretações feitas até hoje. Sem expor mais detalhadamente em que medida essas interpretações podem se legitimar com base no texto de Parmênides, mencionaremos a seguir as três perspectivas que as movimentam. A primeira é aquela em que se descobre o pensar no sentido de uma coisa simplesmente dada, que ocorre ao lado de muitas outras coisas e, assim, "é". Isso que assim é um ente deve ser considerado de acordo com os seus iguais, ou seja, com os demais entes e, com esses, computados numa espécie de todo abrangente. Essa unidade dos entes chama-se ser. Porque, enquanto ente, o pensamento é do mesmo tipo que qualquer outro ente, o pensamento se mostra como igual ao ser.

Para constatar algo assim não é preciso filosofia. Ordenar o que está simplesmente dado num todo de entes faz-se por si mesmo e não diz respeito apenas ao pensamento. Atravessar o mar, construir um templo, falar numa assembleia, todo tipo de atividade humana pertence também ao ente e é, desse modo, também igual ao ser. Perguntamo-nos admirados por que Parmênides insistiu em constatar tão expressamente que essa atividade humana, chamada pensar, recai no âmbito dos entes, do que está sendo. A admiração fica ainda mais completa quando se questiona por que Parmênides justifica esse caso específico, que é o pensar, valendo-se do lugar-comum de que fora e ao lado da totalidade dos entes não há ente algum.

Quando se olha, porém, corretamente, percebe-se que só é possível apresentar desse modo a doutrina de Parmênides porque, de há muito, não se dá mais espanto algum. Passa-se ao largo de seu

---

1. Tradução feita a partir da tradução de W. Kranz apud Heidegger [N.T.].

Moira (Parmênides, fragmento VIII, 34-41)

pensamento, que agora deve prestar-se às tentativas mais grossei-
ras e desajeitadas para as quais fora, certamente, ainda um esforço
ordenar, na totalidade dos entes, todos os entes encontrados e, entre esses, também o pensar.

Isso explica por que, para nós, de pouco serviria lançar um
olhar para a interpretação massuda da relação de pensar e ser, essa
que tudo representa a partir da massa dos entes simplesmente dados. Essa interpretação nos oferece, todavia, uma oportunidade
inestimável de precisar, de maneira particular e preliminar, que
Parmênides nunca chegou a dizer que o pensar é *também* um dos
muitos ἐόντα, um dos múltiplos entes, que ora é, ora não é, deixando assim transparecer a ambos, o ser e o não-ser: o que advém e
o que passa.

Frente a essa interpretação mencionada, imediatamente acessível a todo mundo, da sentença de Parmênides, existe uma outra
leitura mais elaborada dos versos citados do fragmento VIII, 34s.
Trata-se daquela que se ocupa dos "enunciados de difícil compreensão". Para facilitar o entendimento, busca-se uma ajuda apropriada. Onde encontrá-la? Sem dúvida, numa compreensão que mergu-
lhou ainda mais profundamente na relação do pensar e ser do que
Parmênides ensaiou. Esse mergulho exprime-se numa pergunta.
Diz respeito ao pensar, ou seja, ao conhecer na perspectiva de sua
relação com o ser, isto é, com a realidade. A consideração dessa relação de pensar e ser é um traço fundamental da filosofia moderna.
Ela chegou mesmo a elaborar uma disciplina específica que se ocupa dessa relação, a teoria do conhecimento, que ainda hoje vale,
em diversos aspectos, como a principal ocupação da filosofia. Hoje
apenas o título dessa disciplina é que mudou, recebendo agora a
designação de "metafísica" ou "ontologia do conhecimento". Seu
aspecto paradigmático e mais abrangente desenvolve-se agora sob
o nome de "logística". Na logística, a sentença de Parmênides alcançou uma forma de predomínio decisivo mediante uma rara e antes impensável transformação. A filosofia moderna colocou-se,
assim, em toda parte na situação de, a partir de sua posição pretensamente superior, conferir o verdadeiro sentido à sentença de Parmênides sobre a relação de pensar e ser. No tocante ao poder
inflexível do pensamento moderno (do qual a filosofia da existên-

208 Ensaios e conferências

cia e o existencialismo são, ao lado da lógica, seus depositários mais efetivos), é preciso explicitar de forma ainda mais clara a perspectiva paradigmática em que se movimenta a interpretação moderna da sentença de Parmênides.

A filosofia moderna faz a experiência dos entes como objetos. O ente se lhe contrapõe, através da percepção, para a percepção. O *percipere* prende, como Leibniz viu com tanta clareza, como *appetitus* o ente, apreende-o a fim de, através desse prender, trazê-lo a si numa compreensão conceitual, referindo ao *percipere* a sua apresentação (*repraesentare*). A *repraesentatio*, a representação determina-se como o ante-por-se a si (o eu) em percebendo o que aparece.

Dentre as peças doutrinárias da filosofia moderna, sobressai uma sentença que deve agir como uma espécie de solução para todo aquele que a utiliza na tentativa de esclarecer a sentença de Parmênides. Trata-se da sentença de Berkeley, cujo ponto de sustentação é o posicionamento metafísico fundamental de Descartes. Ela diz: *esse = percipi*, ser é igual a representar-se. Ser fica submetido ao representar no sentido da percepção. É essa frase que cria o espaço em que a sentença de Parmênides se torna susceptível de uma interpretação científica, escapando, assim, do círculo empoeirado de uma intuição meio poética, com a qual se costumava caracterizar o pensamento pré-socrático. *Esse = percipi*, ser é representar-se. Ser é em virtude do representar. Ser é igual a pensar à medida que a objetividade dos objetos se constitui na consciência capaz de representações, composta do "eu penso alguma coisa". À luz desse enunciado sobre a relação de pensar e ser, a sentença de Parmênides adquire a posição de uma indiscutível forma prévia da doutrina moderna acerca da realidade e de seu conhecimento.

Não é por acaso que Hegel cita e traduz, em suas *Preleções sobre a história da filosofia* (WW XIII, 2. ed., p. 274), a sentença de Parmênides sobre a relação entre pensar e ser, na forma do fragmento VIII. Na tradução de Hegel, o fragmento diz:

> "O pensar e aquilo em virtude de que o pensamento se faz é o mesmo. Pois sem o ente em que ele se exprime (ἐν ᾧ πεφατισμένον ἐστιν), não encontrarás o pensar, pois nada é e nada será fora dos entes. Esse é o pensamento principal. O

Moira (Parmênides, fragmento VIII, 34-41)   209

pensar se produz e o que se produz é um pensamento. Pensar é, portanto, idêntico com o seu ser; pois nada é fora do ser, essa grande afirmação".

Ser é, para Hegel, afirmação do pensar que se pro-duz a si mesmo. Ser é produção do pensar, da percepção, tal como Descartes já havia definido a *idea*. No sentido de afirmatividade e positividade, o ser se transfere, através do pensar, para o âmbito do "ideal". Embora num sentido incomparavelmente mais elaborado e com base na herança kantiana, também para Hegel, ser é igual a pensar. Ser é o mesmo que pensar, ou seja, ao que o pensar enuncia e afirma. Por isso é que Hegel, com base na perspectiva da filosofia moderna, pode afirmar sobre a sentença de Parmênides que:

> "À medida que aqui se deve observar o elevar-se ao âmbito do ideal, é com Parmênides que se inicia o filosofar em sentido próprio; ... esse começo é, certamente, ainda turvo e indeterminado e não se pode esclarecer com precisão o que ali se encontra; mas esse esclarecimento é precisamente a formação da própria filosofia, que aqui ainda não está dada" (p. 274s.).

Para Hegel, a filosofia só está dada onde o pensar-se a si mesmo do saber absoluto é pura e simplesmente a própria realidade. Na lógica especulativa e como tal é que acontece a plena elevação do ser, no pensamento do espírito enquanto realidade absoluta.

No horizonte dessa plenificação da filosofia moderna, a sentença de Parmênides aparece como o início do filosofar em sentido próprio, ou seja, da lógica no sentido que Hegel lhe confere. Trata-se, porém, apenas do início. Ao pensamento de Parmênides falta ainda a forma especulativa, ou seja, dialética que Hegel encontra pela primeira vez em Heráclito. Sobre Heráclito, diz Hegel: "Aqui vemos terra; não há uma só frase de Heráclito que eu não tenha assumido em minha Lógica" (p. 301). A *Lógica* de Hegel não é apenas a única interpretação moderna adequada da frase de Berkeley mas a sua realização incondicional. Não há dúvida de que a frase de Berkeley *esse = percipi* baseia-se sobre o que a sentença de Parmênides havia pronunciado pela primeira vez. Esse parentesco his-

210 Ensaios e conferências

tórico entre a frase moderna e o fragmento antigo funda-se também e, propriamente, numa diferença entre o que se disse e se pensou aqui e lá, uma diferença que se deixa dificilmente medir.

A diferença é tão grande que por ela a possibilidade de um saber do que é diferente encontra-se morta, encontra-se ela mesma anulada. Considerando essa diferença, queremos também indicar como a nossa interpretação da sentença de Parmênides surge de um modo de pensar inteiramente outro do que o de Hegel. Será que a frase *esse* = *percipi* contém a interpretação adequada da sentença τὸ γὰρ αὐτὸ νοεῖν ἐστίν τε καὶ εἶναι? Será que ambos os enunciados, no caso de que assim devam ser tomados, dizem que pensar e ser são o mesmo? E mesmo que seja assim, será que o dizem no mesmo sentido? Para o olhar atento, mostra-se logo uma diferença entre ambos os enunciados, facilmente negligenciada por parecer superficial. Em ambas as passagens, fragmento III e VIII, 34, Parmênides enuncia a sentença de tal modo que o νοεῖν (pensar) precede o εἶναι (ser). Berkeley, ao contrário, nomeia o *esse* (ser) antes do *percipi* (pensar). Isso parece significar que Parmênides privilegia o pensamento enquanto Berkeley privilegia o ser. Mas de fato o que ocorre é o contrário. Parmênides confia o pensamento ao ser. Berkeley remete o ser ao pensamento. Numa correspondência que, em certa medida, se poderia equiparar à sentença grega, a frase moderna deveria então dizer: *percipi* = *esse*.

A frase moderna diz algo sobre o ser, no sentido da objetividade para a representação que prende e apreende. Admitindo o pensamento como um captar reunidor, a sentença grega remete o pensamento ao ser, no sentido de estar vigente. Por isso, toda interpretação da sentença grega que se movimenta no âmbito do pensamento moderno é sempre equivocada. Essas interpretações, porém, que circulam sob múltiplas formas, satisfazem uma tarefa irrecusável: tornam o pensamento grego acessível para a representação moderna, confirmando-a, num progresso por ela mesma almejado, como um estágio "superior" da filosofia.

A primeira das três perspectivas, que determinam todas as interpretações da sentença de Parmênides, representa o pensamento como algo simplesmente dado e o ordena frente aos demais entes.

Moira (Parmênides, fragmento VIII, 34-41) 211

A segunda perspectiva concebe modernamente o ser, no sentido da representabilidade dos objetos enquanto objetividade para o eu da subjetividade.

A terceira perspectiva segue um traço fundamental que, através de Platão, determinou a filosofia antiga. De acordo com a doutrina socrático-platônica, as ideias constituem o "sendo" de todo ente. As ideias não pertencem, porém, ao âmbito dos αἰσθητά, das coisas captadas sensivelmente. As ideias são puramente visíveis apenas no νοεῖν, apenas no captar não sensivelmente. O ser pertence ao âmbito dos νοητά, do não sensível, do suprassensível. Plotino interpretou a sentença de Parmênides em sentido platônico. De acordo com essa interpretação, Parmênides quer dizer que o ser não é algo sensível. O peso da sentença recai sobre o pensamento, embora num sentido diverso do que para a filosofia moderna. Caracteriza-se o ser mediante o seu modo não sensível. Segundo a interpretação neoplatônica da sentença de Parmênides, o que está em jogo não é nem uma enunciação sobre o pensar e nem sobre o ser e nem tampouco uma enunciação sobre a essência da copertença entre ambos enquanto duas coisas distintas. A sentença é a enunciação sobre a pertença de ambos como o que igualmente pertence ao âmbito do não sensível.

Cada uma das três perspectivas arrasta o pensamento anterior dos gregos para o âmbito em que impera o questionamento da metafísica posterior. É provável que todo pensamento que ensaia posteriormente uma conversa com o pensamento anterior deva escutar, a cada vez, o seu próprio âmbito de sustentação e assim trazer para um dizer o silêncio do pensamento anterior. Com isso, o pensamento anterior se torna inevitavelmente incluído na conversa posterior, vendo-se transferido para o seu campo de escuta e âmbito de visão, ao mesmo tempo em que se vê privado de seu dizer próprio. Essa inclusão não obriga de maneira alguma uma interpretação que se esgota na transposição do que se pensou no início do pensamento ocidental para modos posteriores de representação. Tudo depende se a conversa entreaberta se faz, de início e sempre de maneira renovada, no intuito de corresponder ao que, num questionamento, constitui o apelo do pensamento anterior, ou então se a conversa se fecha para o que faz apelo, recobrindo o pensamento anterior com opiniões doutrinárias posteriores. Isso acontece tão logo o pensamento tardio descuide de *questionar em sentido próprio* o campo de escuta e âmbito de visão do pensamento anterior.

Um esforço nesse sentido não deve se esgotar numa investigação historiográfica. Esse apenas constata as pressuposições implícitas à base do pensamento anterior. As pressuposições são, porém, definidas como pressuposições a partir da verdade que as interpretações posteriores assumem como o que agora não vale mais por ter sido superada pelo desenvolvimento ulterior. Mas toda investigação deve ser, bem ao contrário, uma conversa em que se pensa o campo de escuta e o âmbito de visão anteriores. E se os pensa segundo a proveniência de sua essencialização a fim de iniciar-se um apelo para o dizer que reúne ao mesmo tempo o pensamento anterior, o posterior e o porvindouro. Um ensaio nesse sentido de investigação deve dirigir seu primeiro olhar atento para as passagens obscuras de um texto antigo e não se fixar naquelas passagens que parecem compreensíveis, pois assim a conversa terminaria antes mesmo de começar.

A discussão a seguir limita-se a examinar o texto citado, seguindo explicitações isoladas. Essas explicitações pretendem constituir um auxílio, um preparo para a tradução pensante da sentença grega anterior, com vistas ao advento de um pensamento despertado para o começo.

I

A relação de pensar e ser está em discussão. Antes de mais nada, devemos considerar atentamente que, pensando de forma penetrante sobre essa relação, o texto (fragmento VIII, 34s.) fala do ἐόν e não do εἶναι, como no fragmento III. Com isso pode-se, até com certo direito, achar que, no fragmento VIII, a questão não é o ser, mas o ente. Só que na palavra ἐόν Parmênides não pensa, de modo algum, o ente em si a que, enquanto totalidade, também o pensamento pertence porque é também algo como um ente. ἐόν tampouco significa εἶναι no sentido do ser para si, como se o pensador fosse capaz de salientar o modo essencialmente não sensível

Moira (Parmênides, fragmento VIII, 34-41)   213

do ser frente ao ente, assumido como o que é sensível. Sendo enunciado numa forma participial antes mesmo de existir no saber da linguagem um conceito gramatical a esse respeito, pensa-se bem mais o ἐόν, o ente, o sendo, na dobra de ser e ente. A dobra se mostra, pelo menos, nas expressões "ser *dos* entes" e "sendo *no* ser". Só que com o "no" e o "dos" o que se desdobra fica, em seu vigor de essência, mais escondido do que explicitado. As expressões estão bem longe de pensarem a dobra como tal ou mesmo de questionar o seu desdobramento.

Experienciado como ser, o tão propalado "ser ele mesmo", na verdade, permanece ser, no sentido do ser dos entes. Ao início do pensamento ocidental foi, porém, concedido vislumbrar, numa visão apropriada, o que se diz na palavra εἶναι, como Φύσις, Λόγος, Ἕν. Porque a reunião integra todos os entes no ser, surge do pensamento que se volta para a reunião a impressão inevitável e insistente de que o ser (dos entes) não é apenas igual à totalidade do ser, mas, como o igual e também como o que unifica, é até mesmo o ente máximo. *Para a representação, tudo se torna um ente.*

A dobra de ser e ente como tal parece perder-se no inessencial, não obstante desde o seu início grego o pensamento se movimente em seu desdobramento, sem no entanto pensar e atentar para esse seu lugar e nem refletir sobre o desdobramento dessa dobra. No início do pensamento ocidental elimina-se, de forma imperceptível, a dobra. Essa eliminação não é, porém, um nada. A eliminação conferiu ao pensamento grego o seu modo de iniciação: que a iluminação de clareira do ser dos entes encubra-se enquanto iluminação de clareira. O encobrimento de que a dobra se elimina é tão essencial como o para onde a dobra se esvai. Para onde se esvai a dobra? Para o esquecimento. O seu domínio durador encobre-se como Λήθη, como esquecimento. À Λήθη pertence de forma tão imediata a ἀλήθεια que aquela pode se retrair em favor dessa e assumir no modo da Φύσις, do Λόγος, do Ἕν, o sentido de um desencobrimento puro como se descobrir pudesse prescindir de encobrimento.

O que, no entanto, parece que só ilumina e clareia está perpassado de obscuridade. Por isso, tanto o desdobramento da dobra como a sua eliminação mantêm-se encobertos para o pensamento inicial.

214 Ensaios e conferências

Nesse sentido, devemos atentar no ἐόν para a dobra de ser e ente a fim de seguir como Parmênides discute a relação de pensar e ser.

II

O fragmento III diz, com concisão, que pensar pertence a ser. Como caracterizar esse pertencer? Essa pergunta chega muito tarde. É que já as palavras iniciais do fragmento respondem a essa pergunta: τὸ γὰρ αὐτό, a saber, o mesmo. O fragmento VIII, 34 começa com essas mesmas palavras: ταὐτόν. Será que ao dizer que ambos são o mesmo essa palavra responde a pergunta de como pensar pertence a ser? A palavra não dá resposta alguma. Primeiro porque a determinação "o mesmo" exclui toda pergunta acerca de um pertencer que só acontece entre coisas diversas. Em segundo lugar, porque a palavra "o mesmo" não diz absolutamente nada sobre a perspectiva e o fundamento a partir dos quais o diverso coincide no mesmo. Assim, em ambos os fragmentos, para não dizer em todo o pensamento de Parmênides, o τὸ αὐτό, o mesmo, permanece a palavra enigmática.

Admitindo como certo que a palavra τὸ αὐτό, o mesmo, significa o idêntico, considerando por fim a identidade como o pressuposto mais claro do que faz de tudo que é passível de ser pensado um pensamento, perdemos cada vez mais a medida capaz de nos permitir escutar a palavra enigmática. Isso, sem dúvida, na suposição de já termos escutado o apelo dessa palavra enigmática, o que já acontece, de maneira suficiente, quando guardamos, em nossos ouvidos, nessa palavra algo digno de se pensar. Assim mantemo-nos como os que escutam e os que estão dispostos a deixar a palavra resguardar-se em si mesma, enquanto enigmática. E isso para que possamos escutar vastamente o dizer que nos ajuda a pensar a palavra enigmática em toda sua abundância.

O próprio Parmênides nos dá uma ajuda. No fragmento VIII, ele diz claramente como se deve pensar o "ser" a que pertence o νοεῖν. Em lugar de εἶναι, Parmênides fala agora em ἐόν, em "ente", em sendo, que na sua ambiguidade nomeia a dobra. Do νοεῖν se diz que é νόημα: o que é tomado com atenção num captar atento.

Moira (Parmênides, fragmento VIII, 34-41)   215

Nomeia-se propriamente o ἐόν como aquele οὕεκεν ἔστι νόημα, aquilo em virtude de que o pensamento (*Gedanc*) é vigente[2].

O pensar vige em virtude da dobra que se mantém não pronunciada. O estar em vigor do pensar encaminha-se para a dobra de ser e ente. A dobra vige no tomar-em-atenção, já sendo o que está reunido (segundo o fragmento VI) pelo λέγειν precursor, pelo deixar pro-por-se. Por onde e como? Justamente pelo fato de a própria dobra, graças à qual os mortais se encontram no pensar, reclamar para si mesma esse pensar.

Só que ainda estamos muito longe de uma experiência sustentada no modo próprio de ser da dobra ela mesma e como o que reclama o pensar. Apenas uma coisa fica bem clara no dizer de Parmênides: o pensar não vige nem em virtude dos ἐόντα, dos "entes em si", nem por força do εἶναι, no sentido de "ser para si". Com isso se diz: nem o "ente em si" torna indispensável um pensar e nem o pensar torna necessário o "ser para si". Ambos, cada um tomado em si, jamais dão a conhecer em que medida "ser" reivindica o pensar. O pensamento vige, porém, em virtude da dobra de ambos, em virtude do ἐόν. É dirigindo-se *para* a dobra que vigora esse tomar em atenção o ser. Nesse estar em vigor é que o pensamento pertence ao ser. O que diz Parmênides sobre esse pertencer?

III

Parmênides diz: νοεῖν é πεφατισμένον ἐν τῷ ἐόντι. Na tradução corrente: o pensar que é enquanto o que se pronuncia no ser.

Mas como podemos fazer a experiência e compreender esse ser pronunciado se não cuidamos em perguntar o que significa aqui "pronunciado", "pronunciar", "dizer", "linguagem". Como podemos fazer essa experiência se tomamos apressadamente o ἐόν pelo ente, deixando indeterminado o sentido de ser? Como haveremos de conhecer a referência de νοεῖν ao πεφατισμένον se não determinamos de maneira suficiente o νοεῖν levando em consideração

---

2. Sobre Denken und Gedanc, cf. neste volume a conferência "O que quer dizer pensar?", p. 111s.

216 Ensaios e conferências

o fragmento VI?[3] O νοεῖν, que queremos pensar em seu pertencer ao ἐόν, funda-se e vige a partir do λέγειν. É aí que o deixar pro-por-se do que está em vigência acontece em sua vigência. Somente enquanto o que assim se pro-põe é que o vigente pode dizer respeito ao νοεῖν, ao tomar em atenção. Por isso, enquanto νοούμενον do νοεῖν, o νόημα já é sempre um λεγόμενον do λέγειν. O vigor do dizer, tal como os gregos experienciaram, reside, porém, no λέγειν. O νοεῖν é, por isso, um dito em sua própria essência e não posterior ou acidentalmente. Sem dúvida, o dito não é necessariamente o que foi pronunciado. Algo pode e por vezes até deve permanecer silenciado. Tudo o que se pronuncia e silencia é, por sua vez, já sempre um dito. Já a recíproca não vale.

Em que consiste a diferença entre o que é dito e o que é pronunciado? Por que Parmênides caracteriza como πεφατισμένον o νοούμενον e o νοεῖν? Pelo dicionário, traduz-se corretamente πεφατισμένον por "pronunciado". Mas em que sentido se faz a experiência de um dizer, nomeado nas palavras φάσκειν e φάναι? Será que dizer refere-se apenas à vocalização (φωνή) daquilo que uma palavra ou frase significam (σημαίνειν)? Será que aqui se apreende o dizer como expressão de um interior (da alma), que assim se deixa dividir em duas partes, a fonética e a semântica? Não há nenhum vestígio desse entendimento na experiência do dizer como φάναι, da linguagem como φάσις. No verbo φάσκειν encontramos: convocar, nomear celebrando, chamar. Tudo isso, porém, porque vige como o que deixa aparecer. Φάσμα é o aparecer das estrelas, da lua, o seu chegar a aparecer e brilhar, o seu encobrir-se. Φάσεις diz as fases. Os modos alternantes de seu brilhante aparecer são as fases da lua. Φάσις é a saga do dizer. Dizer significa fazer aparecer. Φημί, eu digo, tem, com relação a λέγω, a mesma, mas não uma igual essencialização: fazer aparecer em seu vigor e numa posição o que vige.

Parmênides quer discutir a que pertence o νοεῖν. É que só podemos encontrá-lo lá aonde ele pertence genuinamente. E somente com base nesse achado é que podemos achar em que medida pensar pertence a ser. Quando Parmênides faz a experiência de νοεῖν

---

3. Cf. a conferência citada, p. 111s.

Moira (Parmênides, fragmento VIII, 34-41) 217

como πεφατισμένον, isso não significa que νοεῖν seja algo pronunciado e, assim, o que se deva buscar na articulação de fonemas ou nos sinais de uma escrita, como se fosse um ente passível de tal e tal percepção sensível. Achar isso significaria desviar-se e distanciar-se tanto do pensamento grego como querer representar o dizer e o que nele se pronuncia como vivências de uma consciência, assumindo assim o pensar como ato de consciência. νοεῖν, tomar em atenção, e aquilo que é assim tomado são um dito, são um fazer-aparecer. Mas onde? Parmênides diz: ἐν τῷ ἐόντι, no ἐόν, na dobra de vigorar e vigente. Além de dar o que pensar, isso nos libera inteiramente da opinião apressada de que o pensar seria o que se exprime no pronunciado. Parmênides não diz nada sobre isso.

Em que medida, na dobra, o νοεῖν, o pensar pode e deve fazer aparecer? À medida que, na dobra de vigorar e vigente, o desdobrar-se convoca o deixar-se pro-por, λέγειν e, com a pro-posição assim permitida do que se propõe, concede ao νοεῖν o que se pode tomar em atenção para ser assim resguardado. Parmênides não chega, porém, a pensar a dobra como tal. Ele não pensa inteiramente o desdobramento da dobra. Parmênides diz, no entanto, que: οὐ γὰρ ἄνευ τοῦ ἐόντος... εὑρήσεις τὸ νοεῖν: a saber não podes encontrar o pensar separado da dobra. Por que não? Porque, recebendo seu apelo, pensar pertence numa reunião integradora ao ἐόν. Porque o próprio pensar, que reside no λέγειν, conduz a reunião convocada à completude e, assim, corresponde a esse pertencer ao ἐόν, enquanto o que se realiza a partir dele. É que νοεῖν não capta qualquer coisa. Capta sim o uno que, no fragmento VI, se diz como ἐὸν ἔμμεναι: o que vige em seu vigor.

Quanto mais, na exposição de Parmênides, se anuncia o que, sendo impensado, é digno de se pensar, mais claro fica o que, antes de mais nada, se reclama para pensar o pertencer de pensar a ser, enunciado por Parmênides. Temos que aprender a pensar a essência vigorosa da linguagem a partir do dizer e esse enquanto um deixar pro-por (λόγος) e fazer aparecer (φάσις). De início, é difícil satisfazer esse apelo porque o iluminar-se do vigor essencial da linguagem como dizer desaparece logo sob um véu. Em seu lugar passa a imperar a determinação e representação da linguagem a partir da φωνή, da articulação sonora, enquanto um sistema de designação e significação e, por fim, como sistema de comunicação e informação.

IV

Mesmo que o pertencer de pensar a ser apareça agora com um pouco mais de clareza, ainda não somos capazes de escutar, na plenitude de seu enigma, a palavra enigmática da sentença, o τὸ αὐτό, o mesmo. Quando vemos, porém, que a dobra do ἐόν, o vigorar do vigente, reúne para si o pensar, talvez a dobra assim dominante possa indicar a riqueza enigmática do que se esconde na significação comumente vazia da palavra "o mesmo".

Será que é a partir do *desdobramento* da dobra que essa convoca o pensamento rumo a um "por sua causa", reclamando, desse modo, o mútuo pertencer de vigorar (do que é vigente) e pensar? Mas o que é o desdobramento da dobra? Como ele acontece? Encontramos no dizer de Parmênides algum ponto de apoio para investigar, de modo apropriado, o desdobramento da dobra, a fim de auscultarmos o seu vigor naquilo que a palavra enigmática da sentença silencia? De imediato, não encontramos nenhum.

É, no entanto, surpreendente que, em ambas as versões da sentença que fala sobre a relação de pensar e ser, a palavra enigmática esteja bem no começo. O fragmento III diz: "O mesmo é, a saber, o tomar em atenção como também o vigorar (do que é vigente)". O fragmento VIII, 34 diz: "O mesmo é tomar em atenção e (aquilo) rumo ao que atento se capta". No dizer da sentença, o que significa posicionamento inicial dessa palavra na frase? O que Parmênides quer acentuar com isso? Que acento ele nos quer fazer escutar? Trata-se provavelmente do tom fundamental. Nele soa a antecipação daquilo *que* a sentença propriamente tem a dizer. Gramaticalmente, o que é assim dito numa frase recebe a designação de predicado. O sujeito da frase é, porém, νοεῖν (pensar), em sua referência a εἶναι (ser). De acordo com o texto grego, é assim que se deve interpretar a construção da frase. O fato de a sentença colocar, na frente, a palavra enigmática assumida como predicado nos convoca a sempre atentar para essa palavra e a ela sempre de novo retornar. Mas a palavra também não diz nada sobre aquilo que queremos experienciar.

Sem cansar de olhar para essa posição inicial do τὸ αὐτό, e num gesto de liberdade ousada, devemos tentar pensá-lo por ante-

Moira (Parmênides, fragmento VIII, 34-41)

cipação a partir do desdobramento da dobra do ἐόν (do vigorar do vigente). Pode nos servir de ajuda considerar que, na dobra do ἐόν, o pensar que chega a aparecer é um dito: um πεφατισμένον.

Na dobra que rege assim a φάσις, o dizer enquanto o que convoca, reclama um fazer-aparecer. O que o dizer faz aparecer? O vigorar do que é vigente. O dizer que domina na dobra, que nela acontece apropriando-se do seu próprio, é a reunião integradora do que é vigente, em cujo brilho o vigente pode aparecer. O que Parmênides pensa como φάσις, Heráclito chama de λόγος, o deixar propor que reúne e integra.

O que acontece na φάσις e no λόγος? Será que o dizer que nelas domina, convoca e reúne deve ser aquele trazer que primeiro faz aparecer? Um fazer aparecer que garante iluminação e claridade e que, somente sob sua garantia, o vigorar pode se iluminar para que, em sua luz, o vigente apareça e assim domine em ambos a dobra? Será que o desdobramento da dobra reside em acontecer propriamente um brilho iluminador? Os gregos fazem a experiência de seu traço fundamental como descobrir. De forma correspondente, descobrir impera no desdobramento da dobra. Os gregos chamam de 'Aλήθεια esse descobrir.

Admitindo-se que Parmênides fala de 'Aλήθεια, pode-se dizer que ele teria pensado, só que à sua maneira, o redobramento da dobra. Mas será mesmo? Sim e, de fato, no passo inicial de seu "poema". E não só isso. 'Aλήθεια é uma deusa. É escutando o seu dizer que Parmênides diz o seu pensamento. Só que ele também não diz em que consiste a essência da 'Aλήθεια. Impensado permanece igualmente em que sentido de divindade 'Aλήθεια é uma deusa. Para o pensamento inicial dos gregos, tudo isso mantém-se de imediato tão fora de questionamento como o esclarecimento da palavra enigmática τὸ αὐτό, o mesmo.

É possível, no entanto, que em tudo isso que está impensado subsista um nexo encoberto. Os versos introdutórios do poema, I, 22s., não são o revestimento poético de uma conceituação abstrata. Seria facilitar demais a conversa com o percurso de pensamento de Parmênides considerar que, nas palavras do pensador, perde-se a experiência mítica e objetar que, comparada com as "pessoas dos

220 Ensaios e conferências

deuses" tão precisamente cunhadas nas figuras de Hera, Atenas, Demeter, Afrodite, Ártemis, a deusa 'Aλήθεια não passa de uma imagem indeterminada e vazia. Sob essa premissa, fala-se como se de há muito houvesse certeza sobre o que seja a divindade dos deuses gregos, como se fizesse sentido falar aqui sobre "pessoas", e como se já estivesse decidida qual a essência da verdade, que aqui aparece como uma deusa somente para personificar um conceito abstrato. No fundo, o que toda essa fala diz é que pensou muito pouco o mítico e ainda menos que μῦθος é dizer, mas dizer no sentido de, num apelo, fazer aparecer. Por isso, ficamos em melhor situação mantendo-nos num questionamento cuidadoso e escutando o que foi dito no fragmento I, 22s.:

> καί με θεὰ πρόφρων ὑπεδέξατο, χεῖρα δὲ χειρί
> δεξιτερὴν ἕλεν, ὧδε δ' ἔπος φάτο καί με προσηύδα:
> E a mim a deusa recebeu favorável e prenunciando, mão, com a mão,
> porém, tomou a direita, disse então a palavra e cantou para mim:

O que aqui se dá a pensar ao pensador permanece, do ponto de vista de sua proveniência essencial, oculto. Isso não exclui, mas inclui que, naquilo que o poeta diz, impera o descobrir como o que sempre tem em escuta à medida que acena para o a-se-pensar. Isso se nomeia, porém, na palavra enigmática τὸ αὐτό, o mesmo, e isso que assim se nomeia exprime a relação de pensar e ser.

Por isso devemos ao menos perguntar se no αὐτό, se no mesmo, não está silenciado o desdobramento da dobra e esse no sentido de descobrimento do vigorar do vigente. Admitindo-se isso, não ultrapassamos o que Parmênides pensou, mas nos devolvemos para o que, originariamente, constitui o a-se-pensar.

A discussão do fragmento sobre a relação de pensar e ser dá a impressão inevitável de uma violência proposital.

A construção da frase τὸ γὰρ αὐτὸ νοεῖν ἐστίν τε καὶ εἶναι, que constitui a sentença na sua representação gramatical, recebe agora outra luz. A palavra enigmática τὸ αὐτό, o mesmo, que inicia a sentença, não é mais o predicado em anacoluto, mas o

Moira (Parmênides, fragmento VIII, 34-41)

sujeito, o subjacente, o que sustenta e suporta. O inaparente ἐσ-τίν, é, significa agora: vige, guarda e, na verdade, resguardando a partir do que cabe resguardar, que domina o τὸ αὐτό, o mesmo, a saber, como o desdobramento da dobra no sentido de descobrir. E isso na seguinte compreensão: descobrindo, o desdobrar da dobra resguarda o tomar em atenção no seu encaminhamento para o captar que reúne e concentra o vigorar do que é vigente. Caracterizada como o descobrir da dobra, a verdade deixa o pensar pertencer, nessa proveniência, ao ser. Na palavra enigmática, τὸ αὐτό, o mesmo, silencia o resguardo descobridor do mútuo pertencer entre dobra e o pensamento que, na dobra, se faz aparecer.

V

Pensar não pertence, portanto, a ser porque *também* é algo vigente, que por isso deve ser computado na totalidade do que é vigente, ou seja, dentre as coisas vigentes. Mas parece que Parmênides também representou dessa maneira a relação entre pensar e ser. Fazendo uso do conectivo γάρ, Parmênides acrescenta (VIII, 36s.) uma fundamentação. Ele diz: πάρεξ τοῦ ἐόντος: fora dos entes nada foi, nada é, nada será (de acordo com uma conjetura feita por Bergk: οὐδ᾽ ἦν). τὸ ἐόν não significa "o ente". Exprime a dobra. Fora da dobra não há jamais qualquer vigência de coisas vigentes, pois vigência como tal reside na dobra, brilhando e aparecendo em sua luz desdobradora.

Por que, na perspectiva da relação entre pensar e ser, Parmênides ainda acrescenta a mencionada fundamentação? Porque a palavra νοεῖν, que soa diferente de εἶναι, porque o nome "pensar" deve dar a aparência de que se trata de um ἄλλο, de um outro frente ao ser e, por isso, do que se acha fora do ser. Mas não somente o nome enquanto articulação sonora como também o que nele se nomeia mostram-se como o que se sustenta "ao lado" e "fora" do ἐόν. Esse parecer também não é mera aparência. Pois λέγειν e νοεῖν deixam o vigente se propor à luz da vigência. Por isso também eles se põem frente ao que é vigente, embora esse frente a não seja de forma alguma um face a face entre dois objetos simplesmente dados. A articulação de λέγειν e νοεῖν libera (segundo o fragmento

VI) o ἐòν ἔμμεναι, o vigorar em seu aparecer para um captar, mantendo-se, com isso, de certo modo, fora do ἐóν. Numa certa perspectiva, o pensar está fora da dobra, mantendo-se, enquanto o que a ela corresponde e o que é por ela reclamado, a caminho da dobra. Em outra perspectiva, também esse estar a caminho permanece dentro da dobra, a qual nunca é apenas uma diferença simplesmente dada e localizada entre ser e ente, mas o que vigora a partir da dobra desdobradora. Como ᾽Αλήθεια, a dobra garante a tudo que é vigente a luz em que o vigente pode aparecer.

O descobrimento garante a iluminação do vigente à medida que também faz uso, se o vigente deve aparecer, de um deixar-se propor e captar e, nesse uso, inclui o pensar no pertencimento à dobra. Por isso, não há, de modo algum e em lugar algum, um vigente fora da dobra.

O que agora se discutiu seria uma reflexão arbitrária, ulteriormente acrescentada se o próprio Parmênides não tivesse expresso o motivo por que é impossível que o vigente vigore fora e ao lado do ἐóν.

VI

Segundo a representação gramatical, o que o pensador diz aqui sobre o ἐóν encontra-se numa oração secundária. Mesmo aquele que possua a menor experiência em escutar o que dizem grandes pensadores haverá de admirar-se frente a esse fato raro de que eles exprimam o que propriamente cabe pensar numa oração secundária, disposta quase que imperceptivelmente, deixando-se por ela enredar. O jogo de luz e claridade que conclama, desdobra e faz crescer não se faz propriamente visível. Parece tão inaparente como a luz da manhã no resplandecer dos lírios do campo e das rosas no jardim.

A oração secundária de Parmênides, que é na verdade a frase de todas as frases, diz (VIII, 37s.):

... ἐπεὶ τό γε Μοῖρ᾽ ἐπέδησεν
οὖλον ἀκίνητόν τ᾽ ἔμμεναι
"... já que a Moira lhe impôs (ao ente)
ser todo e imóvel" (W. Kranz)

Moira (Parmênides, fragmento VIII, 34-41)

Parmênides fala de ἐόν, fala de vigorar (do vigente), da dobra e nunca de "ente". Nomeia a Moira, a partilha, que resguardando dá as partes e, assim, desdobra a dobra. A partilha destina (provê e presenteia) com a dobra. Ela é a destinação, em si reunida e que assim se desdobra, do vigorar enquanto a vigência do vigente. Μοῖρα é o destino do "ser", no sentido do ἐόν. Este, o τό γε, ela liberou, ligando-o assim à totalidade e à calma a partir de quê e em quê o vigorar do que é vigente acontece propriamente.

No destino da dobra, porém, só o vigorar alcança brilho e só o vigente alcança um aparecer. O destino contém a dobra como tal e, por fim, o seu desdobrar-se no encobrimento. A essência da ᾿Αλήθεια mantém-se oculta. A visibilidade por ela garantida deixa o vigorar do vigente emergir como "aspecto" (εἶδος) e "fisionomia" (ἰδέα). Nesse sentido, a relação que, com o vigente, se capta determina-se como um ver (εἰδέναι). O saber cunhado na *visio* e a sua evidência não podem negar que provêm do descobrir iluminador, e isso nem mesmo quando a verdade se transformou na configuração da certeza da autoconsciência. O *lumen naturale*, a luz natural, ou seja, ao esclarecimento da razão já pressupõe o descobrir da dobra. O mesmo se pode dizer a respeito da teoria augustiniana e medieval sobre a luz que, mesmo sem explicitar a sua proveniência platônica, só pode ter como espaço possível de jogo o âmbito da ᾿Αλήθεια, já imperante no destino da dobra.

Se couber falar de história do ser, então deve-se pensar, preliminarmente, que ser significa: o vigorar do vigente, dobra. Somente com base nesse entendimento de ser é que podemos questionar, com a necessária compenetração, o que significa aqui "história". História é o destino da dobra. É o resguardar que descobre e desdobra a vigência iluminada e clara em que o vigente aparece. A história do ser nunca é uma sequência de ocorrências por que passa o ser. Ela também não é um objeto para novas possibilidades de representação historiográfica, que se pudesse usar, por considerá-la um saber melhor, como um substituto da consideração até hoje corrente da história da metafísica.

Na oração secundária quase inaparente, o que Parmênides diz acerca da Μοῖρα, em cuja ligadura o ἐόν se libera como a dobra, abre para o pensador uma visão ampla, concedida, pelo destino, ao seu caminho. Nessa amplidão, adquire brilho aquilo em que o vigorar (do vigente) se mostra nele mesmo: τὰ σήματα τοῦ ἐόντος. Esses são múltiplos (πολλά). Os σήματα não são signos de outra coisa. São o brilho múltiplo do próprio vigorar a partir da dobra desdobradora.

VII

Mas ainda não se expôs de forma suficiente o que a Μοῖρα partilha pela habilidade do destino. Um traço essencial de seu domínio continua impensado. O que acontece pelo fato de o destino liberar o vigorar do vigente para a dobra e assim ligá-lo ao seu todo e à sua calma?

Para medir o que Parmênides diz sobre isso na passagem que segue imediatamente a oração secundária, é preciso lembrar o que se discutiu anteriormente (n. III). O desdobramento da dobra impera como φάσις, dizer, no sentido de fazer aparecer. A dobra abriga em si o νοεῖν e o que nele se pensa (νόημα) enquanto o que é dito. O que se capta no pensar é o vigorar do vigente. O dizer pensante, que corresponde à dobra, é o λέγειν enquanto deixar-se propor o vigorar. Ele acontece puramente apenas no caminho de pensamento do pensador convocado pela ᾽Αλήθεια.

O que se dá com a φάσις (com o dizer) que impera a partir do destino descobridor quando o destino entrega o que se desdobra na dobra para o captar próprio aos mortais? Esses assumem (δέχεσθαι, δόξα) o que se lhes oferece de forma imediata, direta e primeira. Eles não se preparam primeiro num caminho de pensamento. Eles nunca escutam propriamente o apelo do descobrir da dobra. Eles se sustentam naquilo que nela se desdobrou e, de fato, naquilo que de início solicita os mortais: eles se sustentam no que é vigente sem considerar o vigorar. Eles desperdiçam seu fazer e seu deixar com o que habitualmente se capta, com o τὰ δοκοῦντα (fragmento I, 31). Tomam esse pelo não encoberto, ἀληθῆ (VIII, 39), pois isso aparece para eles, sendo assim o que está descoberto. Mas o que se dá com o seu dizer quando não consegue ser o λέγειν, o deixar-se propor? Não prestando atenção ao vigorar, ou seja, não pensando, o dizer habitual dos mortais torna-se um dizer de

Moira (Parmênides, fragmento VIII, 34-41)   225

nomes, em que impera a articulação sonora e a configuração imediatamente apreensível da palavra, no sentido das palavras pronunciadas e escritas.

Desmembrando-se o dizer (o deixar-se propor) em palavras significativas, rompe-se o captar reunidor. O dizer se torna um κατα
τίθεσθαι (VIII, 39), um firmar, que a-firma isso ou aquilo para a
opinião apressada. Tudo que assim se a-firma permanece um
ὄνομα. Parmênides não diz, de maneira alguma, que aquilo, habitualmente, é digno de nota, torna-se um "mero" nome. Diz apenas
que se entrega a um dizer que só é capaz de seguir a indicação das
palavras correntes, ou seja, das palavras que, pronunciadas na velocidade e na pressa, dizem tudo sobre tudo e transitam no "tanto
isso como aquilo".

Mas captar o vigente (os ἐόντα) é também nomear o εἶναι, é
também conhecer, com a mesma superficialidade, tanto o vigorar
como o não vigorar. Certamente, o pensamento que aqui se dá não
está atento, no modo próprio em que o pensamento atenta, à precedência da dobra (o μὴ ἐόν). A opinião habitual conhece apenas o
εἶναι τε καὶ οὐχί (VIII, 40). Conhece tanto o vigorar como também o não vigorar. O peso do que assim se conhece recai sobre o
τέ-καὶ (VIII, 40s.), o tanto-quanto. Quando esse hábito de falar a
partir de palavras capta o surgir e o sucumbir, ele se contenta com
o tanto quanto, tanto o surgir, γίγνεσθαι, como o sucumbir,
ὄλλυσθαι (VIII, 40). Assim nunca chega a captar que lugar, τόπος,
é localidade e que é como localidade que a dobra acolhe o vigorar
do vigente. No tanto-quanto, a opinião dos mortais persegue somente o esse e aquele outro (ἀλλάσσειν VIII, 41) dos lugares. O
captar comum movimenta-se, de fato, no iluminado e claro que caracteriza o vigente. Vê o que brilha, φανόν (VIII, 41) nas cores, modificando-se, no entanto, com a mudança do brilho, ἀμείβειν, sem
atentar à luz calma que ilumina a clareira, essa que provém do desdobramento da dobra. É a Φάσις, o fazer-aparecer que constitui o
modo de dizer da palavra e não as palavras que constituem a articulação dos nomes.

Τῷ πάντ' ὄνομ' ἔσται (VIII, 38), por isso tudo (o que é vigente) vigora no descobrir, que se pretende o gerador do predomínio
das palavras. Como isso acontece? Pela Μοῖρα, pelo destino de
descobrir próprio da dobra. Como devemos entender isso? No des

dobramento da dobra, o vigente aparece no brilho do que é vigente. Também o vigente é um dito, mas dito nas palavras nomeadas, em cujo dizer se movimenta a fala habitual dos mortais. O destino do descobrir próprio da dobra (do ἐόν) entrega o que é vigente (τὰ ἐόντα) ao captar cotidiano dos mortais.

Como acontece essa entrega destinal? Somente porque a dobra nela mesma e, com isso, o seu desdobramento mantêm-se encobertos. Será então que no descobrir impera o seu encobrir-se? Estranho pensamento. Parmênides faz a experiência desse pensado num modo impensado, à medida que, escutando o apelo da 'Ἀλήθεια, pensa tanto a Μοῖρα do ἐόν, o destino da dobra na perspectiva do vigorar, quanto o vigente.

Parmênides não seria um pensador no início de um começo daquele pensamento que se avia no destino da dobra, se não pensasse na amplitude dessa abundância enigmática, silenciada na palavra enigmática τὸ αὐτό, o mesmo. Aqui abriga-se o que é digno de se pensar, o que se nos dá a pensar como a relação de pensar e ser, como a verdade de ser, no sentido do descobrir da dobra, como o sustentar da dobra (μὴ ἐόν), no predomínio do vigente (τὰ ἐόντα, τὰ δοκοῦντα).

A conversa com Parmênides nunca chega a um fim; não apenas porque muito se mantém obscuro nos fragmentos preservados de seu poema, mas porque também o que neles se disse é sempre ainda digno de se pensar. Um diálogo sem fim não é falta. É sinal do ilimitado que resguarda, em si e para o pensamento, a possibilidade de uma transformação de destino.

Quem, no entanto, só espera do pensar um asseguramento, e calcula o dia em que o pensamento possa ser preterido e deixado de lado, esse só é capaz de exigir do pensamento autoaniquilamento. Essa exigência aparece sob uma estranha luz, quando se considera atentamente que o vigor essencial dos mortais está convocado a concentrar-se no apelo de serem os que chegam a morrer. Enquanto possibilidade mais extrema da presença humana, a morte não é o fim do possível, mas a cordilheira mais elevada (a montanha reunidora) do misterioso chamado para um descobrir.

Tradução de Marcia Sá Cavalcante Schuback

ALETHEIA
(HERÁCLITO, FRAGMENTO 16)

Ele é chamado o obscuro, *hó skoteinós* (ὁ Σκοτεινός). Heráclito era assim chamado mesmo no tempo em que ainda se possuía todos os seus escritos. Desses escritos, só conhecemos hoje fragmentos. Pensadores posteriores como Platão e Aristóteles, escritores e eruditos em filosofia que os sucederam como Teofrasto, Sexto Empírico, Diógenes Laércio e Plutarco, e também Padres da Igreja como Hipólito, Clemente de Alexandria e Orígenes, todos citaram aqui e ali, em suas obras, trechos dos escritos de Heráclito. Essas citações foram reunidas como fragmentos. A reunião dos fragmentos foi possível graças a pesquisas empreendidas pela filologia e pela história da filosofia. Os fragmentos consistem ora de várias frases, ora de poucas frases, às vezes não passam de partes de uma frase, às vezes de palavras isoladas.

O caminho de pensamento percorrido pelos pensadores e escritores posteriores é que determinou a escolha e o modo de citar as palavras de Heráclito. Com isso, determinou-se o espaço de jogo para cada uma de suas interpretações. E por isso, quando se observa com atenção nos escritos desses autores as passagens em que as citações são encontradas, só nos é possível descobrir o contexto de pensamento desses autores e não aquele de Heráclito, ou seja, de onde as citações foram extraídas. Nem as citações e nem as passagens em que foram encontradas nos transmitem o essencial, isto é, a unidade articuladora e norteadora da estrutura interna do escrito de Heráclito. Somente uma visão que crescesse continuamente na investigação dessa articulação estrutural permitiria decidir a partir de onde falam os fragmentos isolados e em que sentido cada um deles, enquanto fragmento, deve ser ouvido. Como, porém, as fontes centrais que unificam o escrito de Heráclito muito dificilmente se deixam presumir, sendo sempre difíceis de serem pensadas, esse pensador pode ser, com toda razão, chamado de "o obscu-

228 Ensaios e conferências

ro". O sentido próprio em que nos fala esse epíteto permanece, no entanto, ele mesmo obscuro.

Heráclito é chamado "o obscuro". Mas ele é o iluminado, o claro. Pois pronuncia o iluminador e esclarecedor, convocando o seu aparecer à linguagem do pensamento. O iluminador e esclarecedor sustenta e faz perdurar à medida que ilumina. Chamamos de clareira o seu iluminar. Pensar o que a ela pertence, como e onde ela acontece constitui uma tarefa. "Luz" significa: resplandecente, radiante, brilhante. O iluminar dá suporte ao aparecer, libera o que aparece em seu aparecer. O livre é o âmbito da revelação. Este é regido pelo descobrir. Permanece uma tarefa investigar o que pertence a esse âmbito, se e em que medida desocultamento e clareira são o mesmo.

Sem proveito e de nada adiantaria apelar para o significado da palavra *alethesía* (ἀληθεσία). Também deve ficar em aberto se o que se pretende designar com os termos "verdade", "certeza", "objetividade", "realidade" tem de fato a ver com a direção a que o desocultamento e a clareira remetem o pensamento. É provável que para o pensamento cioso de seguir tal indício esteja em questão algo mais elevado e decisivo do que assegurar, mediante proprosições válidas, uma verdade objetiva. Como se explica essa pressa sempre recorrente de se esquecer a subjetividade que pertence a toda objetividade? Como é possível que, mesmo atentando a esse mútuo pertencer de uma e de outra, ainda se insista em explicá-lo ou escolhendo uma ou outra como ponto de vista ou introduzindo um terceiro elemento capaz de conciliar sujeito e objeto? Por que insistir tanto em não considerar, mesmo que por uma só vez, que talvez o mútuo pertencer de sujeito e objeto vigore no que sustenta a vigência do objeto e de sua objetividade, do sujeito e de sua subjetividade, ou seja, no que sustenta a sua vigência antes mesmo do âmbito em que um e outro passam a se relacionar reciprocamente? O fato de nosso pensamento ter tanta dificuldade em se reencontrar nesse elemento de sustentação para então vislumbrá-lo não se deve nem a uma limitação do entendimento dominante e nem a uma resistência às perspectivas que inquietam aquilo a que se está habituado ou perturbam o habitual. É algo diverso que se deve presumir: sabemos demais e acreditamos com demasiada rapidez no que sabemos. Talvez por isso nos seja tão difícil adquirir familiaridade

Aletheia (Heráclito, fragmento 16)

com uma questão nascida de uma verdadeira experiência. Para que isso aconteça, é preciso poder espantar-se diante do simples e assumir esse espanto como morada.

O simples, certamente, não nos é dado pelo fato de pronunciarmos e reproduzirmos, de maneira simplista, o significado literal de *aletheia* (ἀληθεία) como "des-encobrimento". Des-encobrimento é o traço fundamental daquilo que já apareceu e que deixou para trás o encobrimento. Esse é o sentido do alfa (α) que compõe a palavra grega *aletheia* e que somente recebeu a designação de alfa privativo na gramática elaborada pelo pensamento grego tardio. A relação com *lethe* (λήθη), encobrimento e o próprio encobrimento não perdem de forma alguma o peso pelo fato de se experienciar diretamente o descoberto como o que apareceu, como o que entrou em vigência, como vigente.

O espanto *começa*, na verdade, com a questão sobre o que tudo isso quer dizer e como isso pode acontecer. Como fazer para chegar a essa questão? Talvez aceitando o espanto que leva em consideração o que chamamos de clareira e descobrimento?

O espanto de pensamento fala em forma de pergunta. Heráclito diz:

Τὸ μὴ δῦνόν ποτε πῶς ἄν τις λάθοι;
Como alguém poderia manter-se encoberto face ao que nunca se deita (declina)?[1]

O fragmento foi numerado como o 16. No tocante à posição interior e à abrangência do que indica, ele talvez deva ser para nós o *primeiro*. O fragmento de Heráclito foi extraído do *Paidagogos* de Clemente de Alexandria (livro III, capítulo 10). Clemente cita a passagem de Heráclito para sustentar um pensamento teológico e pedagógico. Ele escreve: λήσεται (!) μὲν γὰρ ἴσως τὸ αἰσθητὸν φῶς

---

1. Heidegger cita aqui a tradução do fragmento 16 feita por Diels. A tradução de Diels é no original: "Wie kann einer sich bergen vor dem, was nimmer untergeht?" Citamos em português a tradução de E. Carneiro Leão, in: *Heráclito. Fragmentos*. Rio de Janeiro: Tempo Brasileiro: 1980. *Cf. igualmente Heráclito* de M. Heidegger. Rio de Janeiro: Relume-Dumará, 1998. Heidegger traduz o fragmento, nessas preleções sobre Heráclito, da seguinte forma: "Como alguém poderia manter-se encoberto face ao que a cada vez já não declina" [N.T.].

230 Ensaios e conferências

τις, τὸ δὲ νοητὸν ἀδύνατόν ἐστιν, ἢ ὧν φησι Ἡράκλειτος... "Talvez se possa manter-se encoberto face à luz percebida pelos sentidos, mas é impossível permanecer encoberto face à luz do espírito, ou como diz Heráclito...". Clemente de Alexandria pensa na onipresença de Deus que tudo vê, mesmo o fazer mal que se comete na escuridão. Por isso, numa outra passagem de seu escrito *O pedagogo* (livro III, capítulo 5), ele escreve: οὕτως γὰρ μόνως ἄπτως τις διαμένει, εἰ πάντοτε συμπαρεῖναι νομίζοι τὸν θεόν. "Assim, pois, há apenas um modo de não se cair em falta, a saber, quando se considera que Deus está em toda parte". Quem haveria de negar que é conforme suas intenções teológicas e pedagógicas que Clemente de Alexandria usa, sete séculos depois, as palavras de Heráclito e que, interpretando-as à sua maneira, as deixa entrar no âmbito da representação cristã? Nessas palavras, o Padre da Igreja reflete sobre o homem pecador que se mantém encoberto diante de uma luz. Heráclito fala, porém, apenas de um manter-se encoberto. Clemente entende a luz suprassensível, τὸν θεόν, o Deus da fé cristã. Heráclito nomeia, porém, apenas o nunca declinar. Permanece em aberto aqui e mesmo a seguir se esse nosso acento sobre o "apenas" constitui uma limitação ou outra coisa.

O que haveríamos de ganhar comprovando o equívoco da interpretação teológica desse fragmento? O máximo que se poderia alcançar é a impressão de que as observações que se seguem pretendem ser a única maneira correta de se interpretar Heráclito. O esforço limita-se, por conseguinte, somente a se permanecer na proximidade das palavras de Heráclito. Isso talvez possa ajudar a introduzir um pensamento porvindouro no âmbito de apelos ainda inauditos.

Provindo do chamado em que o pensamento se mantém, esses apelos não se deixariam determinar mediante apreciações ou comparações sobre quais os pensadores que conseguiram alcançá-los. Os esforços concentram-se, ao contrário, em nos colocar mediante a conversa com um pensador originário numa maior proximidade do que nos cabe pensar.

Toda pessoa esclarecida percebe que o modo de falar de Heráclito é diferente do de Platão, de Aristóteles, de um escritor dogmático cristão, de Hegel ou Nietzsche. A constatação historiográfica dessas múltiplas e variadas interpretações só nos permite conside-

Aletheia (Heráclito, fragmento 16) 231

rar a sua validade relativa. Diante de tantas interpretações, qualquer um se vê necessariamente ameaçado pelo fantasma do relativismo. Por quê? Porque a contabilização historiográfica das interpretações deixa de lado a conversa questionadora com o pensador e, provavelmente, nem mesmo deixa que ela se inicie.

Que toda interpretação capaz de conversar com o já pensado seja diferente, isso é sinal de uma plenitude tácita. Uma plenitude que mesmo Heráclito só pode pronunciar na via das perspectivas que *a ele* foram propiciadas. Querer perseguir a doutrina objetivamente correta de Heráclito é uma pretensão que recusa o perigo salutar de se deixar atingir pela verdade de um pensamento.

As observações a seguir não levam a nenhum resultado. Elas acenam para o acontecimento apropriador.

O fragmento de Heráclito é uma pergunta. A palavra que, no sentido de *telos*, τέλος, finaliza o fragmento designa aquilo a partir de onde começa a pergunta. É o âmbito em que se movimenta o pensamento. A palavra em que a pergunta se tece é *láthoi*, λάθοι. Nada é mais fácil do que constatar que *lantháno*, λανθάνω, no aoristo, *élathon*, ἔλαθον, significa – eu me mantenho encoberto. Para nós, é no entanto muito difícil nos reconhecermos diretamente no modo em que a língua pronuncia essa palavra.

Homero narra (*Odisseia* VIII, verso 83 e seguintes) como Ulisses encobre o rosto e chora sem que nenhum dos presentes se dêem conta, enquanto, no palácio do rei dos feácios, o rapsodo Demódoco canta ora na tonalidade do sóbrio ora na da alegria. O verso 93 soa assim: ἔνθ᾽ ἄλλους μὲν πάντος ἐλάνθανε δάκρυα λείβων. De acordo com o espírito da nossa língua, traduziríamos, de forma conveniente, dizendo: "então ele derramou lágrimas sem que os outros reparassem". A tradução de Voss está ainda mais próxima do grego porque também traduz o verbo *elanthane*, ἐλάνθανε: "para todos os outros convidados encobriu ele as lágrimas rompantes". ἐλάνθανε não significa, contudo, "ele encobriu" mas "ele manteve-se encoberto" enquanto o que versa lágrimas. Em grego, a palavra determinante é "manter-se encoberto". Em alemão se diz, no entanto: ele chorou sem que os outros reparassem. De maneira semelhante, traduzimos o lema dos epicuristas –

232 Ensaios e conferências

λάθε βιώσας – por "viva no encobrimento". Pensadas de modo grego, essas palavras significam: "mantenha-se encoberto enquanto aquele que conduz a sua vida". O encobrimento determina aqui o modo em que o homem deve vigorar entre os homens. Pela forma de seu dizer, a língua grega anuncia que o encobrir e, respectivamente, o manter-se desencoberto possui uma posição privilegiada frente aos demais modos em que vigora algo vigente. O traço fundamental da vigência como tal consiste em manter-se encoberto e manter-se desencoberto. Não é necessário fazer primeiro uma etimologia aparentemente insustentada da palavra ἀλήθεια para se experienciar que, por toda parte, a vigência do que é vigente só vem à linguagem no brilho, no anúncio, no pro-por-se, no surgir, no pro-duzir, no aspecto.

Em sua sólida harmonia no seio da presença grega e de sua linguagem, tudo isso seria impensável caso manter-se encoberto e manter-se desencoberto não já imperassem como o que, na verdade, nem mesmo se deixa dizer por ser daí que surge a linguagem.

De maneira correspondente, a experiência grega não pensa o caso de Ulisses, representando como sujeitos os convidados presentes que, numa atitude subjetiva, apreendem o choro de Ulisses como objeto de uma percepção. Na experiência grega daquele que chora, predomina bem mais um encobrimento que retrai para os outros aquele que chora. Homero não diz: Ulisses cobriu suas lágrimas. O poeta também não diz: Ulisses encobriu-se enquanto alguém que chora. Diz, ao contrário: Ulisses manteve-se encoberto. Devemos refletir sobre essa conjuntura com mais frequência e atenção, mesmo correndo o perigo de nos perdermos em divagações e circunlóquios. Sem uma visão suficientemente abrangente dessa conjuntura, a interpretação platônica da vigência como ἰδέα nos parecerá arbitrária ou acidental.

No contexto mencionado, um outro verso de Homero diz o seguinte (v. 86): αἴδετο γὰρ Φαίηκας ὑπ' ὀφρύσι δάκρυα λείβων. Seguindo o modo de dizer característico da língua alemã, podemos ouvir na tradução de Voss que: (Ulisses ocultou sua cabeça) "a fim de que os feácios não vissem os cílios em pranto". Voss não traduz a palavra fundamental αἴδετο. Enquanto aquele que versa lágrimas, Ulisses sentiu vergonha diante dos feácios. Não

Aletheia (Heráclito, fragmento 16)

está suficientemente claro que ele se escondeu por causa da vergonha que sentiu diante dos feácios? Ou será que também devemos pensar a vergonha, αἰδῶς, a partir do manter-se encoberto, para nos aproximarmos da experiência que dela fizeram os gregos? "Envergonhar-se" significaria, então, manter-se coberto e encoberto num esperar, num ater-se à espera.

Quando o choro às escondidas de Ulisses se encena na poética do grego, anuncia-se como o poeta faz a experiência do imperar de uma vigência e qual o sentido de ser que, mesmo impensado, já tornou-se destino. Estar em vigência é um encobrir-se iluminado. A esse encobrir-se corresponde a vergonha. A vergonha é o manter-se encoberto que se mostra na proximidade do que é vigente. A vergonha é a cobertura ao vigente, na proximidade impalpável do que, a cada vez, se mantém num porvir e cujo por vir não deixa de ser um crescente ocultar-se. Assim, cabe pensar a vergonha e tudo de elevado que lhe pertence à luz do manter-se encoberto.

Devemos igualmente nos preparar para usar de maneira mais reflexiva uma outra palavra grega, também ligada à raiz λαθ. Trata-se de ἐπιλανθάνεσθαι. Traduz-se corretamente essa palavra por "esquecer". Em razão dessa adequação lexicográfica parece que tudo está perfeitamente claro. Isso porque ao que parece esquecer é a coisa mais clara do mundo. Só muito sutilmente observa-se que a palavra grega correspondente a esquecer também alude a um manter-se encoberto.

O que significa "esquecer"? Na sua tendência incontrolável de esquecer o mais rápido possível, o homem deveria saber o que é esquecer. Mas ele não sabe. O homem moderno esqueceu o que é esquecer. Mas isso só vale admitindo-se que ele já tenha pensado com suficiência, ou seja, com profundidade o âmbito essencial do esquecimento. A indiferença persistente frente à essência do esquecimento não reside de maneira alguma apenas na pressa e correria características do modo atual de viver. Essa indiferença já provém da própria essência do esquecimento. Próprio ao esquecer é retrair-se para si mesmo e alcançar o sulco de seu próprio encobrir-se. Os gregos fizeram a experiência do esquecimento, λήθη, como destino de encobrimento.

234 Ensaios e conferências

Λανθάνομαι significa: mantenho-me encoberto para mim mesmo na referência a algo que, de outro modo, se desencobre. O desencoberto está, por sua vez, encoberto assim como eu mesmo, nessa relação, estou encoberto para mim mesmo. O vigente desaparece de tal forma no encobrimento que, nesse encobrimento, eu mesmo me mantenho encoberto enquanto aquele para quem o vigente se retrai. É o que ocorre quando dizemos: esqueci (alguma coisa). No esquecimento não é somente uma coisa que nos escapa. O próprio esquecer se encobre e isso de tal maneira que se encobrem tanto nós mesmos como nossa relação com o que se esquece. Por isso, os gregos usam o verbo na intensificação da forma média ἐπιλανθάνομαι. O esquecimento em que o homem se enreda recebe, assim, seu nome da relação estabelecida com aquilo que, por si mesmo, se retrai para o homem.

Tanto no modo em que a língua grega usa a palavra λανθάνειν, ou seja, como um verbo de suporte e orientação, quanto na experiência do esquecer feita com base no manter-se encoberto, mostra-se com suficiente clareza que λανθάνω, mantenho-me encoberto, absolutamente não se refere a um modo de comportamento do homem, dentre muitos outros. Λανθάνω indica, bem ao contrário, o traço fundamental de todo relacionar-se com o que está vigente e o que está ausente, designando até mesmo o traço fundamental da própria vigência e ausência.

Se, porém, no fragmento de um pensador, a palavra λήθω, eu me mantenho encoberto, a nós se dirige, e se essa palavra ainda finaliza uma questão de pensamento, então cabe a nós pensar essa palavra e aquilo que ela diz cultivando o seu campo da maneira mais ampla e duradoura que hoje nos é possível.

Todo manter-se encoberto guarda em si a relação com aquilo para o que o encoberto se retrai, mas em cuja direção, na maior parte dos casos e justo por isso, está sempre a inclinar-se. Para nomear isso a que o encoberto se mantém relacionado no encobrir, a língua grega usa um acusativo: ἐνθ' ἄλλους μὲν πάντας ἐλάνθανε...

Heráclito pergunta: πῶς ἄν τις λάθοι; "Como alguém poderia manter-se encoberto?" Em relação a quê? Em relação ao que se

Aletheia (Heráclito, fragmento 16) 235

disse nas palavras anteriores que iniciam o fragmento: τὸ μὴ δῦνον ποτε, ao que nunca se deita, ao que nunca declina. O "quem" aqui interpelado não é o sujeito para o qual qualquer outra coisa se mantém encoberta. O "quem" é o que está sendo questionado na perspectiva da possibilidade de *seu* manter-se encoberto. A pergunta de Heráclito não pensa antecipadamente o encobrimento e o desencobrimento numa relação com o homem, que de acordo com nossos hábitos modernos de representação é entendido como o suporte e mesmo como o autor de todo desencobrimento. Falando-se em termos modernos, a pergunta de Heráclito pensa o contrário. Ela considera a relação do homem com "o que nunca declina" e pensa o homem a partir dessa relação.

Com as palavras "o que nunca declina", traduzimos a expressão grega τὸ μὴ δῦνον ποτε, deixando a impressão de que cada uma dessas palavras se deixa compreender por si mesma. O que significam essas palavras? Onde podemos nos informar sobre o seu significado? O imediato seria tentar responder a essas perguntas, mesmo que essa predisposição nos leve para bem longe do fragmento de Heráclito. Tanto aqui como em casos semelhantes estamos correndo muito facilmente o risco de procurar demais. Consideramos suficientemente clara a articulação desses termos e, assim, assumimos como uma posição imediata e exclusiva que, segundo o pensamento de Heráclito, deve-se falar de "algo que nunca declina". Mas assim não chegaremos muito longe em nosso questionamento. Deixaremos também em aberto se essas perguntas podem ser colocadas desse modo. Pois a tentativa de responder essas questões fracassaria tão logo se mostrasse como é inútil perguntar o que é que, segundo Heráclito, "nunca declina". Como isso pode se mostrar? Como escapar ao perigo de dissipar tanto assim o questionamento?

Somente quando interpretamos a expressão τὸ μὴ δῦνον ποτε e, assim, fazemos a experiência de que aí muito já se dá a pensar.

A palavra-guia é τὸ δῦνον. Está ligada a δύω, que significa envolver num véu, afundar, mergulhar. Δύειν diz: adentrar, entrar em alguma coisa. O sol adentra o mar, nele mergulha. πρὸς δύνοντος ἡλίου significa em direção ao deitar-se do sol, em direção à noitinha. νέφεα δῦναι tem o sentido de entrar nas nuvens, desa-

236   Ensaios e conferências

parecer por trás das nuvens. O deitar-se, o declinar é pensado, de modo grego, como um entrar no encobrimento.

Mesmo de maneira imprecisa, pode-se ver sem maiores dificuldades que as duas palavras constitutivas e sustentadoras do conteúdo do fragmento, essas que o iniciam e o finalizam, a saber, τò δῦνον e λάθοι, dizem o mesmo. Resta, porém, perguntar como e em que sentido elas convergem. Já se conquista alguma delas observando-se que o fragmento se mantém, de modo questionador, no âmbito do encobrir. Ou será que refletindo dessa maneira não criamos uma grande ilusão? É o que parece. Pois o fragmento fala do τò μὴ δῦνον ποτε, do que nunca declina. Trata-se justamente do que nunca entra num encobrimento. O encobrimento fica excluído. O fragmento se pergunta por um manter-se encoberto. Mas recusa de tal forma a possibilidade de um encobrimento que essa pergunta aparece logo como uma resposta. Como resposta, recusa o caso possível de se manter encoberto. Na forma de uma pergunta retórica, fala um enunciado afirmativo: diante do que nunca se deita ninguém pode manter-se encoberto. Isso se ouve como uma sentença doutrinal.

Tão logo se apreendam as palavras sustentadoras τò δῦνον e λάθοι não como palavras isoladas, mas como o todo inseparável do fragmento, fica claro que o fragmento não se move no âmbito do encobrir, mas justamente no âmbito contrário. Basta converter a expressão, articulada na forma τò μήποτε δῦνον, para ficar bem claro que o fragmento fala sobre o que nunca declina. Transformando, por fim, o modo negativo de falar numa forma afirmativa correspondente poderemos admitir que, ao dizer "o que nunca se deita", o fragmento entende "o que sempre surge". Em língua grega, isso se diria da seguinte maneira: τò ἀεὶ φύον. Essa expressão não se encontra em Heráclito. O pensador só fala de φύσις. Trata-se de uma palavra fundamental do pensamento grego. Assim, desavisadamente, nos chegou uma resposta à pergunta sobre o que é que, segundo Heráclito, não se deita, não declina.

Será, porém, que cabe essa referência à φύσις enquanto se mantiver obscuro o sentido em que se deve pensar a φύσις? E de que adiantam expressões grandiloquentes como "palavra fundamental" se os fundos profundos e o sem-fundo abismal do pensamento grego nos toca tão pouco? De que adianta tudo isso se as

Aletheia (Heráclito, fragmento 16) 237

recobrimos impensadamente com nomes casuais e sempre tomados dos âmbitos de representação a que estamos habituados? Se a expressão τὸ μήποτε δῦνον deve significar φύσις não é porque a referência à φύσις haveria de nos esclarecer o que é τὸ μὴ δῦνον ποτε, mas sim o contrário: "o que nunca declina" nos dá a pensar que e em que medida se faz a experiência da φύσις como o que sempre surge e nasce. Como entendê-la senão como o que se põe a descoberto de modo duradouro? Nesse sentido, o dizer do fragmento movimenta-se no âmbito do descobrir e não do encobrir.

Como e em vista de que conjuntura deve-se pensar o âmbito do descobrir? E ainda: De que modo devemos pensar esse âmbito sem cair no perigo de ficar correndo atrás de palavras? Quanto mais estivermos decididos a não representar intuitivamente como uma coisa vigente o que se põe a descoberto de maneira duradoura e o que nunca declina, mais necessário se torna investigar o que seja isso a que se atribui como uma propriedade "o que nunca se declina".

Na maior parte das vezes, querer saber é digno de louvor. Mas não quando esse querer é apressado. Não há maneira mais reflexiva, para não dizer mais circunspecta, de se proceder do que sempre guardar a referência às palavras do fragmento. Mas será que a guardamos? Ou será que uma conversão quase imperceptível de palavras não nos apressou para um desvio que nos impossibilita observar algo muito importante? Com certeza. Dizendo τὸ μήποτε δῦνον, transformamos a expressão τὸ μὴ δῦνον ποτε, quando traduzimos corretamente μήποτε por "nunca" e τὸ δῦνον por "o que declina". Não consideramos, porém, nem a palavra μή pronunciada antes de δῦνον e nem a que se pronuncia depois, ποτέ. Não pudemos, portanto, observar mesmo à guisa de aceno que a negação μή e o advérbio ποτ oferecem um esclarecimento mais reflexivo do δῦνον.

μή é uma partícula de negação. Como οὐκ, significa "não" só que em outra acepção. οὐκ retira alguma coisa daquilo que é alcançado pela negação. μή, ao contrário, atribui alguma coisa àquilo que entrou no âmbito da sua negação: uma recusa, um manter à distância, um velar. μὴ... ποτέ diz: já não... a cada vez. Como assim? Diz que alguma coisa vigora diferentemente do modo em que vigora.

238 Ensaios e conferências

No fragmento de Heráclito, μή e ποτέ circundam o δῦνον. Gramaticalmente, esse termo é um particípio. Até agora o traduzimos no sentido nominal, aparentemente mais próximo, reforçando assim a opinião imediata de que Heráclito fala do que jamais entra em ocaso, do que nunca declina. Mas a negação μή... ποτέ refere-se a um sustentar e vigorar de tal e tal modo. A negação relacionar-se, portanto, ao sentido verbal do particípio δῦνον. O mesmo vale com respeito ao μή no ἐόν de Parmênides. A articulação das palavras τὸ μὴ δῦνον ποτε diz o que a cada vez já não declina.

Se ousarmos, ainda uma vez, e mesmo que por um instante, converter a expressão negativa numa afirmativa, mostrar-se-á o seguinte: Heráclito pensa o que surge de maneira duradoura e não uma coisa qualquer a que se atribui o surgir como uma propriedade. Tampouco está pensando na totalidade do que se deixa alcançar por um surgir. Heráclito pensa, bem mais, pura e simplesmente o surgir. Pronunciada com força de pensamento, a palavra φύσις nomeia o surgir que se sustenta num aqui e ali, num a cada vez. Devemos traduzir essa palavra por uma expressão pouco usual. Traduzimos por "surgência", construindo-a em correspondência à palavra mais usada "emergência".

Heráclito pensa o que nunca declina. No modo grego de pensar, isso significa o que nunca entra num encobrimento. Em que âmbito movimenta-se, então, o dizer do fragmento? De acordo com o seu sentido, nomeia-se o encobrimento, ou seja, o nunca entrar no encobrimento. O fragmento diz, portanto, ao mesmo tempo o que surge de forma duradoura, o descobrir que se sustenta sempre a cada vez. A expressão τὸ μὴ δῦνον ποτε, o que a cada vez já não declina, significa ambos: descobrimento e encobrimento, não enquanto dois acontecimentos distintos e reunidos por uma simples ordem sucessiva, mas como um e o mesmo acontecimento. Prestando atenção a isso, conseguimos evitar a substituição irrefletida do τὸ μὴ δῦνον ποτε por τὴν φύσιν. Ou será que essa possibilidade está sempre presente, sendo até mesmo inevitável? Não se podendo mesmo evitar então não mais se deve pensar a φύσις como surgir. No fundo, ela nunca é surgir. Ninguém mais do que Heráclito sabe disso, pois ele mesmo chegou a afirmá-lo, de maneira tanto clara como misteriosa. Trata-se do fragmento 123, que diz:

Aletheia (Heráclito, fragmento 16) 239

Φύσις κρύπτεσθαι φιλεῖ. Não nos cabe discutir aqui se a tradução "a essência das coisas ama esconder-se" afasta-se do âmbito do pensamento heraclítico. Mas talvez não se deva atribuir a Heráclito um tal lugar comum já que somente a partir de Platão é que se elaborou um pensamento sobre a "essência das coisas". Outra coisa se deve observar. Nesse fragmento, nomeiam-se φύσις e κρύπτεσθαι, surgir (descobrir-se) e encobrir-se, numa proximidade de vizinhança. Num primeiro momento, isso é de se espantar. Pois se, enquanto surgir, a φύσις chega a voltar-se em outra direção ou até em direção contrária a alguma coisa, essa alguma coisa só pode ser o κρύπτεσθαι, o encobrir-se. Heráclito pensa, no entanto, ambos numa proximidade de vizinhança. A sua proximidade é até mesmo nomeada de maneira bem própria. Determina-se como φιλεῖ. Descobrir-se ama encobrir-se. O que isso significa? Que surgir busca encobrimento? Que deve ser isso e como entender esse "ser"? Será que só por vezes e de uma certa maneira é que φύσις insiste em preferir trocar o surgir por um encobrir-se? Será que o fragmento diz que o surgir gosta de passar para o encobrimento, de maneira a ora predominar um, ora outro? De forma alguma. Essa interpretação passa bem ao largo do sentido de φιλεῖ, que exprime a relação de φύσις e κρύπτεσθαι. A interpretação esquece o mais decisivo no que o fragmento nos dá a pensar: a saber, o modo em que, enquanto encobrir-se, o surgir se essencializa e vigora. Se aqui, na perspectiva da φύσις, deve-se aludir a "vigorar", é justamente porque a φύσις não significa a essência, o ő τι, o quê ou *quid* das coisas. Heráclito não fala sobre isso nem aqui e nem nos fragmentos 1 e 112, onde utiliza a expressão κατὰ φύσιν. O fragmento pensa a φύσις não no sentido substantivado de essência das coisas e sim no sentido verbal do essencializar-se da φύσις, do seu vigorar.

Surgir é, como tal, a cada vez já uma tendência para fechar-se. Surgir resguarda-se nesse fechar. Enquanto en-cobrir-se, κρύπτεσθαι não é simplesmente fechar-se, mas colocar-se sob uma cobertura[2] a que pertence o surgir e na qual se preserva a possibilidade

---

2. Os verbos cobrir-se (*sich bergen*), encobrir-se (*sich verbergen*), descobrir (*entbergen*), desencobrir (*unverbergen*) formam-se a partir de *bergen*. *Bergen* significa propriamente montanha e, como tal, um modo próprio de abrigar, resguardar, proteger, cobrir e dar cobertura ao modo de montanha. [N.T.].

240 Ensaios e conferências

essencial do surgir. É no encobrir-se que predomina a tendência para descobrir-se. O que seria do encobrir-se se não houvesse nele mesmo uma inclinação para surgir?

Φύσις e κρύπτεσθαι não estão separados um do outro. Um tende para o outro numa reciprocidade. São o mesmo. É somente nessa tendência que um favorece ao outro o seu vigor próprio. Esse favorecimento recíproco é o vigor essencial de φιλεῖ e φιλία. A plenitude vigorosa da φύσις reside nesse tender um para o outro de surgir e encobrir-se.

A tradução do fragmento 123, φύσις κρύπτεσθαι φιλεῖ, poderia soar do seguinte modo: "surgir (desde o encobrir-se) favorece encobrimento".

Pensamos, porém, a φύσις de forma ainda bastante provisória quando a tomamos apenas como surgir e deixar surgir e lhe atribuímos alguma propriedade. É que com isso deixamos de lado o decisivo, a saber, que descobrir-se não apenas acompanha o encobrimento, mas dele necessita a fim de vigorar em seu modo próprio de vigorar, ou seja, como des-encobrimento. Somente pensando nesse sentido a φύσις é que se pode também dizer τὴν φύσιν em lugar de τὸ μὴ δῦνον ποτε.

Ambos os termos designam o âmbito de fundação e vigor da intimidade em que descobrir e encobrir se insinuam. Nessa intimidade, abriga-se a unicidade e a unidade do Ἕν, a simplicidade em que os primeiros pensadores vislumbraram o uno, mas que se manteve encoberta para os seus sucessores. Τὸ μὴ δῦνον ποτε, "o que nunca entra num encobrimento" não diz de maneira alguma cair no âmbito do encobrimento para aí extinguir-se. Diz, ao contrário, manter-se destinado ao encobrimento porque, enquanto o que nunca entra em..., é sempre um nascer a partir do encobrimento. Para o pensamento grego, κρύπτεσθαι diz-se tacitamente no τὸ μὴ δῦνον ποτε. Desse modo, nomeia-se a φύσις em seu pleno vigor, ou seja, a partir da φιλία entre descobrir-se e encobrir-se.

É possível que a φιλία do φιλεῖ, no fragmento 123, e a ἁρμονίη ἀφανης no fragmento 54 sejam o mesmo. O mesmo, porém, desde que se admita que a articulação, pela qual descobrir e enco-

Aletheia (Heráclito, fragmento 16) 241

brir reciprocamente se articulam, deva permanecer o inaparente de tudo o que é inaparente, por ser o que presenteia ao que aparece o aparecer.

A referência à φύσις, φιλία, ἁρμονίη diminuiu um pouco a indeterminação com que apreendemos, de início, o τὸ μὴ δῦνον ποτε, o que a cada vez não declina. É difícil, porém, controlar a vontade de obter alguma informação concreta sobre o lugar a que pertencem descobrir e encobrir em vez de explicações tão abstratas e desreferenciadas. Essa pergunta chega, no entanto, bem tarde. Por quê? Porque, para o pensamento dos primeiros pensadores, o τὸ μὴ δῦνον ποτε designa o âmbito de todos os âmbitos. Não se trata do gênero mais elevado a que subordinam diferentes espécies de âmbitos. É o âmbito entendido como a localidade em que repousa todo para onde de um pertencimento. Isso significa que, no sentido do μὴ δῦνον ποτε, o âmbito é único, se considerado a partir da amplitude de sua reunião concentradora. Nele, dele e com ele, cresce (concrescit) tudo que pertence ao acontecimento apropriador do descobrir corretamente experienciado. Esse âmbito é o con-creto pura e simplesmente. Como, porém, representar concretamente esse âmbito através das abstratas exposições feitas anteriormente? A pergunta parece legítima. Ao menos enquanto se esquece que não cabe revestir o pensamento de Heráclito com decisões apressadas acerca do que é o "concreto" e o "abstrato", o "sensível" e o "não sensível", o "visível" e o "não visível". O fato dessas decisões serem tão costumeiras não justifica que se tome a sua extensão como ilimitada. Pois é possível que, precisamente onde pronuncia o visível, Heráclito pense o pura e simples invisível. Na verdade, com essas decisões não se vai muito longe.

Seguindo essa explicação, podemos substituir τὸ μὴ δῦνον ποτε por τὸ ἀεὶ φύον sob duas condições. Devemos pensar a φύσις a partir do encobrir-se e φύον em sentido verbal. Seria em vão procurar em Heráclito a palavra ἀείφυον. No fragmento 30 encontramos, porém, a expressão ἀείζωον, o que vive de modo duradouro. O verbo "viver" pronuncia-se aqui no sentido mais amplo, mais exterior e mais interior, o mesmo em que também Nietzsche pensou essa palavra ao escrever num apontamento do ano 1885/1886 que: "'o ser' – dele não temos nenhuma outra re-

242 Ensaios e conferências

presentação senão 'viver'. Como algo morto poderia 'ser'?" (*Vonta-de de poder*, n. 582).

Como compreender nossa palavra "viver", admitindo-a como uma tradução fiel da palavra grega ζῆν? Em ζῆν, ζάω fala a raiz ζα-. Certamente, nunca poderemos desencantar o significado grego do "viver" a partir dessas letras. Podemos, no entanto, observar que a língua grega, sobretudo a língua de Homero e Píndaro, usa palavras como ζάθεος, ζαμενής, ζάπυρος. De acordo com a explicação filológica, ζα significa um prefixo de intensificação. Assim, ζάθεος diz "muito divino", "muito sagrado"; ζαμενής, "muito irado", ζάπυρος, "muito fogoso". Essa intensificação, porém, não significa nem aumento mecânico e nem aumento dinâmico. Píndaro chama de ζάθεος os lugares e montanhas, os campos e as margens de um rio. Usa essa palavra quando quer dizer os deuses, que aparecendo olham fundo, que com frequência se deixam ver propriamente num aqui, que vigoram no aparecer. Os lugares são especialmente sagrados porque surgem com pureza no deixar-aparecer do que é aparente. Do mesmo modo, ζαμενής significa o que permite surgimento em seu pleno vigor, a proveniência e o advento da tempestade.

Ζα- significa o puro deixar surgir em meio e para os modos de aparecer, o olhar fundo, o irromper, o advir. O verbo ζῆν designa o surgir para a luz. Homero diz: ζῆν καὶ ὁρᾶν φάος ἠελίοιο, "viver e isso significa ver a luz do sol". O sentido grego de ζῆν, ζωή, ζῷον não deve ser entendido nem zoológica e nem biologicamente, mesmo em sentido amplo. O significado da expressão grega ζῷον está bem distante de qualquer representação biológica de uma espécie animal. É que os gregos chamavam até mesmo os seus deuses de ζῷα. Por quê? Os que olham fundo são os que surgem numa visão. Os deuses não são experienciados como animais. Os animais pertencem, todavia, a ζῆν, num sentido particular. Num modo ao mesmo tempo estranho e enredado, o surgir para o livre, que caracteriza o animal, mantém-se fechado e referido a si mesmo. No animal, descobrir-se e encobrir-se estão de tal forma reunidos que dificilmente nosso modo humano encontra alguma via de acesso interpretativo, mesmo quando decide evitar as explicações mecânica e antropomórfica da animalidade, sempre recorrentes. Porque o

Aletheia (Heráclito, fragmento 16) 243

animal não fala, o descobrir-se e o encobrir-se, e também a sua unidade, reúnem-se no animal numa vitalidade inteiramente diversa.

Ζωή e φύσις dizem, no entanto, o mesmo: ἀείζωον significa ἀείφυον, que significa τὸ μὴ δῦνον ποτε.

No fragmento 30, a palavra ἀείζωον segue πῦρ, o fogo não tanto como um adjetivo, mas, sobretudo, como um nome que designa algo novo, que nomeia como se deve pensar o fogo, a saber, como o surgir duradouro. Com a palavra "fogo", Heráclito diz o que οὔτε τις θεῶν οὔτε ἀνθρώπων ἐποίησεν, "o que nenhum dos deuses e nenhum dos homens pro-duziu", o que, como φύσις, já sempre repousa em si mesmo, em si se mantém e em si resguarda todo advir, antes dos deuses e para os deuses. Isso é, porém, κόσμος. Dizemos mundo e o pensamos de maneira inadequada ao representá-lo, exclusiva ou predominantemente, segundo a cosmologia ou a filosofia da natureza.

De acordo com o sentido de φύσις, mundo é fogo duradouro, um surgir que dura e sustenta. Quando se fala aqui de mundo eternamente em chamas, não se deve imaginar primeiro um mundo fechado em si mesmo que sofre um incêndio contínuo, sob um fogo que sobre ele lança sua ira. Bem ao contrário, aqui o fazer-se mundo de mundo, τὸ πῦρ, τὸ ἀείζωον, τὸ μὴ δῦνον ποτε são o mesmo. De maneira correspondente, Heráclito *pensa* a essência do fogo não sob o aspecto da evidência imediata de uma chama em movimento. Basta atentar para o uso linguístico da palavra πῦρ. Essa palavra fala a partir de múltiplas perspectivas, apontando para a abundância vigorosa expressa no dizer pensante dessa palavra.

Πῦρ designa o fogo do sacrifício, o fogo da lareira, o fogo da vigília. Mas diz também o brilho das tochas, o resplandecer das estrelas. No "fogo", vigora o iluminar, o incandescer, o flamejar, o aparecer suave, esse que amplia o claro na vastidão. No "fogo", vigora também o destruir, o abater, o fechar, o extinguir. Quando Heráclito fala do fogo, ele pensa de forma predominante o vigorar iluminador, o indicar que dá e retira medidas. Segundo um fragmento descoberto por Karl Reinhardt (cf. Hermes, vol. 77, 1942, p. 1s.) em Hipólito e cuja legitimidade foi demonstrada de forma convincente, τὸ πῦρ é para Heráclito ao mesmo tempo o τὸ φρόνι-

244 Ensaios e conferências

μον, o que pensa o sentido. O que indica a cada um a direção do caminho e dis-põe cada um para o lugar a que pertence. O fogo que pensa o sentido e dis-põe reúne tudo numa concentração, abrigando tudo em sua essência. O fogo que pensa o sentido é o que dis-põe para uma vigência e expõe numa reunião integradora. Τὸ Πῦρ é ὁ Λόγος. Esse seu pensar o sentido é o coração, ou seja, a amplidão iluminadora e acobertadora do mundo. Na multiplicidade dos vários nomes: φύσις, πῦρ, λόγος, ἁρμονίη, πόλεμος, ἔρις, (φιλία), ἕν, Heráclito pensa a plenitude essencial do mesmo.

Partindo daí e para aí retornando, pronuncia-se a expressão com que tem início o fragmento 16: τὸ μὴ δῦνόν ποτε, o que a cada vez já não declina. O que se enuncia nesse fragmento deve ser ouvido em consonância com todas as palavras fundamentais acima elencadas que sustentam o pensamento de Heráclito.

Nesse meio tempo, mostrou-se que: o nunca entrar num encobrimento é o surgir duradouro a partir do encobrir-se. É que desse modo o fogo de mundo incandesce, brilha e dá sentido. Pensado como o puro iluminar, o fogo de mundo traz consigo não somente o claro, mas também o livre em que tudo brilha, mesmo o que se apresenta como contrário. Iluminar é, assim, mais do que só clarear, mais do que só liberar. Num pensamento que medita o sentido e numa reunião recolhedora, iluminar é conduzir algo para o livre, é conceder vigência.

Mundo é o acontecimento apropriador de clareira e iluminação. O iluminar claro, que pensa o sentido e reúne com concentração e recolhimento, o iluminar que conduz para o livre, esse iluminar é um descobrir. Repousa sobre o encobrimento que lhe pertence enquanto o que encontra no descobrir o seu vigor e, assim, nunca pode ser meramente um entrar no encobrimento, um declinar.

Πῶς ἄν τις λάθοι; "como alguém pode manter-se encoberto?" pergunta o fragmento de Heráclito. Pergunta na perspectiva do já mencionado τὸ μὴ δῦνόν ποτε, que está no acusativo. Na nossa tradução, usamos o dativo: "como alguém poderia manter-se encoberto face a isso, a saber, à clareira de sua luz?" O *modo* de perguntar recusa essa possibilidade sem, contudo, apresentar ne-

Aletheia (Heráclito, fragmento 16) 245

nhuma base. Essa base já deve estar naquilo a respeito do que se pergunta. Ao menos é o que logo nos apressamos a acreditar. Porque nunca declinar, porque iluminar vê e observa tudo, nada lhe pode manter-se escondido. Mas o fragmento não diz nada sobre esse ver e observar. E o principal. O fragmento não diz πως ἄν τι "como alguma *coisa* poderia...?", mas πῶς ἄν τις "como *alguém* poderia...?" De acordo com o fragmento, a clareira iluminadora não se refere a qualquer tipo de vigência. Quem é o τίς? Pensamos imediatamente no homem, pois a pergunta é feita por um mortal e se endereça aos homens. Como, no entanto, quem fala é um pensador e, na verdade, o pensador que habita a proximidade de Apolo e Ártemis, também poder-se-ia considerar o fragmento uma conversa com aqueles que olham fundo e, assim, supor que o τίς se refere a algum dos deuses. O fragmento 30 pode reforçar essa suposição. Diz: οὔτε τις θεῶν οὔτε ἀνθρώπων. O fragmento 53, citado com muita frequência, mas também de maneira muito incompleta, nomeia os imortais e os mortais, numa relação. Diz: πόλεμος, o inter-por-se no outro mediante contraposição (a clareira), mostra alguns dos que estão vigentes como deuses e outros como homens, faz aparecer uns como escravos e outros como livres. Isso diz: a iluminação sustentadora deixa vigorar de tal modo deuses e homens que jamais um deles pode manter-se encoberto. Não porque é sempre observado por alguém, mas somente porque já sempre encontra-se vigente. Deuses possuem um modo de vigência distinto dos homens. Como δαίμονες, θεάοντες os deuses são os que olham fundo, para dentro da clareira iluminadora do que é vigente, do que toca a seu modo os mortais em seu modo, quando estes permitem ao vigente permanecer em sua vigência e resguardá-lo numa atenção.

Nesse sentido, iluminar não é simplesmente clarear e luzir. Isso porque vigorar significa: a partir do encobrimento, durar num descobrimento. Isso porque o clarear que descobre e encobre refere-se ao vigorar do vigente. O fragmento 16 não fala, porém, sobre toda e qualquer coisa, τί, que poderia ser vigente. Fala, ao contrário, apenas de τίς, de alguém dentre os mortais e os deuses. Parece que o fragmento designa apenas um âmbito limitado do que é vigente. Ou será que, em vez de limitação a um âmbito determinado do

246   Ensaios e conferências

que é vigente, o fragmento indica e abre o âmbito de todos os âmbitos? Será que esta indicação é tal que o fragmento se pergunta pelo que, de maneira inexpressa, traz para si e guarda perto de si também o que vige não como algo do âmbito dos homens e dos deuses mas também o que é divino e humano em outro sentido, ou seja, plantas e animais, montanhas, mar e estrelas?

Em que consistiria essa referência a deuses e homens a não ser que eles nunca conseguem manter-se encobertos em sua relação com a clareira e sua luz? Por que não conseguem? Porque sua relação com a clareira nada mais é do que a própria clareira, pois clarear é reunir numa unidade e resguardar deuses e homens à luz da clareira.

A clareira não só clareia e ilumina o vigente como também o reúne e abriga numa vigência. De que modo, porém, vigoram deuses e homens? Na clareira, eles não só clareiam como por ela e para ela se iluminam. Assim é que eles conseguem, a *seu* modo, plenificar (trazer seu vigor para o pleno) o iluminar e com isso resguardar a clareira e sua luz. Deuses e homens não são apenas iluminados por uma luz que, entendida como suprassensível, significaria apenas que, diante dessa luz, não poderiam esconder-se na escuridão. É em seu vigor que são iluminados. Também num outro sentido pode-se dizer que são iluminados, a saber: reunidos no acontecimento apropriador da clareira e, assim, nunca encobertos, mas já sempre des-cobertos. Da mesma maneira que quem está distante pertence à distância, também os des-cobertos, num sentido ainda a ser pensado, permanecem ligados à clareira que os recobre, que os tem e retém numa relação. Segundo seu vigor, eles são dis-postos, reunidos no encobrimento do mistério de tornar próprio o Λόγος no ὁμολογεῖν (fragmento 50).

Será que Heráclito entendeu a sua pergunta assim como nós a esclarecemos? Será que o que se disse nessa discussão se achava no campo de sua representação? Quem pode saber e afirmar isso? Mas é possível que, independentemente do campo de representação do Heráclito de outrora, o fragmento diga aquilo que a explicação aqui ensaiada fez aparecer. O fragmento diz isso quando se assume que uma conversa de pensamento deve fazer falar o fragmento. O fragmento o exprime deixando-o inexpresso. Os caminhos que percorrem a região do não expresso continuam sendo

Aletheia (Heráclito, fragmento 16) 247

questões, que sempre só evocam o que, de há muito, já se lhe mostrou num múltiplo ocultamento.

O traço questionador fundamental do fragmento indica que Heráclito pensa o clarear e iluminar que des-cobre e encobre, o fogo de mundo, numa referência quase imperceptível ao que, segundo seu vigor, se clareia e assim pertence e ausculta, num modo privilegiado, a clareira e sua luz.

Ou será que o fragmento fala a partir de uma experiência de pensamento que carrega consigo cada um de seus passos? Será que a pergunta de Heráclito quer dizer apenas que não há outra possibilidade de se considerar a relação entre o fogo de mundo e os deuses e homens a não ser aquela em que deuses e homens são não apenas aqueles que, enquanto iluminados e olhados, pertencem à iluminação, mas também os que não aparecem, e assim aqueles que, a seu modo, comportam o clarear e iluminar, transmitindo-o e sustentando-o numa duração?

Nesse caso, a pergunta do fragmento traria à palavra o espanto de pensamento, capaz de parar e aguardar a relação em que a clareira resguarda para si mesma a essência vigorosa de deuses e homens. O dizer que questiona corresponderia ao que sempre e a cada vez é digno do espanto de pensamento e que, por ele, resguarda-se em sua dignidade.

Não é possível apreciar em que amplitude e com que clareza o pensamento de Heráclito deveria entrever, numa interpretação prévia, o âmbito de todos os âmbitos. Não há dúvida de que o fragmento se movimenta no âmbito da clareira e de sua luz. Ao menos quando consideramos que o começo e o fim da pergunta falam em descobrir e encobrir, e isso, na perspectiva da relação entre ambos. Nem é preciso evocar o fragmento 50 onde se atribui de tal forma aos mortais o reunir descobridor-encobridor que o vigor essencial dos mortais consiste precisamente *nisto*, ou seja, no fato de corresponderem ou não ao Λόγος.

É fácil achar que o mistério do que cabe pensar está sempre muito distante e escondido bem fundo, em camadas secretas e de difícil penetração. Mas o que cabe pensar tem seu lugar vigoroso na proximidade, que aproxima tudo que há de vigorar, resguardando o que é próximo. Na sua atenção ao vigente e ao que o vigente nos recomenda, o vigorar da proximidade é tão próximo de nossos hábitos de representação que nos sentimos despreparados para fazer a experiência e para pensar com suficiência o vigorar da proximidade. Quem sabe se o mistério que convoca no que nos cabe pensar nada mais seja do que o vigor disso que tentamos entender com a palavra "clareira"? Com suas convicções seguras e teimosas, a opinião cotidiana, porém, passa sempre ao largo do mistério. Heráclito sabia disso. O fragmento 72 diz:

ὧι μάλιστα διηνεκῶς ὁμιλοῦσι Λόγωι, τούτωι διαφέρονται, καὶ οἷς καθ᾽ ἡμέραν ἐγκυροῦσι, ταῦτα αὐτοῖς ξένα φαίνεται.

"Para aquilo que eles, na maior parte das vezes, estão voltados, sendo com o que eles lidam, com o Λόγος, dele se afastam e por isso se mostra que aquilo que encontram no cotidiano, isso se lhes mantém estranho (em sua vigência)."

Os mortais lidam sem cessar com a reunião recolhedora, que descobre e encobre. Lidam sem cessar com a reunião que clareia em sua vigência tudo o que vige. Eles se afastam, porém, da clareira, voltando-se somente para o vigente, voltando-se somente para o que encontram imediatamente, na lida cotidiana com tudo e cada um. Os mortais consideram que essa lida com o vigente confere, como que de per si, a familiaridade adequada. O vigente se lhes mantém, no entanto, estranho. Pois eles não entreveem nada daquilo com o que estão familiarizados: não entreveem nada do vigorar que clareando deixa e faz aparecer a cada vez o vigente. O Λόγος, sob cuja luz eles vão e vêm, se lhes mantém encoberto, é por eles esquecido.

Quanto mais conhecem o que é passível de ser conhecido, mais estranho se lhes mantém o Λόγος. A ele só se fariam atentos caso chegassem a perguntar: como alguém, cujo vigor pertence à clareira, poderia furtar-se a receber e abrigar a clareira? Como isso seria possível sem que logo se fizesse a experiência de que o cotidiano só pode ser o mais corriqueiro porque o corriqueiro se deve ao esquecimento daquilo que também traz à luz de uma vigência o que aparentemente se conhece por si mesmo?

Aletheia (Heráclito, fragmento 16)

A opinião comum busca o verdadeiro na diversidade do sempre novo, do que diante dela se dispersa. Ela não vê o brilho calmo (o ouro) do mistério que aparece na simplicidade da clareira. Heráclito diz no fragmento 9:

ὄνους σύρματ' ἄν ἑλέσθαι μᾶλλον ἢ χρυσόν.

"Os asnos prefeririam os ramos ao ouro."

O ouro do inaparente aparecer da clareira não se deixa, porém, possuir porque não é algo que se possa possuir. Esse ouro é o puro acontecer, o acontecer que concede o próprio. O aparecer inaparente da clareira eflui do resguardo salutar que abriga de modo duradouro o destino. Por isso, o aparecer da clareira é, ao mesmo tempo, um velar-se e, nesse sentido, o mais obscuro.

Heráclito, o obscuro, *hó skoteinós* (ὁ Σκοτεινος). Ele haverá de guardar esse nome também no futuro. Heráclito é o obscuro porque, questionando, pensa no sentido da luz de clareira.

Tradução de Marcia Sá Cavalcante Schuback

INDICAÇÕES

A QUESTÃO DA TÉCNICA

Conferência pronunciada em 18 de novembro de 1953, no Auditorium Maximum da *Technische Hochschule* (Escola Técnica Superior) de Munique, na série *"Die Künste im technischen Zeitalter"* (As artes na Idade da Técnica) promovida pela Bayerische Akademie der schönen Künste (Academia de Belas-Artes da Baviera), sob a direção do presidente Emil Praetorius e publicado no terceiro volume do Anuário da Academia (Jahrbuch, redação de Clemens Graf Podewils), R. Oldenburg, Munique, 1954, p. 70s.

CIÊNCIA E PENSAMENTO DO SENTIDO

Na presente versão, conferência pronunciada em 6 de agosto de 1953, num pequeno grupo como preparação para o congresso acima mencionado.

SUPERAÇÃO DA METAFÍSICA

O texto reúne apontamentos em torno do problema da superação e sustentação da metafísica feitos durante os anos de 1936 a 1946. A parte central foi selecionada como artigo para o volume em homenagem a Emil Praetorius. Uma seção (n. XXVI) foi publicada na revista de teatro da cidade de Darmstadt (Barlachheft des Landestheaters Darmstadt) de 1951 (redator: Egon Vietta).

QUEM É O ZARATUSTRA DE NIETZSCHE?

Conferência realizada em 8 de maio de 1953 no Clube de Bremen (cf. também a conferência "O que quer dizer pensar?" Tübingen, Niemeyer, 1954, p. 19s.).

252 Ensaios e conferências

O QUE QUER DIZER PENSAR?

Conferência pronunciada em maio de 1952, na rádio da Baviera. Impressa na revista "Merkur" (organizada por J. Moras e H. Paeschke), VI, ano 1952, p. 601s. (cf. a preleção acima indicada).

CONSTRUIR, HABITAR, PENSAR

Conferência feita em 5 de agosto de 1951 no âmbito do II dos "Diálogos de Darmstadt" (Darmstädter Gesprächs II) sobre "O homem e o espaço". Impressa juntamente com a publicação desse diálogo pela Neue Darmstädter Verlagsanstalt, 1952, p. 72s.

A COISA

Conferência proferida na Bayerische Akademie der schönen Künste (Academia de Belas-Artes da Baviera) aos 6 de junho de 1950. Publicada no anuário da Academia, vol. I, Configuração e Pensamento (Gestalt und Gedanke), 1951, p. 128s. (redator: Clemens Graf Podewils).

"... POETICAMENTE O HOMEM HABITA..."

Conferência pronunciada em 6 de outubro de 1951 em "Bühlerhöhe". Publicada no primeiro caderno de "Akzente", revista de poesia (organizada por W. Höllerer e Hans Bender), caderno 1, 1954, p. 57s.

LOGOS

Contribuição para a publicação em homenagem (*Festschrift*) a Hans Jantzen (editada por Kurt Bauch), Berlim, 1951, e como conferência, pronunciada no clube de Bremen, aos 4 de maio de 1951; foi amplamente discutida numa preleção não publicada intitulada "*Logik*" (Lógica) do semestre de verão de 1944.

Indicações

MOIRA

Parte não lida da preleção "O que quer dizer pensar?", editora Niemeyer, Tübingen, 1954, p. 146s.

ALETHEIA

Contribuição para o volume em homenagem aos 350 anos do Colégio de Humanidade de Constança (Humanistischen Gymnasiums). Foi lida pela primeira vez como conferência sobre Heráclito, no semestre de verão de 1943 (cf. *Heráclito*, edição brasileira Relume-Dumará, Rio de Janeiro, 1998).

ANEXO:
NO AZUL SERENO... / IN LIEBLICHER BLÄUE... (F. Hölderlin)

In lieblicher Bläue...

In lieblicher Bläue blühet mit dem
Metallenen Dache der Kirchturm. Den
Umschwebet Geschrei von Scwalben, den
Umgiebt die rührendste Bläue. Die Sonne
Gehet hoch darüber und färbet das Blech,
Im Winde aber oben stille
Krähet die Fahne. Wenn einer
Unter der Gloke dann herabgeht, jene Treppen
Ein stilles Leben ist es, weil,
Wenn abgesondert so sehr die Gestalt ist, die
Bildsamkeit herauskommt dann des Menschen.
Die Fenster, daraus die Gloken tönen, sind
Wie Thore an Schönheit. Nemlich, weil
Noch der Natur nach sind die Thore, haben diese
Die Ähnlichkeit von Bäumen des Walds. Reinheit
Aber ist auch Schönheit.
Innen aus Verschiedenem entsteht ein ernster Geist.
So sehr einfältig aber die Bilder, so sehr
Helig sind die, dass man wirklich
Oft fürchtet, die zu beschreiben. Die Himmlischen aber,
Die immer gut sind, alles zumal, wie Reiche,
Haben diese Tugend und Freude. Der Mensch
Aufschauen, und sagen: so
Will ich auch seyn? Ja. So lange die Freundlichkeit noch
Am Herzen, die Reine, dauert, misset
Nicht unglücklich der Mensch sich
Mit der Gottheit. Ist unbekannt Gott?
Ist er offenbar wie der Himmel? Dieses

No azul sereno floresce...

No azul sereno floresce a torre da igreja
com o teto de metal. Que
circula cantos de andorinha, que
circunda o azul mais tocante. O sol
ergue-se lá bem no alto, colore o metal,
ao vento, porém, silenciosa, altaneira,
soa a flâmula. Se alguém
desce aquelas escadas entre sinos,
só pode ser uma vida de silêncio, pois
destacando-se a fisionomia, é
a imagem do homem que surge.
As janelas de onde tocam os sinos são
como portais para a beleza. Sim, pois
os portais são ainda segundo a natureza,
semelhantes a árvores da floresta. Pureza,
no entanto, é também beleza.
Nesse meio, surge do diverso um espírito honesto.
Tanto mais simples as imagens, mais
divinas, a ponto de muitas vezes
realmente se temer descrevê-las. Os celestiais, porém,
que são sempre bondade, tudo ao mesmo tempo, como reinos,
possuem essa virtude e alegria. Isso o homem
deve imitar.
Deve um homem, no esforço mais sincero que é a vida,
levantar os olhos e dizer: assim
quero ser também? Sim. Enquanto perdurar junto ao coração
a amizade, Pura, o homem pode medir-se
sem infelicidade com o divino. É deus desconhecido?
Ele aparece como céu? Acredito mais

Glaub'ich eher. Der Mensch Maas ist's.
Voll Verdienst, doch dichterisch wohnet
Der mensch auf dieser Erde. Doch reiner
Ist nicht der Schatten der Nacht mit den Sternen,
Wenn ich so sagen könnte, als
Der Mensch, der heisset ein Bild der Gottheit.
Giebt es auf Erden ein Maas? Es giebt
Keines. Nemlich es hemmen den Donnergang nie die Welten
Des Schöpfers. Auch eine Blume ist schön, weil
Sie blühet unter der Sonne. Es findet
Das Aug' oft im Leben Wesen, die
Viel schöner noch zu nennen wäre
Als die Blumen. O! ich weiss das wohl! Denn
Zu bluten an Gestalt und Herz und ganz
Nicht mehr zu seyn, gefällt das Gott?
Die Seele aber, wie ich glaube, muss
Rein bleiben, sonst reicht an das Mächtige
Mit Fittigen der Adler mit lobenden Gesange
Und der Stimme so vieler Vögel. Es ist
Die Wesenheit, die Gestalt ist's.
Du schönes Bächlein, du scheinst rührend,
Indem du rollest so klar, wie das
Auch der Gottheit, durch die Milchstrasse.
Ich kenne dich wohl, aber Thränen quillen
Aus dem Auge. Ein heiteres Leben seh' ich
In den Gestalten mich umblühen der Schöpfung, weil
Ich es nicht unbillig vergleiche den einsamen Tauben
Auf dem Kirchhof. Das Lachen aber
Scheint mich zu grämen der Menschen,
Nemlich ich hab' ein Herz.
Möcht' ich ein Komet seyn? Ich glaube. Denn sie haben
Die Schnelligkeit der Vögel; sie bläuhen an Feuer
Und sind wie Kinder an Reinheit. Grösseres zu wünschen,
Kann nicht des Menschen Natur sich vermessen.
Der Tugend Heiterkeit verdient auch gelobt zu werden
Vom ernsten Geiste, der zwischen
Den drei Säulen wehet des Gartens.
Eine schöne Jungfrau muss das Haupt umkränzen
Mit myrthenblumen, weil sie einfach ist

Anexo

que seja assim. É a medida dos homens.
Cheio de méritos, mas poeticamente
o homem habita esta terra. Mais puro, porém,
do que a sombra da noite com as estrelas,
se assim posso dizer, é
o homem, esse que se chama imagem do divino.
Existe sobre a terra uma medida? Não há
nenhuma. É que os mundos do criador jamais
inibem o curso do trovão. Uma flor é também bela por
florescer ao sol. O olhar encontra, muitas vezes,
no ser da vida coisas ainda mais belas para nomear
do que as flores. Bem sei disso! Pois
agradaria a deus sangrar fisionomia e
coração e de todo já não ser?
A alma, porém, creio eu, deve
permanecer pura, do contrário enriquece o poder
com asas de águia, cantos de glória
e a voz de tantos pássaros. É
a vida do ser, a fisionomia.
Riacho, tão belo, parece que tocas tanto
fluindo assim tão claro, como
o olhar do divino, no teu curso.
Conheço-te tão bem, mas as lágrimas escorrem
do olhar. Vejo uma vida alegre
nas fisionomias que a meu redor florescem da criação por
não comparar em vão o pombo solitário,
no pátio da igreja. O riso, porém,
parece-me afligir o homem,
pois tenho de fato um coração.
Queria ser um cometa? Acredito que sim. Cometas
têm a velocidade dos pássaros, florescem ao fogo
e na pureza são como crianças. A natureza humana
não saberia encontrar nada maior para desejar.
A alegria virtuosa também merece ser louvada
pelo espírito honesto que sopra
entre os três pilares do jardim.
Uma virgem bela deve adornar a pele
com flores de Mirta, simplesmente por

Ihrem Wesen nach und ihrem Gefühl.
Myrthen aber giebt es in Griechenland.
Wenn einer in den Spiegel sieht, ein Mann, und
Siehet darinn sein Bild, wie abgemahlt; es gleicht
Dem Manne, Augen hat des Menschen Bild, hingegen
Licht der Mond. Der König Oedipus hat ein
Auge zuviel vieleicht. Diese Leiden dieses
Mannes, sie scheinen unbeschreiblich,
Unaussprechlich, unausdrüklich. Wenn das Schauspiel
Ein solches darstellt, kommt's daher. Wie
Ist mir's aber, gedenk'ich deiner jezt?
Wie Bäche, reisst das Ende von Etwas mich dahin,
Welches sich wie Asein ausdehnet. Natürlich
Dieses Leiden, das hat Oedipus. Natürlich ist's darum.
Hat auch Herkules gelitten?
Wohl. Die Dioskuren in ihrer Freundschaft haben die
Nicht Leiden auch getragen? Nemlich
Wie Hercules mit Gott zu streiten, das ist Leiden. Und
Die Unsterblichkeit im Neide dieses Lebens,
Diese zu theilen, ist ein Leiden auch.
Doch das ist auch ein Leiden, wenn
Mit Sommerfleken ist bedekt ein Mensch,
Mit manchen Fleken ganz überdekt zu seyn! Das
Thut die schöne Sonne: nemlich
Die ziehet alles auf. Die Jünglinge führt die Bahn sie
Mit Reizen ihrer Stralen wie mit Rosen.
Die Leiden scheinen so, die Oedipus getragen, als wie
Ein armer Mann kalgt, dass ihm etwas fehle.
Sohn Laios, armer Fremdling in Griechenland!
Leben ist Tod, und Tod ist auch Leben.

Anexo

ser segundo a essência e o sentimento dessas flores.
Mirta, porém, se encontra na Grécia.
Quando alguém olha o espelho, um homem, e
vê ali como que refletida a sua imagem, igualando-se
ao homem, a imagem do homem tem olhos, ao contrário
da luz da lua. Édipo-rei tem
um olho a mais, talvez. Os sofrimentos desse
homem aparecem indescritíveis,
indizíveis, inexprimíveis. E é por isso
que o teatro encena algo assim. Mas comigo
o que acontece, lembro-me agora de ti?
Como riachos o fim de algo me arrasta
rumo ao que se prolonga como Ásia. Naturalmente
esse sofrimento é o de Édipo. Naturalmente é por isso.
Será que Hércules também sofreu?
Certamente. Não sofreram também os dióscuros
em seu convívio fraterno? Pois
lutar com deus, como Hércules, isso é sofrer. E
dividir a imortalidade invejando essa vida,
isso também é sofrer.
Mas sofrer é também quando um homem
está coberto de manchas de verão,
está todo coberto de muitas manchas! O
sol, belo, faz assim:
tudo eleva numa criação. Encaminha os joviais com o estímulo
de seus raios como se fossem rosas.
Os sofrimentos que Édipo suportou aparecem como
o lamento de um pobre a quem falta algo.
Filho de Laio, estranha pobreza da Grécia!
Vida é morte, e morte é também uma vida.

Tradução de Marcia Sá Cavalcante Schuback

GLOSSÁRIO DA TRADUÇÃO

Alemão-português

A

Abstand – intervalo

abwenden – desviar

allgemein – universal

andenken – pensar da lembrança

Angang – atinência

Angehende – atinente

anwenden – desviar; *sich abwenden* – desviar-se

anwesen – estar em voga, ser, sendo, viger, estar em vigência

Anwesende – sendo, vigente, o que está em vigência, real

Anwesenheit – vigência

Aufenthalt – demora, de-mora

aufenthalten – morar, de-morar

aufgehen – surgir

Aufgehung – surgência

Auftrag – tarefa

Ausgesagten – enunciado

Ausgesprochenen – expresso

auslaufen – vazar

aussagen – enunciar

ausschenken – dispensar

aussprechen – exprimir

Austrag – di-ferenciação

B

bauen – construir

Bauten – construções

Bearbeitung – elaboração

Bedenkliche – pensável, o que cabe pensar cuidadosamente

Bedenkende – o a-se-pensar

Bedenklichste – o que cabe pensar mais cuidadosamente

behalten – reter

beisammen vorliegen-lassen – deixar, estar disponível num conjunto com outras coisas

besinnen – pensar o sentido

Besinnung – pensamento do sentido

Bestand – dis-ponibilidade

Betrachtung – consideração, observação

Betroffenheit – o ser-afetado

brauchen – carecer, usar

D

Das Dichterische – o poético

das Gewähren – sustentação, sustento

Das lesende Legen – proposição recolhedora

das Unumgängliche – o incontornável

das Vernehmen – o captar, a percepção

das Zugesprochene – o apelo

dichten – ditar poeticamente

Dichtung – poesia

Dimension – dimensão

Ding – coisa

262   Ensaios e conferências

Dinghafte – ser coisa

Dinghafte des Dinges – ser coisa da coisa, coisalidade

Dingliche – coisal

Durchmessung – medição

durchstehen – ter sobre si

E

Einfalt – simplicidade, simplicidade de conjunção, dobra do simples

ein Gewesen – um ter-sido

eingelassen – concedido

einlassen – conceder

einräumen – arrumar, dar espaço, espaçar, espacializar

einrichten – instalar

entbergen – desencobrir, des-encobrir, descobrir

Entbergung – desencobrimento, des-encobrimento, des-encoberta, descoberta

enthüllen – desvelar, descobrir

Entsetzende – horror e terror

entstehen – emergir

Entstehung – emergência

entziehen – retrair

Entzug – retração

Ernüchterung – sobriedade

erreignen – apropriar propriedades, acontecer do próprio

Erreignis – acontecimento apropriador, acontecimento

errichten – edificar

erscheinen – aparecer

ewige Wiederkehr des Gleichen – eterno retorno do igual

F

fordern – processar

Forderung – processamento

Frühe – antiquíssimo e primordial

Fuge – articulação

Fürsprecher – porta-voz

G

Gang – via

Gebiet – região

Gebirg – cordilheira

Gebrauch – uso

gebrauchte – encarecido, usado

Gedächtnis – memória

Gefäss – receptáculo

Gegenständigkeit – objetidade

gegenüberstellen – depor

gelichtet – iluminou e clareou

Gemüt – ânimo

Gering – pouco

Ge-ring – pouco que circula, o nó do pouco

Gering des Ringes – nó de luta

geringen – apoucar-se

gesammelten vorliegen-Lassen des beisammen-Anwesenden – disponível vigente em conjunto do real

Geschichte – conjunto dos acontecimentos

geschicklich – jeitoso, enviado, destinado, envio sábio

Gestalt – configuração

Ge-stell – com-posição, composição

Geviert – quadratura

gewähren – conceder

Gewohnheit – hábito

giessen – vazar

Glossário da tradução

H

hegen – proteger
Heimatlosigkeit – desenraizamento
herausfordern – explorar
Herausforderung – exploração
heraustellen – expor
Herstand – produto
Herständige – produto
her-stellen – pro-duzir, pro-dução
hervorbringen – pro-dução
Hinausgehen – ultrapassagem, ultrapassar
Hinweise – aceno
Hören – escuta, ausculta, pertinência obediente

I

insichstehen – subsistir

L

lassen – deixar, permitir
Lege – postura, posto
legen – pôr, pro-por, de-por, postar
leiden – padecer
Leistungsprinzip – princípio de desempenho
lesen – colher, ler
Licht – luz e claridade
Lichte – clareira
Lichtung – clareira, clareira e iluminação, clareira e sua luz, luz de clareira
liegen – prostrar

M

messen – medir, mensurar
mitschulden – responder

N

nachstellen – correr atrás, perseguir

nehmen – acolher
nehmen des Masses – tomar medida, tomada de medida

O

Ort – lugar

P

pflegen – cultivar
presigeben – abrir mão

R

Raum – espaço
Reigen – dança de roda
Re-presentation – re-apresentação
Ring – círculo, nó
Rüstung – mobilização

S

Sachverhalt – conjuntura
schenken – doar
Schicksal – destino, destinação, envio
schonen – poupar, resguardar
Schrein – escrínio
schulden – dever
Sehnsucht – anseio
Sein des Seiende – ser do sendo, ser dos entes, ser do que é e está sendo
Selbstand – subsistência
selbständig – subsistente
Sicherheit – asseguramento
sich entziehen – retrair-se
sich hinübergehende – ultrapassante
sich verbergen – encobrir-se
sich vorhalten – mostrar-se
sich vorliegen lassen – deixar-se propor
Sprecher – falador
Stätte – estância e circunstância

264 Ensaios e conferências

stehen – ser e estar

Steigerung – intensificação

stellen – con-duzir, dis-por,

T

Tatsächlichen – fato, fatual

U

Übergang – ultrapassagem

Überhohung – superpotenciação

überlegen – refletir

Überwindung – superação

Undurchlässige – impermeável

ungeschicklich – não destinal

unscheinbar(e) – dis-creto, inaparente

unscheinbarer Sachverhalt – conjuntura dis-creta

Unverborgenheit – desencobrimento, des-encobrimento

Unwesen – des-vio

Ursein – ser primordial

V

verbergen – encobrir

ver-anlassen – deixar-agir

Verfertigung – confecção

Verhaltung – atitude

Verhängnis – fatalidade

vermessen – levantar medida

Vermessenheit – desmesura, desmedida

Vermessung – levantamento de medida

vermögen – capacidade

vermögen den Tod als Tod – saber a morte como morte, ser capaz da morte como morte, poder a morte como morte

vernehmen – captar, perceber

Vernunft – razão

versammeln – recolher e concentrar, reunir

Versammlung – recolhimento, concentração, reunião

verschulden – responsabilizar, responsabilidade

verstatten einen Raum – estanciar um espaço

Verwindung – sustentação

Vier – quatro

Vierung – quarteto

Vollendung – acabamento, consumação

vorenthalten – retirar

vorhalten – mostrar

vorlegen – pro-por

vorliegen – pro-por

vorstellen – representar

Vorstellung – representação

W

Wachstum – medrança

währen – durar

Wahrnis – veri-ficação

wegziehen – afastar

Weile – perdura, demora

weilen – perdurar, demorar

Weisung – aceno

welten – mundanizar

Wesen – modo próprio de ser, vigência, vigor (cf. *An-wesen*)

Willens Widerwille – recalcitrância da vontade

wirken – operar

wohnen – habitar

Z

Zeichnen – sinal

zeigen – sinalizar

Glossário da tradução 265

zu – para
zu-Denkende – o a-se-pensar
Zug – impulso
zum Vorschein bringen – fazer aparecer
Zumessung – comedimento, mensura
zur Sprache bringen – levar e chegar à linguagem, trazer à palavra

zusprechen – aconselhar, anunciar, convidar
Zuspruch – aconselhamento, apelo, anúncio
zuwenden – aviar, enviar
zweckfrei – sem propósito
Zwiespalt – dobra
zwingend – constrangente
Zwischenraum – espaço entre

Português-alemão

A

abrir mão – *preisgeben*
acabamento – *Vollendung*
aceno – *Hinweise*
acolher – *nehmen*
aconselhamento – *Zuspruch*
aconselhar – *zusprechen*
afastar – *wegziehen*
ânimo – *Gemüt*
anseio – *Sehnsucht*
antiquíssimo e imemorial – *Frühe*
anunciar – *zusprechen*
anúncio – *Zuspruch*
aparecer – *erscheinen*
apelo – *Zuspruch, das Zugesprochene*
apoucar-se – *geringen*
apropriação – *das Gewähren*
apropriar propriedades – *erreignen*
articulação – *Fuge*
a-se-pensar – *Bedenkende*
asseguramento – *Sicherheit*
atinência – *Angang*
atinente – *angehende*

atitude – *Verhaltung*
ausculta – *hören*
aviar – *zuwenden*

C

capacidade – *Vermögen*
captar – *vernehmen*; o captar – *das Vernehmen*
carecer – *brauchen*
circulação de luta – *Gering des Ringes*
círculo – *Ringen*
clareira – *Lichte, Lichtung*
coisa – *Ding*
coisal – *dinglich*
coisalidade – *das Dinghafte des Dinges*
colher – *lesen*
comedimento – *Zumessung*
composição – *Ge-stell*
conceder – *gewähren, einlassen*
concedido – *eingelassen*
concentração – *Versammlung*
concentrar – *versammeln*
concessão – *das Gewähren*

266   Ensaios e conferências

condução – *stellen* (cf. também produção – *herstellen*)

confecção – *Ver-fertigung*

configuração – *Gestalt*

conjunto dos acontecimentos – *Geschichte*

conjuntura – *Sachverhalt*

conjuntura dis-creta – *unscheinbarer Sachverhalt*

consideração – *Betrachtung*

constrangente – *zwingend*

construções – *Bauten*

construir – *bauen*

consumação – *Vollendung*

convidar – *zusprechen*

correr atrás – *nachstellen*

cultivar – *pflegen*

D

dança de roda – *reigen*

deixar – *lassen*

deixar, estar disponível-num-conjunto com outras coisas – *beisammen-vorliegen-lassen*

deixar-se propor – *sich vorliegen lassen*

deixar-viger – *ver-anlassen*

de-mora – *Aufenthalten*

demora – *Weile, Weilen*

de-morar – *aufenthalten, sich aufenthalten*

de-por – *legen, gegenüberstellen*

desencoberta, descoberta – *Entbergung, das Entbergen*

desencobrir, descobrir – *entbergen*

desencobrimento – *Unverborgenheit*

desenraizamento – *Heimatlosigkeit*

desmesura – *Vermessenheit*

destinação – *Schicksal*

destinado – *geschicklich*

destino – *Schicksal*

desvelar – *enthüllen*

desviar – *abwenden*

des-vio – *Unwesen*

dever – *schulden*

di-ferenciação – *Austrag*

dimensão – *Dimension*

dis-creta – *Unscheinbar(e)*

dispensar – *ausschenken*

dis-ponibilidade – *Bestand*

disponível vigente em conjunto do real – *gesammeltes vorliegen-lassen*

ditar poeticamente – *dichten*

doar – *schenken*

dobra – *Zwiespalt, Zwiefalt*

dobra do simples – *Einfalt*

dobra simples – *Einfalt*

durar – *währen*

E

edificar – *errichten*

elaboração – *Bearbeitung*

emergência – *Entstehung*

emergir – *entstehen*

encarecido – *gebrauchte*

enunciado – *ausgesagten*

enunciar – *aussagen*

enviado – *geschicklich*

enviar – *zuwenden*

envio – *Schicksal*

envio sábio – *geschicklich*

escrínio – *Schrein*

escuta – *hören*

espaço – *Raum*

espaço-entre – *Zwischenraum*

estância e circunstância – *Stätte*

Glossário da tradução

estanciar um espaço - *verstatten einen Raum*
estar em vigência - *anwesen*
estar em voga - *anwesen*
eterno retorno do igual - *der ewige Wiederkehr des Gleichen*
exploração - *Herausforderung*
explorar - *herausfordern*
expor - *herausstellen*
expresso - *ausgesprochen*
exprimir - *aussprechen*

F

fatalidade - *Verhängnis*
fato - *Tatsächlichen*
fatual - *Tatsächlichen*
fazer aparecer - *zum Vorschein bringen*

H

habitar - *wohnen*
hábito - *Gewohnheit*
horror e terror - *das Entsetzende*

I

iluminação - *Lichtung*
iluminou e clareou - *gelichtet*
impermeável - *Undurchlässige*
impulso - *Zug*
inaparente - *Unscheinbar(e)*
incontornável - *Unumgängliche*
intervalo - *Abstand*

J

jeitoso - *geschicklich*

L

ler - *lesen*
levantamento de medida - *Vermessung*

levantar a medida - *ver-messen*
levar e chegar à linguagem - *zur Sprache bringen*
lugar - *Ort*

M

medição - *Durchmessung*
medir - *messen*
medrança - *Wachstum*
memória - *Gedächtnis*
mobilização - *Rüstung*
modo próprio de ser - *Wesen*
morar - *aufenthalten, sich aufenthalten*
mostrar - *vorhalten*; mostrar-se - *sich vorhalten*
mundanizar - *welten*

N

não destinação - *Ungeschickliche*

O

objetividade - *Gegenständigkeit*
observação - *Betrachtung*
operar - *wirken*
o que cabe pensar cuidadosamente - *das Bedenkliche*
o que cabe pensar mais cuidadosamente - *das Bedenklicheste*
o que está em vigência - *Anwesende*

P

padecer - *leiden*
para - *zu*
pensamento do sentido - *Besinnung*
pensar da lembrança - *andenken*
pensar o sentido - *besinnen*

268 Ensaios e conferências

pensável – *das Bedenkliche*

perceber – *vernehmen*

percepção – *das Vernehmen*

perdura – *Weile, Weilen*

permitir – *einlassen*

perseguir – *nachstellen*

pertinência obediente – *hören*

poder a morte como morte – *vermögen den Tod als Tod*

poesia – *Dichtung*

poético, o poético – *das Dichterische*

pôr, pro-por, postar – *legen*

porta-voz – *Fürsprecher*

posto – *Lege*

postura – *Lege*

pouco – *Gering*

pouco que circula – *Ge-ring*

poupar – *schonen*

princípio de desempenho – *Leistungsprinzip*

processamento – *Fordern*

pro-dução – *herstellen, hervorbringen*

produto – *Herstand, Herständige*

pro-duzir – *her-stellen*

pro-por – *vorliegen, vorlegen*

proteger – *hegen*

Q

quadratura – *Geviert*

quarteto – *Vierung*

R

razão – *Vernunft*

real – *Anwesende*

re-apresentação – *Re-presentation*

recalcitrância da vontade – *Willens Widerwille*

receptáculo – *Gefäss*

recolher – *versammeln*

recolhimento – *Versammlung*

recolhimento da circularidade – *Gering*

refletir – *überlegen*

região – *Gebiet*

representação – *Vorstellung*

representar – *vorstellen*

resguardar – *schonen*

responder – *mitschulden*

responsabilidade – *das Verschulden*

reter – *behalten*

retirar – *vorenthalten*

retração – *Entzug*

retrair – *entziehen*

retrair-se – *sich entziehen*

reunião – *Versammlung*

S

saber a morte como morte – *vermögen den Tod als Tod*

sem propósito – *zweckenfrei*

sendo – *Anwesende, anwesen*

ser-afetado, o ser-afetado – *Betroffenheit*

ser capaz da morte como morte – *vermögen den Tod als Tod*

ser-coisa – *Dinghafte*

ser-coisa da coisa – *das Dinghafte des Dinges*

ser do sendo, ser do que é e está sendo – *Sein des Seiende*

ser e estar – *stehen*

ser primordial – *Ursein*

simplicidade – *Einfalt*

simplicidade de conjugação – *Einfalt*

simplificidade unificante – *Einfalt*

sinal – *Zeichnen*

sinalizar – *zeigen*

Glossário da tradução

sobriedade – *Ernüchterung*
subsistência – *Selbstand*
subsistente – *selbständig*
subsistir – *insichstehen*
superação – *Überwindung*
superpotenciação – *Überhohung*
surgência – *Aufgehung*
surgir – *aufgehen*
sustentação – *das Gewähren, Verwindung*
sustento – *das Gewähren*

T

tarefa – *Auftrag*
ter-sido – *Gewesen*
ter sobre si – *durchstehen*
tomar medida, tomada de medida – *nehmen des Masses*

U

ultrapassagem – *Übergang, Hinausgehen*
universal – *allgemein*
usado – *gebrauchte*
uso – *Gebrauch*

V

vazar – *giessen, auslaufen*
veri-ficação – *Wahrnis*
via – *Gang*
vigência – *Wesen, Anwesenheit*
vigente – *Anwesende*
viger – *anwesen*
vigor – *Wesen* (cf. *Anwesen*)

COLEÇÃO PENSAMENTO HUMANO

- *A caminho da linguagem*, Martin Heidegger
- *A Cidade de Deus (Parte I; Livros I a X)*, Santo Agostinho
- *A Cidade de Deus (Parte II; Livros XI a XXIII)*, Santo Agostinho
- *As obras do amor*, Søren Aabye Kierkegaard
- *Confissões*, Santo Agostinho
- *Crítica da razão pura*, Immanuel Kant
- *Da reviravolta dos valores*, Max Scheler
- *Enéada II – A organização do cosmo*, Plotino
- *Ensaios e conferências*, Martin Heidegger
- *Fenomenologia da vida religiosa*, Martin Heidegger
- *Fenomenologia do espírito*, Georg Wilhelm Friedrich Hegel
- *Hermenêutica: arte e técnica da interpretação*, Friedrich D.E. Schleiermacher
- *Investigações filosóficas*, Ludwig Wittgenstein
- *Parmênides*, Martin Heidegger
- *Ser e tempo*, Martin Heidegger
- *Ser e verdade*, Martin Heidegger
- *Verdade e método: traços fundamentais de uma hermenêutica filosófica (Volume I)*, Hans-Georg Gadamer
- *Verdade e método: complementos e índice (Volume II)*, Hans-Georg Gadamer
- *O conceito de angústia*, Søren Aabye Kierkegaard
- *Pós-escrito às migalhas filosóficas (Volume I)*, Søren Aabye Kierkegaard
- *Metafísica dos costumes*, Immanuel Kant
- *Do eterno no homem*, Max Scheler
- *Pós-escrito às migalhas filosóficas (Volume II)*, Søren Aabye Kierkegaard
- *Crítica da faculdade de julgar*, Immanuel Kant
- *Ciência da Lógica – 1. A Doutrina do Ser*, Georg Wilhelm Friedrich Hegel
- *Ciência da Lógica – 2. A Doutrina da Essência*, Georg Wilhelm Friedrich Hegel
- *Crítica da razão prática*, Immanuel Kant
- *Ciência da Lógica – 3. A Doutrina do Conceito*, Georg Wilhelm Friedrich Hegel
- *Lições sobre a Doutrina Filosófica da Religião*, Immanuel Kant
- *Leviatã*, Thomas Hobbes
- *À paz perpétua – Um projeto filosófico*, Immanuel Kant
- *Fundamentos de toda a Doutrina da Ciência*, Johann Gottlieb Fichte
- *O conflito das faculdades*, Immanuel Kant
- *Conhecimento objetivo – Uma abordagem evolutiva*, Karl R. Popper
- *Sobre o livre-arbítrio*, Santo Agostinho
- *Ecce Homo*, Friedrich Nietzsche
- *A doença para a morte*, Søren Aabye Kierkegaard
- *Sobre a reprodução*, Louis Althusser
- *A essência do cristianismo*, Ludwig Feuerbach
- *O ser e o nada*, Jean-Paul Sartre
- *Psicologia fenomenológica e fenomenologia transcendental*, Edmund Husserl
- *A transcendência do ego*, Jean-Paul Sartre
- *Solilóquios / Da imortalidade da alma*, Santo Agostinho
- *Assim falava Zaratustra*, Friedrich Nietzsche
- *De Cive – Elementos filosóficos a respeito do cidadão*, Thomas Hobbes
- *Metafísica – Aristóteles*

Conecte-se conosco:

 facebook.com/editoravozes

 @editoravozes

 @editora_vozes

 youtube.com/editoravozes

 +55 24 2233-9033

www.vozes.com.br

Conheça nossas lojas:

www.livrariavozes.com.br

Belo Horizonte – Brasília – Campinas – Cuiabá – Curitiba
Fortaleza – Juiz de Fora – Petrópolis – Recife – São Paulo

  Vozes de Bolso

EDITORA VOZES LTDA.
Rua Frei Luís, 100 – Centro – Cep 25689-900 – Petrópolis, RJ
Tel.: (24) 2233-9000 – E-mail: vendas@vozes.com.br